Curso de Ética, Deontologia e o Estatuto da Advocacia

Dados Internacionais de Catalogação na Publicação (CIP)
(Câmara Brasileira do Livro, SP, Brasil)

Santoro, Felipe D'Amore
   Curso de ética, deontologia e o estatuto
da advocacia / Felipe D'Amore Santoro. --
São Paulo : Editora Pillares, 2006.

1. Advocacia como profissão – Brasil
2. Advogados – Direitos e deveres – Brasil
3. Advogados – Estatuto legal, leis etc. – Brasil
4. Advogados – Ética profissional 5. Ética
6. Ordem dos Advogados do Brasil – Estatuto legal,
leis etc. I. Título.

05-5810   CDU-347.965:174(81)

Índices para catálogo sistemático:

1. Brasil : Advogados : Ética profissional
   347.965:174(81)
2. Brasil : Deontologia jurídica
   347.965:174(81)

ISBN 85-89919-29-3

CURSO DE ÉTICA, DEONTOLOGIA E O ESTATUTO DA ADVOCACIA

FELIPE D'AMORE SANTORO

São Paulo – 2006

© Copyright 2006 by Editora Pillares Ltda.

Editor responsável:
Armando dos Santos Mesquita Martins

Produtor editorial:
Luiz Antonio Martins

Revisão:
Daniela Medeiros Gonçalves

Editoração e capa:
Triall Composição Editorial Ltda

Editora Pillares Ltda.
Rua Santo Amaro, 380 – Cj. 505 – Bela Vista
Tels: (11) 3101-5100 – 3105-6374 – CEP 01315-000
E-mail: editorapillares@ig.com.br
São Paulo – SP

TODOS OS DIREITOS RESERVADOS. Proibida a reprodução total ou parcial, por qualquer meio ou processo, especialmente por sistemas gráficos, microfílmicos, fotográficos, reprográficos, fonográficos, videográficos. Vedada a memorização e/ou a recuperação total ou parcial bem como a inclusão de qualquer parte desta obra em qualquer sistema de processamento de dados. Essas proibições aplicam-se também às características gráficas da obra e a sua editoração. A violação dos direitos autorais é punível como crime (art. 184 e parágrafos, do Código Penal, cf. Lei nº 6.895, de 17-12-80) com pena de prisão e multa, conjuntamente com busca e apreensão e indenizações diversas (Lei nº 9.610, de 19-02-98).

Impresso no Brasil

Dedico este livro à minha esposa, Ana Paula e aos meus grandes Mestres de Vida, meu pai e minha mãe, Antônio e Elena.

Agradeço a Deus por permitir que eu busque aprimoramento a cada dia e que compartilhe isto através desta obra.

Agradeço ao meu grande amigo Dr. Oberdan Graça Esperança pelo apoio, e a todos aqueles que direta ou indiretamente contribuíram para a realização deste trabalho.

Sumário

PREFÁCIO 11

CAPÍTULO 1 Aprenda a Gostar de Ética 13
  1.1 Conceitos de Ética, Moral, Moralismo 13
  1.2 Você não precisa ser austero para gostar de Ética 16
  1.3 Ética e a "Autoridade Divina" 19
  1.4 Considerações Subjetivas sobre a Fé 22
  1.5 Ética na Política 25
  1.6 Ética Empresarial, Profissional e no Trabalho 29
  1.7 Aprenda a Desfrutar dos Benefícios de Ser Ético 31
  Questionário 38

CAPÍTULO 2 Ética Profissional dos Advogados 41
  2.1 A quem se aplica? Por que interessa a todos? 41
      2.1.1 A quem se aplica? 41
      2.1.2 Por que interessa a todos? 42
  2.2 Legislação e normas que a norteiam 44
  2.3 Direitos do Advogado 46
  2.4 Deveres do Advogado 52
  Questionário 57

CAPÍTULO 3 Das Infrações e Sanções Disciplinares 63
  3.1 Das Infrações Disciplinares 63
  3.2 Das Sanções Disciplinares 65
  3.3 Sanções Acessórias com Circunstâncias Agravantes ou Atenuantes 70
      3.3.1 Da Advertência 70
      3.3.2 Das Circunstâncias Atenuantes 71
      3.3.3 Da Multa 73
      3.3.4 Das Circunstâncias Agravantes 73

3.4　Reabilitação 74
3.5　Prescrição e Interrupção 76
　　　3.5.1　Da Prescrição Qüinqüenal 76
　　　3.5.2　Da Prescrição Intercorrente 80
　　　3.5.3　Da Interrupção da Prescrição 82
Questionário 83

CAPÍTULO 4　Primeiros Casos em que são Aplicáveis a Sanção de Censura **87**

4.1　Exercer ou Facilitar o Exercício da Profissão
　　　por Impedidos 87
　　　4.1.1　Incompatibilidade como proibição total do
　　　　　　 exercício da advocacia 90
　　　4.1.2　Impedimento como proibição parcial do exercício
　　　　　　 da advocacia. 96
4.2　Manter Sociedade Profissional Irregular 98
　　　4.2.1　O que são sociedade de advogados? 100
　　　4.2.2　Registro e Cadastro Nacional das Sociedades de
　　　　　　 Advogados 102
Questionário 115

CAPÍTULO 5　Mais Casos em que são Aplicáveis a Sanção de Censura **119**

5.1　Valer-se de Agenciador de Causas 119
5.2　Angariar ou Captar Causas ou Clientela 120
5.3　Plagiar Total ou Parcialmente 122
5.4　Advogar contra Literal Disposição de Lei. 124
5.5　Quebrar o Sigilo Profissional 125
5.6　Estabelecer Entendimento com a Parte Adversa 127
Questionário 128

CAPÍTULO 6　Últimos Casos em que são Aplicáveis a Sanção de Censura **135**

6.1　Prejudicar, por Culpa Grave, Interesse Confiado ao seu
　　　Patrocínio. 135
6.2　Acarretar Anulação ou Nulidade Culposa do Processo . 137
6.3　Abandonar a Causa 138

6.4　Recusar-se a Prestar Assistência Jurídica............ 141
6.5　Publicar Desnecessária e Habitualmente
　　 Trabalhos pela Imprensa...................... 142
6.6　Deturpar Citações para Confundir ou Iludir......... 143
6.7　Imputar Fato Definido como Crime................ 144
6.8　Deixar de Cumprir Determinação da Ordem......... 146
6.9　Praticar, o Estagiário, Ato Excedente de sua Habilitação 147
6.10 Violar Preceito do Código de Ética e Disciplina....... 149
Questionário................................... 149

**CAPÍTULO 7　Casos em que são Aplicáveis a Sanção
　　　　　　 de Suspensão 155**
7.1　Ato Contrário à Lei ou Destinado a Fraudá-la........ 155
7.2　Solicitar ou Receber Valores para Aplicação
　　 Ilícita ou Desonesta........................... 156
7.3　Receber Valores sem Autorização do Cliente......... 157
7.4　Locupletar-se................................ 158
7.5　Recusar-se a Prestar Contas..................... 161
7.6　Reter Abusivamente ou Extraviar Autos 165
7.7　Deixar de Pagar à OAB 167
7.8　Inépcia Profissional........................... 167
7.9　Manter Conduta Incompatível com a Advocacia...... 171
7.10 Reincidência em Infração Disciplinar............... 174
Questionário................................... 175

CAPÍTULO 8　Casos em que são Aplicáveis a Sanção de Exclusão . 181
8.1　Aplicação, por Três Vezes, de Suspensão............ 182
8.2　Falsa Prova de Requisitos para a Inscrição.......... 184
8.3　Tornar-se Moralmente Inidôneo.................. 188
8.4　Praticar Crime Infamante....................... 190
8.5　Como Ficam os Processos em que Atue Advogado
　　 Suspenso ou Excluído?......................... 193
Questionário................................... 194

CAPÍTULO 9　Relações com o Cliente....................199
9.1　Relações com o Cliente 199
9.2　Honorários Profissionais 204

9.3 Sigilo Profissional 207
9.4 Publicidade – O que Pode e o que Não Pode 208
9.5 Dever de Urbanidade 214
Questionário 215

CAPÍTULO 10 Tribunal de Ética e Disciplina 221
10.1 Composição 221
10.2 Competência 223
10.3 Processos na OAB. 224
10.4 Procedimento Disciplinar. 225
10.5 Recursos. 228
Questionário 230

CAPÍTULO 11 Da Ordem dos Advogados do Brasil. 235
11.1 Fins e Organização. 235
11.2 Do Conselho Federal 236
   11.2.1 Composição do Conselho Federal 236
   11.2.2 Composição da Diretoria do Conselho Federal . 237
   11.2.3 Competência do Conselho Federal. 237
11.3 Dos Conselhos Seccionais 239
   11.3.1 Composição dos Conselhos Seccionais 240
   11.3.2 Composição da Diretoria dos Conselhos
        Seccionais. 240
   11.3.3 Competência dos Conselhos Seccionais 242
11.4 Das Subseções 243
   11.4.1 Competência das Subseções. 244
Questionário 246

CAPÍTULO 12 Da Caixa de Assistência dos Advogados e das Eleições. 251
12.1 Caixa de Assistência dos Advogados 251
12.2 Eleições e Mandatos. 253
Questionário 255

BIBLIOGRAFIA 261

PREFÁCIO

Com a experiência de mais de três anos de magistério em cursos preparatórios para o Exame da OAB, notei que sempre houve muitas dúvidas dos alunos com relação à Ética Profissional, principalmente no tocante a matérias que eu começava a tratar em um determinado ponto do curso, mas as respostas a tais perguntas estavam em pontos da matéria que seriam tratados mais adiante. Isso é inevitável e creio que sempre há de ocorrer. Dispus-me, porém, a elaborar esta obra, de modo a abordar os temas em uma ordem mais didática, a fim de minimizar este problema para os alunos. Por isso, as matérias aqui tratadas não seguem necessariamente a ordem das leis e normas que regulamentam o assunto, nem a ordem cronológica da maioria dos cursos de Ética.

Por outro lado, para mim restou muito claro, em toda a minha carreira profissional como Advogado, Professor e Assessor da Presidência do Tribunal de Ética e Disciplina da Ordem dos Advogados do Brasil, Secção de São Paulo, que são pouquíssimos os operadores do Direito que se interessam por Ética. Desta exceção de profissionais que se interessam, a maioria deles só procura se inteirar do assunto quando tem de enfrentar alguma questão Ética – seja porque foram representados, seja porque foram procurados por colegas para defendê-los –, ou se está em vias de prestar o Exame de Ordem. Entretanto, os interessados pela disciplina não são apenas os advogados, mas também todos os operadores de Direito e isto também é abordado e explicado nesta obra.

Dessa forma, um dos meus objetivos, ao elaborar este curso, é despertar, em linguagem clara, simples, objetiva e sem rodeios, o interesse de todas as pessoas, mais especificamente dos operadores de Direito, pela Ética, e principalmente, tirar o estereótipo de que somente aquela pessoa extremamente moralista e de conduta absolutamente reta é que seria capaz de se interessar pelo assunto e pelos inúmeros benefícios que traz a todos.

CAPÍTULO 1

APRENDA A GOSTAR DE ÉTICA

1.1 Conceitos de Ética, Moral, Moralismo

"**é.ti.ca** sf (gr ethiké)
1. Parte da Filosofia que estuda os valores morais e os princípios ideais da conduta humana. É ciência normativa que serve de base à filosofia prática. 2. Conjunto de princípios morais que se devem observar no exercício de uma profissão; deontologia. 3. Med. Febre lenta e contínua que acompanha doenças crônicas. É. social: parte prática da filosofia social, que indica as normas a que devem ajustar-se as relações entre os diversos membros da sociedade."[1]

"**ética**. [Do lat. ethica < gr. ethiké.] S. f. Filos. 1. Estudo dos juízos de apreciação referentes à conduta humana suscetível de qualificação do ponto de vista do bem e do mal, seja relativamente a determinada sociedade, seja de modo absoluto. [Cf. bem (1) e moral (1).]"[2]

"**ética**
s. f. 1. Parte da filosofia que estuda os valores morais e os princípios ideais da conduta humana. 2. Conjunto de princípios morais que se devem observar no exercício de uma profissão."[3]

---

1. Michaelis – Moderno Dicionário da Língua Portuguesa, Ed. Melhoramentos, Disponível em: http://www.uol.com.br/michaelis/indexdic.htm?busca=ética& busca2=ética. Acesso em 2003.
2. Novo Aurélio Século XXI – O Dicionário da Língua Portuguesa, Ed. Nova Fronteira, Disponível em: http://www.uol.com.br/aurelio/index_result.html? stype=k& verbete=%E9tica& btnbusca=Consultar
3. Melhoramentos: Michaelis Soft da Língua Portuguesa, Ed. Melhoramentos, Disponível em: http://cf6.uol.com.br/michaelis/dicionar.cfm?TextoBusca=% E9tica&dicion_id=9&ok=Consultar

Estas são apenas algumas definições de Ética encontradas em dicionários.

Entretanto, a Ética já era tratada pelo filósofo grego Aristóteles (384-322 a.c.), segundo o qual as virtudes de justiça, caridade e generosidade seriam capazes de proporcionar, simultaneamente, tanto um sentimento de realização pessoal a quem age, quanto um benefício à sociedade na qual o agente vive.

Como pudemos observar, a Ética diz respeito a princípios que devem ser observados e respeitados com relação à conduta humana. Todos sabem distinguir aquela conduta que é boa – como uma ação altruísta – e aquela conduta que é má – como aquela praticada com requinte de crueldade. Contudo, entre esses dois extremos existem aquelas condutas que não são más, mas também não são boas. São ações que, pode-se dizer, "não são muito boas", como, por exemplo, faltar com a verdade para conseguir um objetivo, e ninguém saia prejudicado.

O indivíduo passa a utilizar-se dessas ações "não muito boas", tais como uma inofensiva omissão, um pequeno comentário alheio, e quando vai perceber, isso se torna constante, e o seu relacionamento com os seres humanos que o cercam já não está mais tão agradável, o que acaba prejudicando não só aquele que age, como também a sociedade em que vive.

Por outro lado, não há como falar em ética sem, antes, falar em moral e moralismo. Por isso, resolvemos trazer também o conceito de ambos, para que fiquem claros.

"*moral*

adj. m. e f. 1. Relativo à moralidade, aos bons costumes. 2. Que procede conforme à honestidade e à justiça, que tem bons costumes. 3. Diz-se de tudo que é decente, educativo e instrutivo (...)"[4]

Segundo ensinamentos do saudoso Sociólogo Herbert de Souza, o Betinho, "a ética é muito mais ampla, geral, universal do que a moral. A ética tem a ver com princípios mais abrangentes, enquanto a moral se refere mais a determinados campos da conduta humana.

---

4. Melhoramentos: Michaelis Soft da Língua Portuguesa, Ed. Melhoramentos, Disponível em: http://cf6.uol.com.br/michaelis/dicionar.cfm?dicion_id=9&Texto Busca= moral&PrimVerbete=&UltVerbete=&TextoBusca2=ZZA

Quando a ética desce de sua generalidade, de sua universalidade, fala-se de uma moral, por exemplo, uma moral sexual, uma moral comercial. Acho que podemos dizer que a ética dura mais tempo, e que a moral e os costumes prendem-se mais a determinados períodos ..."[5]

"*moralismo*

s. m. 1. Sistema filosófico que se ocupa exclusivamente da moral. 2. Tendência para omitir o sentimento religioso na moral."[6]

O Sociólogo Betinho registrou, ainda, que "a visão estreita da moralidade deriva para o moralismo. O moralismo equivale a uma espécie de loucura da ética – é quando se perde o sentido geral das coisas para se apegar a certos pontos ou normas, que são tomados de forma absoluta, sem levar em conta a amplitude, o conjunto".[7]

Betinho foi feliz nesta definição. Assim, entendemos que a pessoa moralista é aquela rígida em opiniões, costumes e caráter, não aceita opiniões divergentes em razão de uma tradição de valores morais que há muito já foram modificados.

Sim, porque a sociedade evolui, e de acordo com a época e o lugar da situação, determinados valores morais que podem ter sido extremamente observados e respeitados por uma sociedade antigamente, hoje sequer são conhecidos de muitos que vivem na mesma sociedade; por exemplo, em determinado momento do século passado, era tradição que os meninos não pudessem usar calças compridas; só o poderiam quando já tivessem se tornado homens.

No tocante às tradições, Pedro Scuro Neto, no Prefácio à obra "Iniciação à Ética", assim define: "as tradições impõem à Ética um caráter de comando, um ar de técnica social específica, de disciplina normativa, indisfarçavelmente autoritária".[8]

---

5. RODRIGUES, Carla & SOUZA, Herbert José de. *Ética e Cidadania*. São Paulo: Moderna, 1994.
6. Melhoramentos: Michaelis Soft da Língua Portuguesa, Ed. Melhoramentos, Disponível em: http://cf6.uol.com.br/michaelis/dicionar.cfm?dicion_id=9&TextoBusca=moralismo&PrimVerbete=&UltVerbete=&TextoBusca2=ZZA
7. RODRIGUES, Carla & SOUZA, Herbert José de. *Ética e Cidadania*. São Paulo: Moderna, 1994.
8. KORTE, Gustavo. *Iniciação à Ética*. São Paulo: Juarez de Oliveira, 1999, p.X.

Pessoas moralistas normalmente são aquelas que chegam a ser desagradáveis para conviver, ou até mesmo dialogar. Entretanto, não se pode confundir esse tipo de comportamento "doentio" com o comportamento ético. É por isso que Betinho definiu o moralismo como a *loucura da ética*.

Agora que já falamos de moral e moralismo, e como este pode ser até mesmo prejudicial, voltemos à Ética.

A Ética em nada tem a ver com moralismo, senão que o moralismo é uma visão exacerbada da Ética.

Não obstante a visão de moralismo de Betinho acima mencionada, com a qual eu compartilho, é inegável que na Ética devem existir sim normas de conduta que indiquem limitação, restrição e contenção, para garantir uma coexistência de membros da mesma sociedade.

Nesse contexto, pode-se entender como sociedade desde uma comunidade, uma empresa, uma entidade de classe ou profissão, até mesmo uma nação ou uma organização internacional de nações.

Estas normas são, na maioria das vezes, escritas, trazem princípios garantidores de que indivíduos da mesma sociedade, que buscam os mesmos objetivos, ou ainda que sejam objetivos divergentes, empenhem-se em nivelar suas ações.

Fica muito mais fácil entender, aceitar e respeitar todas essas normas de conduta se o indivíduo souber controlar as suas emoções, mantendo a calma, o autocontrole e a empatia.

1.2 Você não precisa ser austero para gostar de Ética

Conforme pudemos observar no tópico anterior, o moralismo ocorre "quando se perde o sentido geral das coisas para se apegar a certos pontos ou normas, que são tomados de forma absoluta, sem levar em conta a amplitude, o conjunto."[9]

Vimos também que esta definição tem significado muito diverso de Ética.

---

9. RODRIGUES, Carla & SOUZA, Herbert José de. *Ética e Cidadania*. São Paulo: Moderna, 1994.

Normalmente, a maioria das pessoas tem uma opinião preconcebida sobre os indivíduos que gostam de estudar Ética, participam da elaboração de codificações e manuais de Ética, fazem parte de alguma comissão de Ética, ou até mesmo lecionam Ética; qual seja, a de que esses indivíduos são extremamente austeros, ou melhor, rígidos em opiniões, rígidos em costumes, rígidos em caráter, severos, sisudos, extremamente sérios em todas as suas palavras e ações, e até mesmo constrangedores.

Estes são apenas alguns adjetivos que passam pelo senso comum quando se diz respeito à Ética.

Mas como verificamos acima, estes adjetivos estão muito mais atrelados a pessoas moralistas do que a pessoas éticas.

Infelizmente moramos num país onde ser honesto chega ser motivo de sátira. A história recente do País, porém, tem mostrado que este quadro está mudando, principalmente no tocante à política.

Existe um ditado que diz: *cada um colhe o que semeia*. Portanto, se você *semear* condutas ímprobas, *colherá* os resultados provenientes desta conduta, os quais certamente não lhe serão agradáveis. Por outro lado, se você *semear* condutas probas, fatalmente *colherá* os frutos e recompensas dessas atitudes.

Este ditado assemelha-se a outro que diz que *o semelhante atrai o semelhante*, no sentido de que tudo aquilo que você pensa ou da maneira como age atrairá à sua vida a realidade física do conteúdo desse pensamento ou conduta.

A esse respeito, o Mestre Lauro Trevisan escreveu em seu *best seller*, "O Poder Infinito da Sua Mente":[10] "A partir desta verdade, você estará se dando conta de que pensamentos de fracasso atraem o fracasso, pensamentos de sucesso atraem o sucesso (...) Não existe acaso, má sorte, azar; é a soma dos seus pensamentos diários que leva você a esses resultados".

Completando tais ensinamentos, eu diria que a soma dos seus pensamentos e condutas diárias certamente lhe conduzirão ao ponto mais elevado de sua evolução e de sua prosperidade em todos os sentidos, inclusive intelectual; ou lhe conduzirão ao nefasto naufrágio de tudo aquilo que existe de bom dentro de você e na sua vida.

---

10. TREVISAN, Lauro. *O Poder Infinito de Sua Mente*. 189ª ed. Rio Grande do Sul: Da Mente, 1990.

Dentro desta concepção dualística, por óbvio, existem infinitas manifestações intermediárias, que serão atingidas dependendo da intensidade e continuidade de seus pensamentos, bem como das ações praticadas por você.

Somos todos seres humanos, portanto, suscetíveis de erros. Entretanto, nossas vidas podem ser, e com certeza serão, muito mais agradáveis, prazerosas, prósperas, bem-sucedidas, não só profissionalmente, mas em todos os aspectos, se nos propusermos a observar alguns preceitos éticos, e, nem por isso, precisamos deixar de fazer determinadas coisas que gostamos.

Para dar um exemplo exagerado, se uma pessoa gosta de freqüentar bailes de carnaval, essa conduta, por si só, não tem incompatibilidade alguma com gostar de Ética.

Vejamos, sou jovem – porque acredito que a juventude não está só na idade, mas também na mente – amo minha profissão e tudo o que faço, mas também adoro festas, piadas, músicas dos mais variados tipos e ritmos, inclusive rock. E passar a me interessar pela Ética, e assuntos a ela relacionados, não fez com que eu mudasse minhas preferências, muito ao contrário, só me trouxe benefícios, na medida que pude me aperfeiçoar pessoal e profissionalmente, adequando algumas atitudes em mim, o que fez com que eu tivesse uma vida muito mais harmoniosa.

O que quero demonstrar é que o interesse pela Ética, por si só, não torna as pessoas monótonas, ou incômodas.

Tomo como exemplo um brilhante advogado, cujo nome preservarei por questões óbvias, membro do Tribunal de Ética e Disciplina da OAB-SP, um dos autores do atual Código de Ética e Disciplina instituído pelo Conselho Federal da Ordem dos Advogados do Brasil, autor de várias obras, professor, palestrante e conferencista em âmbito nacional e internacional sobre o assunto.

Dada a sua importância e grande destaque na área, ele poderia até mesmo se tornar uma pessoa soberba, mas, pelo contrário, trata-se de uma pessoa muito acessível, bem-humorada, e cujas aulas que ministra são muito prazerosas. Fica aqui a minha singela homenagem a este Mestre, que é um exemplo a ser seguido.

1.3 Ética e a "Autoridade Divina"

Quando se fala em Código de Ética, normas ou regras que regulamentam as relações entre indivíduos de uma mesma sociedade e o contexto em que estão situados, é imperioso se levar em conta que deve existir uma "autoridade" legítima para estabelecer quais são as condutas que podem ser praticadas, quais as que não podem e, eventualmente, sanções a serem aplicadas.

É necessário expor e tornar claras todas as normas, regras, princípios e leis que regem os fenômenos éticos. *São fenômenos éticos todos os acontecimentos que ocorrerem nas relações entre o indivíduo e o seu contexto*[11] e incluem todos os acontecimentos sociais de que o ser humano faça parte.

Esta "autoridade" deve ser legitimada pela sociedade específica que a congrega. Por exemplo, em empresas, normalmente são convocados comitês para elaborar um conjunto de normas de caráter ético, das quais todos os seus funcionários devem tomar conhecimento e respeitar. Essa comissão, geralmente composta por funcionários da própria empresa, seria a "autoridade" legítima, e vai expor suas convicções, debater, analisar os prós e os contras, e, então, elaborar tais regras, a fim de formalizar e padronizar o entendimento daquela organização empresarial em suas diversas operações e relacionamentos. Tais regras poderão incluir, até mesmo, sanções a quem as desrespeitar, como demissões, se for o caso. Trataremos do assunto Ética Empresarial ainda neste capítulo (1.6 Ética Empresarial, Profissional e no Trabalho).

No caso da classe profissional dos Advogados brasileiros, a "autoridade" legítima é o Conselho Federal da Ordem dos Advogados do Brasil, órgão máximo representativo da classe, que elaborou o Código de Ética, com base no qual a Lei 8.906/94 se norteia. Esta lei confere, ainda, ao referido Conselho Federal o poder de *editar e alterar o Regulamento Geral, o Código de Ética e Disciplina e os Provimentos que julgar necessários* (art. 54, inciso V).

É inegável que, neste caso, há uma lei (Lei 8.906/94 – Estatuto da Advocacia e a OAB) que dita regras éticas a serem obedecidas pela

---

11. KORTE, Gustavo. *Iniciação à Ética*. São Paulo: Juarez de Oliveira, 1999, p.1.

categoria, bem como prevê sanções a serem aplicadas a quem as desobedecer.

As leis em geral não contêm normas que sejam necessariamente éticas, e a Ética não deriva necessariamente de uma norma legal. Dessa forma, podemos dizer que nem tudo o que é legal é moral e nem tudo o que é moral é legal, ou seja, alguma atitude pode ser imoral, mas não ser ilegal, e outras podem ser ilegais e não necessariamente imorais. Contudo, existe a chamada *zona cinzenta*, no âmbito da qual ambas, a lei e a moral, encontram-se e podem ser classificadas como legais e morais ao mesmo tempo. Assim também ocorre com a Lei e a Ética.

A Lei é uma norma que passa por um processo formal de elaboração, é válida e deve ser obedecida por todos (oponível *erga omnes*). O povo de um país elabora diretamente ou por intermédio de seus representantes, elegendo legisladores para elaborar, discutir, modificar e aprovar essa norma. Portanto, os legisladores são as "autoridades" legítimas para tanto. O chefe do Poder Executivo, que também é eleito pelo povo, e portanto é "autoridade" legítima, tem o poder de sancionar ou vetar tal norma.

Todas as pessoas, por mais diversas que sejam suas crenças, ou, ainda que se autodenominem atéias, já ouviram falar em um Ser Supremo, Força Superior, Autoridade Divina, Mente Universal, Deus, Alá ou seja qual for o nome que você atribua a Ele.

A idéia da existência desse Ser Supremo, único e universal, anterior a todas as coisas e criador de todos os outros deuses, foi trazida pelas tradições religiosas mais ancestrais de que se tem notícia, como o vedismo, e assim permaneceu no budismo, no zoroastrismo, no judaísmo, no cristianismo e no islamismo, tendo ainda sido tratada por filósofos gregos no século VI a.C.

Desta crença, ampla e mundialmente difundida, surgiram muitas regras de conduta, das mais variadas possíveis, sobre o que é certo e o que é errado à luz dos ensinamentos religiosos.

Esses ensinamentos são por nós assimilados de forma intuitiva e emocional, ou seja, sem a interferência ou o uso da razão, e muitas vezes sequer questionamos alguns princípios ou comparamos com motivos de fundo científico, porque simplesmente acreditamos que aquilo seja o melhor.

Quando agimos dessa forma, movidos por nossa convicção pessoal de que essa ou aquela é a melhor conduta, quase sempre chegamos ao objetivo almejado, e para alcançarmos esse objetivo só dependemos do tamanho e intensidade de nossa fé.

Dessa forma, não nos interessa o motivo científico pelo qual chegamos ao resultado que queríamos, o que mais nos importa é a fé que tínhamos e a convicção de que, se a nossa conduta fosse regrada, ou seja, de acordo com a nossa convicção religiosa, seríamos capazes de alcançar o nosso objetivo.

Não importa qual é a religião, o que mais importa é que, tenhamos convicções sobre o certo e o errado, o verdadeiro e o falso, o bem e o mal, o moral e o imoral, etc. Essas convicções, ainda que provenientes de tradições em desuso, ou de religiões ortodóxas, são fundamentais para o sentimento ético do ser humano.

Por que estou me referindo a "tradições" ou "ortodoxia"?

Porque o meu posicionamento é o de que o ser humano vive para evoluir em todos os sentidos: cada um da sua forma e no seu devido tempo. E não há como falar em evolução se ficarmos presos em tradições mortas ou em pensamentos cristalizados, sem que abramos nossas mentes para idéias renovadas, e não enxerguemos a flagrante evolução de toda a humanidade. Se assim o for, passaremos a pensar como muitas pessoas descrentes, que até hoje não acreditam, por exemplo, que o homem tenha pisado na Lua.

Entretanto, isso não tira grande importância das tradições, principalmente no que tange às convicções sobre o bem e o mal.

Assim, o Deus (ou qualquer outro nome que você atribua a Ele) no qual você acretida é sim uma "autoridade" legítima para estabelecer quais são as condutas que podem ser praticadas, quais as que não podem. A sociedade que legitima esta "autoridade" é a mesma que congrega os fiéis daquela determinada religião. E o que é mais importante são as convicções do indivíduo que a congrega.

Como já dito acima, ainda que você seja ateu, você tem suas convicções sobre o bem e o mal, o certo e o errado etc., e estas convicções, nesse caso, seriam equivalentes àquelas provenientes de tradições religiosas.

Este é um assunto que sempre guarda uma gigantesca subjetividade e, por isso, todos os conceitos aqui manifestados estão, necessariamente, atrelados à minha convicção pessoal, e esta convicção pessoal, hoje, induz a pensar que Deus tem uma extrema importância para que eu siga firmemente cada passo da Ética.

1.4 Considerações Subjetivas sobre a Fé

Houve um momento em minha vida, em plena adolescência, em que eu estava confuso, não sabia em que acreditar, tinha idéias subjetivas distorcidas entre o que era certo e o que era errado e, como todo ser humano nessa fase da vida, eu achava que sabia tudo e estava sempre certo.

Pois bem, em determinado ano, nas férias escolares do meio do ano, eu me interessei pelo tema de um curso de férias do colégio onde estudava, chamado "Curso sobre o Poder da Mente" ou algo do gênero.[12]

Resolvi fazer o tal curso por pura curiosidade. Quem ministrava o curso era um professor de Português do mesmo colégio. Notei logo de cara que o curso não tratava daquilo que eu imaginava (como pessoas entortando colheres com o poder da mente, etc.), mas tratava de um assunto que me despertou muito mais interesse, ou seja, ensinava como usar a minha mente para o bem. Não só o meu próprio bem, mas também o bem de todos os que me cercam, utilizando tanto ensinamentos científicos, como éticos e religiosos, sem se ater a uma religião específica.

Aquele professor ministrava o curso com tanta convicção, e foi tão convincente que, ao terminar o curso, ele disse a todos: *Não quero que vocês saiam deste curso convencidos de que tudo o que ouviram aqui seja verdade absoluta, quero que vocês duvidem!!! Quero que vocês procurem saber se tudo isto é realmente verdade! Eu estou apenas plantando uma semente no coração de cada um para que, ao procurar a VERDADE, essa semente floresça e dê bons frutos.*

Eu não tenho a menor dúvida de que aquele curso, que fiz por acaso, por mera curiosidade, foi o primeiro passo importante para mudar a minha vida.

---

12. TREVISAN, Lauro. *O Poder Infinito de Sua Mente*. 189ª ed. Rio Grande do Sul: Da Mente, 1990.

Não tenho dúvida, também, que não é por acaso que aquele professor de Português hoje, e já há muitos anos, é o Diretor da Faculdade de Ciências Humanas e Sociais da Universidade que faz parte daquele mesmo Instituto de Ensino.

Esta minha busca de aprendizado me convenceu de certos conceitos (que obviamente poderão ser mudados se eu me convencer diversamente) sobre a importância da convicção pessoal e da Fé.

Não obstante não ser um assunto específico de Ética Profissional, eu gostaria de compartilhar algumas destas minhas convicções com meus alunos e leitores desta obra, tendo em vista que, conforme dito anteriormente, considero que Deus tem uma extrema importância para que eu siga firmemente cada passo da Ética.

Por se tratar de convicção subjetiva de cunho religioso, não quero impor estes conceitos a quem quer que seja, inclusive por respeito às convicções religiosas de cada um, mas incluí este assunto por entender que vale a pena, quando se trata de falar de Ética.

Escolhi uma passagem da Bíblia Sagrada para tecer alguns comentários sobre a Fé. Escolhi este texto, não só por eu ser cristão e tratar-se de minhas convicções subjetivas, mas também porque as culturas da grande maioria dos povos ocidentais são judaico-cristãs ou hebraico-cristãs. Trata-se da cura do cego mendigo:

> *"E foram para Jericó. Quando ele saía de Jericó, juntamente com os discípulos e numerosa multidão, Bartimeu, cego mendigo, filho de Timeu, estava assentado à beira do caminho. E, ouvindo que era Jesus, o Nazareno, pôs-se a clamar: Jesus, Filho de Davi, tem compaixão de mim! E muitos o repreendiam, para que se calasse; mas ele cada vez gritava mais: Filho de Davi, tem misericórdia de mim! Parou Jesus e disse: Chamai-o. Chamaram, então, o cego, dizendo-lhe: Tem bom ânimo; levanta-te, ele te chama. Lançando de si a capa, levantou-se de um salto e foi ter com Jesus. Perguntou-lhe Jesus: Que queres que eu te faça? Respondeu o cego: Mestre, que eu torne a ver. Então, Jesus lhe disse: Vai, a tua fé te salvou. E, imediatamente, tornou a ver e seguia a Jesus estrada fora. (Mc 10, 46-52)*

Não foi preciso pedir mais de uma vez: o cego pediu uma única vez, acreditando realmente, e foi atendido. JESUS FOI BEM CLARO: A TUA FÉ TE SALVOU !!! (Ele não disse: "a minha presença te salvou" nem sequer "Eu te salvei", mas foi sim a fé, intrínseca, que aquela pessoa enferma tinha dentro de si, que a salvou. E, por isso, não foi preciso pedir mais de uma vez).

No entanto, não foi só isso: o cego chamava Jesus, pedindo-lhe compaixão, mas muitos o repreendiam. Muitas vezes nós pedimos uma coisa a Ele, mas, no íntimo, acreditamos que não seremos atendidos e, enquanto falamos cinco vezes por dia: "Senhor, ajude-me", repetimos mentalmente cinqüenta vezes no mesmo dia: "Não há meios de resolver esse meu problema". Ou seja, nós repreendemos nosso próprio pedido, quase sempre inconscientemente. Mas, todas as vezes que nós lembramos que Ele tem o poder de nos ajudar e, não interessa o que falem, nem o que pensem, "Ele pode e eu acredito realmente nisso e nada nem ninguém vai me fazer mudar de idéia" – nesses momentos de absoluta convicção conseguimos aquilo que desejamos, seja lá o que for!

Tem outro detalhe: quando disseram para o mendigo que Jesus o chamava, nesse exato momento percebeu que ninguém mais o repreenderia (nem mesmo seus próprios pensamentos miseráveis de mendigo), pois aí "caiu a ficha" de que "ELE PODE". Então o cego mendigo deu-se conta de que não precisava mais do seu cobertor de mendigo, da sua cuia de esmolas, muito menos continuar levando adiante a sua vida de desgraças e de caridade alheia: ele abriu mão de sua confortável posição de vítima, "levantou-se de um salto e foi ter com Jesus".

Ao indagar-lhe Jesus: "Que queres que eu te faça?", o cego, com todo o ânimo e com toda a certeza de que já havia conseguido seu intento, foi muito claro, objetivo e certeiro no seu pedido: "Mestre, que eu torne a ver".

Muitas vezes pedimos a Deus coisas mais ou menos assim: "Deus, sabe aquilo lá que eu estou precisando... ah, você sabe do que eu estou falando... então, me concede vai?"

Sim, Deus sabe, mas se nós não formos claros, objetivos e certeiros no nosso pedido será muito mais difícil de afirmarmos nossa fé; por exemplo: se, ao responder para Jesus, o cego dissesse: "Ããh... já que você pode tudo... deixa eu ver... eu não quero mais ser mendigo... não quero mais usar essa capa... quero ser auto-suficiente... e, para isso tudo, eu quero tornar a ver", ele poderia até conseguir, mas ele não teria sua fé tão determinada quanto foi, e, certamente, Jesus não teria dito "a tua fé te salvou", porque o cego teria sido inseguro no seu pedido tanto quanto na sua fé. Resumindo: ele não se deixou levar por quem o repreendeu (ainda que fossem seus próprios pensamentos); abandonou aquilo que ele tinha consciência que não lhe servia mais; teve muita determinação naquilo que desejava; além de tudo, e acima de tudo, teve muita fé – a fé que o salvou, a fé que o curou. Não importa a época em que isso aconteceu, Jesus veio à Terra para ensinar, e nessa passagem ensinou que basta a fé – que é convicção pessoal sem dúvidas – para que haja a cura, ou para que se alcance aquilo que se deseja!

Dessa forma, quando você tem convicção que alguma coisa não lhe serve mais ou que alguma conduta não está correta, abandone esta conduta, faça com que ela entre em extinção; tenha determinação, seja ético, você consegue!

1.5 Ética na Política

Infelizmente, em nosso país temos um grande problema com políticos que agem de maneira antiética e, muitas vezes, até mesmo ilícita.

Isso se deve à cultura do povo brasileiro. Desde a época da Colonização, os colonizadores já extraíam de nosso país todas as riquezas que podiam. Desde então, a nossa cultura foi formada com a errônea mentalidade de que "quanto mais vantagem eu puder tirar da situação melhor", ainda que essa vantagem seja prejudicial a outrem, afinal "EU estou sendo beneficiado".

Havia até mesmo uma propaganda de cigarros, protagonizada por um ex-jogador de futebol, chamado Gerson, que pregava exatamente essa idéia, a de que todo brasileiro *gosta de levar vantagem em tudo*. E essa atitude, a de *tentar levar vantagem em tudo*, passou a ser popularmente conhecida como a *Lei de Gerson*.

O povo brasileiro, ou a grande maioria dele, não foi acostumado a pensar numa coletividade. Não tem sequer a noção de que a "coisa pública" pertence a todos. Só se preocupa com seus próprios bens e seu próprio patrimônio. O que pertence ao Estado, a "coisa pública", parece ser totalmente alheia, como se não fizesse a menor diferença em existir ou não.

Um exemplo clássico é o do trombadinha (*Indivíduo menor de idade, delinqüente, que pertence a grupos de assaltantes de rua*)[13] e dos paraísos fiscais, ou seja: se uma pessoa estiver andando a pé por uma rua, no centro de uma grande cidade como São Paulo, vier um trombadinha, furtar-lhe algum pertence, como um relógio, e sair correndo, essa pessoa assaltada vai começar a gritar "pega ladrão", vai se enfurecer, é capaz de sair correndo atrás do trombadinha e, se lá na frente alguma pessoa ou policial conseguir segurá-lo, a pessoa que foi assaltada, de tão furiosa e indignada, é capaz até dar uns "safanões" no tal trombadinha.

Por outro lado, quando aquela mesma pessoa, que foi assaltada pelo trombadinha, chega à sua casa, liga a televisão e vê nos noticiários que milhões de dólares estão em contas bancárias de brasileiros em países considerados "paraísos fiscais", devido ao desvio de dinheiro público brasileiro, sua indignação é suficiente apenas para que essa pessoa diga: "puxa vida... que coisa!"

O que eu quero demonstrar é o seguinte: o segundo problema é muito mais grave do que o primeiro, entretanto, o brasileiro está acostumado a encarar esse tipo de problema como se não fosse seu, e quase nem fica indignado, sendo quase condescendente com isso.

Enquanto nós não aprendermos a ver a "coisa pública" como nossa, esse tipo de problema dificilmente vai desaparecer. E o pior de tudo é que a corrupção e a falta de Ética na Política estão diretamente ligadas à falta de qualidade de vida de todos os brasileiros.

Temos (o povo brasileiro em geral) o comodismo de acusarmos os outros pelos problemas que ocorrem na sociedade. Acusamos o Presidente, Deputados, Senadores, Governadores, Prefeitos, Vereadores, etc. Entretanto, não nos damos conta de que somos nós quem alimentamos a engrenagem, pois é muito mais fácil sermos subservientes ao esquema e, assim, não precisarmos nos indispor com ninguém, tampouco entrar em brigas de assuntos que consideramos não serem nossos e, ainda, quem sabe, sobrar-nos alguma vantagem...

---

13. Michaelis – Moderno Dicionário da Língua Portuguesa, Ed. Melhoramentos, Disponível em http://www.uol.com.br/michaelis/indexdic.htm?busca=trombadinha&busca2=trombadinha

Essa visão da realidade é totalmente errônea, pois cada vez que uma coisa dessas acontece, são milhares de brasileiros que são prejudicados.

No VI Seminário de Ética Profissional, promovido pelo Tribunal de Ética e Disciplina I da OAB-SP, o então Presidente da Câmara dos Vereadores de São Paulo, abordando exatamente o tema Ética na Política, teceu alguns comentários sobre a CPI (Comissão Parlamentar de Inquérito) da "Máfia dos Fiscais", a qual também foi presidida pelo mesmo.

A referida CPI apurava denúncias de que fiscais da Prefeitura do Município de São Paulo supostamente estariam exigindo propinas de comerciantes e ambulantes por ordem de alguns Vereadores.

O sobredito Presidente relatou que, apesar de não ser do mesmo partido político, nem compartilhar dos mesmos ideais de alguns dos Vereadores que estavam sendo investigados, os conhecia e guardava um certo grau de coleguismo, afinal seus gabinetes eram próximos e, vez ou outra, até mesmo tomavam um cafezinho juntos.

Ocorre que, quando o cerco aos envolvidos começou a apertar, e os Vereadores perceberam que o Presidente da CPI estava levando tal trabalho muito a sério, ele chegou a ser procurado por alguns(m) desses envolvidos, alegando que eles eram colegas e pedindo para que não o(s) prejudicasse(m).

O resultado de referida CPI, o Brasil inteiro já sabe, tanto que mais de dois anos se passaram e ainda há ex-Vereador preso em razão dos fatos apurados na referida comissão.

O então Presidente da Câmara contou esse fato no Seminário para exemplificar o quanto é difícil superar o "espírito de corpo", ou seja, o corporativismo. Imagine você, num dia tomando café com um vizinho, colega seu, e no outro dia se vendo na obrigação de apurar faltas graves desse colega, sabendo que vai prejudicá-lo, talvez pelo resto da vida.

Realmente isso não é uma tarefa fácil, mas para que exista a verdadeira Ética não pode haver o corporativismo. Somente sendo uma pessoa muito bem equilibrada e tendo muito discernimento para assumir uma responsabilidade dessas sem, contudo, promover injustiças.

Eu não citei o nome daquele palestrante nem do ex-Vereador preso, porque não pretendo fazer propaganda política para ninguém, justamente porque acredito que o voto consciente tem um papel fundamental para que haja Ética na Política.

E o que é o voto consciente?

Para que o eleitor vote conscientemente, deve conhecer as propostas dos candidatos, analisar a proposta de cada um, conhecer o passado político do mesmo, se ele tiver um passado político, e escolher um que ache melhor, independentemente das pesquisas: é votar no candidato que o eleitor considere, por suas convicções próprias, o melhor.

Se o candidato nunca ocupou um cargo eletivo, mas o eleitor se convenceu de que as propostas dele são boas e que é o melhor candidato, é importante que vote nele.

Isto é, o eleitor não deve aquele candidato que tem mais chances de ganhar as eleições, ou votar naquele que tem mais chances de eliminar o candidato indesejado! O voto de eliminação, no caso, é válido em segundo turno, quando o eleitor deve escolher, conscientemente, qual é o melhor candidato, ou, ainda que assim não seja, qual é o candidato menos nocivo.

Outra questão importante no voto consciente é não anular o voto ou votar em branco, porque o sufrágio é a única ferramenta que o cidadão comum tem para mudar o que considera errado, e anular o voto ou votar em branco seria o mesmo que anuir tudo o que o candidato vencedor das eleições fizer.

Não adianta dizer: "Eu não sou responsável pelo que está acontecendo, porque não votei em ninguém!"

Você é responsável sim! Porque se você, e os outros milhões de brasileiros que votaram como você, votassem de forma prudente e consciente, talvez o seu candidato tivesse vencido as eleições e o cenário político brasileiro fosse melhor.

Agora, se você disser que não é responsável, porque aquele candidato, no qual você confiava e para o qual você votou, não foi eleito, aí sim você pode ter a sua consciência limpa.

Se todos os brasileiros votassem conscientemente, com certeza o Brasil estaria muito melhor, e não teríamos mais no poder sempre aqueles mesmos políticos, conhecidos de todos, que na maioria das vezes são mencionados ou estão envolvidos com questões ímprobas, antiéticas e criminosas.

1.6 Ética Empresarial, Profissional e no Trabalho

A Ética nas empresas ganhou relevância aproximadamente na década de 1950, quando as grandes empresas multinacionais começaram a se espalhar por vários países do mundo.

Muitas vezes essas empresas se instalavam em países com culturas muito diversas da cultura do país de origem da matriz, e havia a necessidade de adequar com aquela realidade os procedimentos da empresa e o tratamento com os funcionários.

Além disso, as empresas começaram a perceber que obtenção de lucros supostamente superior, agindo de forma antiética, era ilusória, porque acabariam arcando com custos elevadíssimos por conta disso, como, por exemplo, pagamento de subornos, condenações por procedimentos indevidos, devolução de mercadorias avariadas produzidas com matéria-prima inapropriada, indenizações a clientes, etc.

Passou-se a perceber que os custos de uma empresa ética são muito menores do que os custos de uma empresa antiética. Percebeu-se, também, que o fato de ser empresa antiética afastava os clientes, ou consumidores finais de seu produto, ou seja, afastava-se a principal fonte que, em última análise, seria responsável pela permanência da empresa no mercado.

Ademais, é notório, e pesquisas recentes revelam, que um cliente que está satisfeito com uma determinada mercadoria ou serviço indica aquela empresa a, aproximadamente, outras cinco pessoas. Se o consumidor, porém, está descontente com a relação de consumo, vai falar mal daquela empresa a, no mínimo, outras trinta e cinco pessoas, e estas vão falar para, no mínimo, outras duas.

Ao estabelecer como regra praticar uma conduta ética, a empresa coloca-se em posição de exigir o mesmo de seus administradores e empregados. Dessa forma, pode cobrar-lhes maior lealdade e dedicação.[14]

Assim foi notado que para institucionalizar a Ética é preciso seguir alguns passos.

Em primeiro lugar, deve haver liderança na alta administração, ou seja, os administradores, diretores, entre outros, devem ter al-

---

14. MOREIRA, Joaquim Manhães. *A Ética Empresarial no Brasil*. São Paulo: Pioneira Thomson Learning, 2002, p. 30.

guém da própria alta administração que tenha capacidade de dominar, baseada no prestígio pessoal e aceita pelos dirigidos.

Da mesma forma, essa alta administração deve proceder de maneira ética, para ter moral e poder cobrar dos empregados os procedimentos éticos que exigirão.

Deve haver uma declaração de valores e crenças, ou seja, devem ser elencados os valores e as crenças dos empregados no que diz respeito à confiança, ao trabalho em equipe, ao que considerem importante para um ambiente de trabalho ético e agradável, etc.

Deve ser formado um comitê de ética, sempre em número ímpar, composto por empregados e, eventualmente, auxiliado por consultor em ética. Esse comitê deve ser o mais rico possível em termos de heterogeneidade, para que possa abranger os mais diferentes pontos de vista possíveis, expondo as convicções de seus membros, debatendo e analisando os prós e os contras.

Deve-se disponibilizar um treinamento de Ética a todos os empregados e administradores, levando-se em conta que, no tocante à educação em Ética, a Ética não se ensina, a Ética se conscientiza, se forma. Portanto, deve-se conscientizar esses empregados.

Deve haver uma comunicação de Ética no Trabalho, devendo ser elaborado um manual, a fim de que norteie em termos éticos o entendimento daquela organização empresarial em suas diversas operações e relacionamentos. Tal manual é muito usado na área comercial.

Deve-se estabelecer uma Auditoria em Ética, para assegurar o alto nível ético entre os empregados.

O clima ético de uma unidade de trabalho (o departamento de compras, por exemplo) deve ser visto como um fator de avaliação do desempenho.

Deve haver relatórios sobre violações éticas. O fato de relatar o fato para a própria pessoa que violou a ética (ou para quem quer que seja) é fundamental para a manutenção do clima ético.

Deve ser elaborado um Código de Ética, que deve servir de impulso e, até mesmo, como uma garantia para os funcionários e empreendedores. Tais Códigos de Ética, normalmente, não trazem uma punição, mas chavões do tipo "nós fazemos ...". Nesses casos, as ações incorretas vão ter as conseqüências da lei. Outros tipos de Códigos de Ética empresarial prevêem as ações consideradas faltosas e as respectivas sanções.

1.7 Aprenda a Desfrutar dos Benefícios de Ser Ético

No tocante à educação em Ética, inicialmente, quero lembrar o que foi dito no tópico anterior, que a Ética não se ensina, a Ética se conscientiza, se forma. Portanto, tenho a pretensão de conscientizar os leitores sob o ponto de vista que entendo correto.

Além do fato de ser bom para toda a sociedade em que você vive, para a empresa que você administra, para os seus colegas de trabalho, para o aprimoramento e reconhecimento social de toda a categoria profissional da qual você faz parte, ser ético é melhor ainda para você! Você, no final, acaba sendo o maior beneficiado com a sua conduta Ética.

Antes de usar a bomba atômica para criar usinas nucleares e aparelhos úteis, o homem a usou para destruir. Eis aí uma força inaudita que pode ser empregada para duas finalidades opostas. Você tem a força atômica dentro de você, podendo usá-la em seu benefício ou contra você.[15]

Voltando ao dito *cada um colhe o que semeia*, se com a sua *força atômica* você *semear* a bomba atômica, *colherá* uma desgraça inenarrável, cujos resultados poderão ser catastróficos até mesmo à humanidade, mas fatalmente o mais prejudicado será você mesmo. Por outro lado, se você *semear* usinas nucleares e somente aparelhos úteis, certamente *colherá* os frutos e recompensas dessas atitudes.

Eu acredito e tenho plena convicção de que, com as nossas atitudes e pensamentos, atraímos para nossas vidas tudo o que está ocorrendo ou vai ocorrer.

Acredito, e já tive experiências reais, que se minha mente e minhas atitudes estão ligadas somente a coisas boas, minha vida flui maravilhosamente bem e as coisas boas aparecem em minha vida de uma forma contínua e absolutamente natural, e as coisas adversas que ocorrem são superadas com uma extrema e incrível facilidade.

---

15. TREVISAN, Lauro. *O Poder Infinito de Sua Mente*. 189ª ed. Rio Grande do Sul: Da Mente, 1990.

Contudo, se tenho minha mente meus pensamentos e minhas atitudes ligados a coisas ruins, a minha vida trava, parece que nada dá certo, acontecem cada vez mais coisas adversas a cada momento que passa, e, quando eu penso que superei uma adversidade, aparece outra maior ainda.

Por isso, tente sintonizar-se somente em coisas boas, não custa nada, é muito mais simples do que você imagina e, certamente, muito mais fácil do que arquitetar o mal. Só depende de você!

O que eu posso fazer é plantar uma semente boa dentro do seu coração, para que você a cultive e venha a colher bons frutos. Mas, para que isso aconteça, você deve se interessar, procurar saber se o que eu digo é realmente verdade, pesquisar por conta própria, dar-se uma chance de agir dessa maneira, arrancando de dentro de si todo o mal que existe dentro de todo o ser humano.

Longe de querer transformar uma obra de Ética em uma obra religiosa, a minha intenção absolutamente não é essa. Entretanto, não há como falar nos benefícios de ser Ético sem entrar novamente naquela delicada questão da convicção subjetiva pessoal, inclusive religiosa. Por essa razão, e para falar em alcançar objetivos e benefícios, volto a abordar, de maneira íntima e subjetiva, tais temas religiosos como a fé.

Esta obra poderia muito bem existir sem que esses temas polêmicos fossem abordados, porém os abordo porque acho que vale a pena. A minha intenção é fazer com que o leitor reflita um pouco sobre o assunto, ainda que discorde de tudo o que será abordado.

Para lhe ajudar a obter tais benefícios, valer-me-ei de ensinamentos do autor Lauro Trevisan, inclusive transcrevendo alguns trechos, embasado em autorização expressa, na página 4 de sua obra.[16] Mas, lembre-se, não adianta seguir esses passos se você não está em harmonia consigo mesmo, com os outros e com o mundo, arquitetando e praticando o mal.

O Mestre Jesus ensinou que:

"TUDO O QUE VOCÊ PEDIR AO PAI, EM ESTADO DE ORAÇÃO, CRENDO QUE VAI ALCANÇAR, ALCANÇARÁ."

---

16. TREVISAN, Lauro. *O Poder Infinito de Sua Mente*. 189ª ed. Rio Grande do Sul: Da Mente, 1990.

Começando a analisar esta frase muito poderosa, encontramos a palavra *TUDO*. Isso significa que não existe exceção. Ainda que você pense que alguma coisa é impossível, pode ter certeza que essa coisa é possível sim. Absolutamente tudo é possível, senão seria falha a afirmação de Jesus. Só para você ter um exemplo, até a metade do século passado, todos poderiam achar impossível que um homem viesse a pisar na Lua, no entanto isso aconteceu. Eu poderia citar vários outros exemplos de coisas que a humanidade poderia achar impossível e hoje é uma realidade, como aquele telefone do desenho futurista dos "Jetsons", em que você conversa com uma pessoa e, ao mesmo tempo, a vê numa televisão e ela te vê, tudo naquele exato momento, em tempo real. Hoje isso já é possível pela Internet e teleconferências. E assim por diante, eu passaria um dia inteiro citando exemplos como estes.

A lei do "pedi e recebereis" é uma lei universal e, conseqüentemente, uma lei infalível. Portanto, tudo você pode pedir e tudo você pode conseguir.

Continuando a frase: *O QUE VOCÊ PEDIR*. Você precisa pedir, ou seja, precisa saber o que deseja. Como você quer que a Força Divina existente dentro de você lhe dê alguma coisa, se você ainda não definiu o que quer, ou pior ainda, se você não sabe o que quer?

Saiba que Deus está dentro de você, mas só pode agir em você se for através de você mesmo. Deus sabe o que é melhor para você, mas lhe deu a liberdade de escolha, e TUDO o que você pedir vai alcançar, só depende de você escolher o que acha melhor para a sua vida. Muitas vezes você (digo, todos nós) quer uma coisa e imagina outra totalmente oposta. Toda vez que isso ocorre, a imaginação ganha da vontade. Então, acontece aquilo que você imaginou e não aquilo que desejou.

Qual é a solução? Passe a imaginar o que você quer. Se você quer que algo aconteça, deixe a sua vontade caminhar na mesma direção da sua imaginação. Quando a vontade e a imaginação estão de acordo, multiplicam-se o poder e a força, tanto da vontade quanto da imaginação.

Toda vez que você imagina alguma coisa, grava na sua mente subconsciente (ainda que conscientemente você não saiba disso), e quanto maior a intensidade que você gravar alguma coisa na sua mente subconsciente, mais fácil será tornar essa coisa uma realidade.

Portanto, quando você quer alguma coisa, imagine que o que quer já está acontecendo, se possível com detalhes, por exemplo, se você deseja um carro, imagine esse carro, ou seja, marca, modelo, cor, acessórios e todos os detalhes possíveis; imagine-se dentro dele, imagine esse carro como já sendo seu. Esse é um passo muito importante para tornar o que você quer uma realidade – crie mentalmente o que você deseja. Não adianta pedir dinheiro para comprar o carro, seria a mesma coisa que o cego Bartimeu pedir para não ser mais mendigo, não usar mais a capa de mendigo, ser auto-suficiente e, para isso tudo, tornar a ver; na verdade o que ele queria era tornar a ver, o restante foi conseqüência. Simplesmente peça o que você quer, no exemplo, o carro, e Deus se encarrega de colocar o que você deseja na sua vida, não importa como, Ele vai conceder.

Às vezes, fica mais fácil imaginar ou criar mentalmente o que se deseja, quando você está sozinho e fecha os olhos. O ato de fechar os olhos ajuda você a se concentrar, não sofrendo a influência das coisas que estão acontecendo à sua volta.

Voltando àquela frase, Jesus fala em pedir ao PAI. Jesus chama Deus de Pai. Deus tem muitos nomes. Uns o chamam de Senhor, outros o chamam de Espírito Santo, outros ainda o chamam de Arquiteto do Universo, Força Divina, Eu Superior, Poder Infinito, Subconsciente, Mente Cósmica, Mente Universal, Grande Espírito, e tantos outros nomes.

Jesus disse: "Eu e o Pai somos um".

Você também é uno com o Pai, e é por isso que Jesus disse que "quando fores orar, ora, a teu Pai, que está no secreto".

"Quem vê a mim vê o Pai" – também falou Jesus.

Quem vê você, vê o Pai, porque o seu espírito emana do Espírito de Deus, por isso você é parte de Deus e é uno com Deus. Você é Deus se manifestando aqui na Terra.

Quando você for orar, entre dentro de si mesmo. É isso que Jesus quis dizer, quando falou para pedir *EM ESTADO DE ORAÇÃO*.

"Quando orares, entra no teu quarto, fecha a porta e ora a teu Pai às ocultas; e teu Pai, que vê o que é oculto, há de te recompensar" (Mateus, 6,6) – Estas também são palavras de Jesus.

Com estas palavras, Jesus ensina que o estado de oração é um estado de concentração mental, de meditação; enfim, procure descer às profundezas da sua mente, assim a sua oração sai mais límpida, sem as dúvidas e obstáculos muitas vezes criados pela mente consciente.

Concentre-se só naquilo que você quer e imagine-a acontecendo, não importa que, conscientemente você saiba que ela não está acontecendo. Se você imaginar que ela está acontecendo, você manda essa mensagem para o seu subconsciente e isso é mais importante do que aquilo que seu consciente lhe diz.

Outra coisa importante: se você quer alguma coisa, deve sempre imaginar aquilo que quer, e NUNCA imaginar aquilo que você não quer. Por exemplo, se você quer paz no seu lar, concentre-se somente na *paz no seu lar*. Jamais peça na negativa, ou seja, jamais peça que "não quer mais brigas no lar". Aparentemente, elas têm o mesmo sentido, porém, por mais que você diga que não quer mais brigas, essa palavra "brigas" acaba sendo mais forte, porque você acaba lembrando das brigas e elas vão acabar ficando mais fixadas ainda na sua mente. Quando você pensa em uma coisa ruim, para depois pensar, simplesmente, que não quer essa coisa ruim, ela acaba ficando mais em evidência na sua mente, e aí não dá os resultados que você espera.

Então o que você deve fazer se pensou numa coisa ruim e não quer que ela aconteça?

Você começa a imaginar como seria bom se estivesse ocorrendo uma coisa contrária àquela ruim, pense e imagine que está ocorrendo a coisa boa que você quer. Por exemplo, no caso da PAZ NO LAR, você fecha os olhos e imagina todos em casa vivendo em perfeita harmonia, todos muito felizes, todos se respeitando e se amando reciprocamente, imagine alguma cena como algum passeio, ou até mesmo um almoço em que todos estão falando somente de coisas alegres, num clima bem agradável, fazendo brincadeiras em que todos se divirtam, em absoluta paz e felicidade.

Dê asas à sua imaginação, criando detalhes, como a toalha da mesa, os pratos, os talheres, os copos, o tipo ou os tipos de comida que todos gostam, as bebidas, quem está sentado à mesa, o que vocês estão falando, do que estão rindo, e assim por diante, imaginando sempre coisas boas e assuntos bons.

Dessa forma, no lugar daqueles pensamentos ruins, vão ficando somente esses pensamentos agradáveis.

Esse é o verdadeiro pensamento positivo... Ou seja, você pensar coisas boas. E pensar coisas boas não é pensar coisas ruins e desejar que elas não aconteçam. Pensar coisas boas é pensar as coisas agradáveis que podem acontecer no lugar daquelas.

O que importa é você manter esses tipos de pensamento, sempre que possível em estado de profundidade mental, assim diminuem as reações contrárias da mente consciente e com mais facilidade você *CRÊ QUE VAI ALCANÇAR*.

Este é mais um requisito: crer que, pelo fato de pedir, já está alcançando.

Crer é ter certeza. Quando você duvida, está mandando duas ordens contrárias ao subconsciente: uma é a ordem daquilo que você deseja e pede, e a outra é o sentimento de que talvez seja atendido.

Quando Jesus disse "CRENDO QUE VAI ALCANÇAR", Ele falou em acreditar da mesma maneira que acredita que a água molha, que se alguém despejar um copo d'água no seu braço, ele vai ficar molhado. Você não tem dúvidas disso, não é? Então não tenha dúvidas de que vai alcançar o que deseja.

Jesus disse uma coisa que chega a ser espantosa: "Aquele que crer em mim fará as coisas que eu faço, e as fará ainda maiores" (João, 14,12).

Puxa vida, quantas coisas maravilhosas Jesus fez aqui na Terra! E foi Ele mesmo quem disse que basta acreditar Nele para fazer o que Ele fez e fazer ainda mais! Então não tem por que duvidar. Quando você pedir alguma coisa, crie o sentimento de certeza de que, pelo fato de pedir, já está alcançando.

Quando Jesus ressuscitou Lázaro, Ele ordenou que tirassem a pedra que fechava seu túmulo, o corpo de Lázaro já cheirava mal, mas Jesus pediu que ele levantasse e saísse do túmulo. Antes mesmo que Lázaro levantasse, Jesus disse: "Pai, eu te dou graças por teres me ouvido. Bem sabia que me ouves sempre" (João 11,41-42). Jesus tinha certeza de que, pelo simples fato de pedir, Ele já havia alcançado o seu objetivo, mesmo antes de ver Lázaro ressuscitando.

Assim, acreditando com essa certeza, livre de preocupações, de dúvidas, de medos, de incertezas e de ansiedade, você *ALCANÇARÁ*.

Você tem uma Sabedoria Infinita e um Poder Infinito para escolher o melhor e conseguir o melhor.

Agora que você já sabe de tudo isso, ponha esses ensinamentos do Mestre Jesus em prática, e consiga tudo o que quiser.

Existe um ditado chinês que diz: "Se você der um peixe a um homem, irá tirar a fome dele por um dia, se você ensiná-lo a pescar, ele nunca mais passará fome". Eu lhe ensinei a orar, utilizando as palavras do Mestre. Ore, e TUDO que você quiser que melhore em sua vida vai melhorar.

Quando pediram para Jesus ensinar a orar, ele ensinou o pai-nosso, que diz: "Seja feita a vossa vontade, assim na Terra como no céu". Fazer a vontade do Pai, como nos ensina Jesus, não é deixar as coisas acontecerem como acontecem e tudo bem; eu aceito porque é a vontade do Pai. Se Deus é perfeição, ele só tem desejos de perfeição. Se você quer fazer a vontade de Deus, tratará de entrar em estado de perfeição, quer dizer, em estado de harmonia mental e física, em estado de perfeita interação entre "Terra e o céu", ou seja, TUDO O QUE VOCÊ PEDIR AO PAI, EM ESTADO DE ORAÇÃO, CRENDO QUE VAI ALCANÇAR, ALCANÇARÁ, porque a sua vontade é a vontade de Deus, e que assim seja.

Estas são algumas das minhas convicções pessoais da relação entre Ética e Fé, ou entre Ética e a Autoridade Divina.

Em consonância com o sobredito ditado chinês, tenho a pretensão de ensinar os leitores desta obra a "pescar", ou seja, ensinar-lhes a conseguir alcançar seus objetivos de acordo com os ensinamentos *crísticos*:

PEDIR: saber e definir o que deseja – pode ser TUDO, qualquer coisa, Deus só age em você através de você mesmo, portanto peça;

IMAGINAR: imaginar que aquilo que você quer já está acontecendo ajuda a tornar realidade; mas imagine somente o que você quer, não imagine o que não quer;

A DEUS: peça a Deus, mas lembre que você e Deus são um só, por isso entre dentro de si mesmo e concentre-se na oração;

ESTADO DE ORAÇÃO: é um estado de concentração mental, de meditação, sem obstáculos, sem dúvidas, em algum lugar em que não lhe interrompam. Assim diminuem as

	reações contrárias da mente consciente e com mais facilidade você crê que vai alcançar;
CRER QUE VAI ALCANÇAR:	crer plenamente que, pelo fato de pedir, já está alcançando. Crer é ter certeza (como crer que a água molha). Não duvide. Dessa maneira, você ALCANÇARÁ.

Questionário

1. **Os Fenômenos Éticos são:**
   a) as relações entre diversos membros de uma sociedade;
   b) tradições que impõem à sociedade uma disciplina normativa;
   c) todos os acontecimentos sociais de que o ser humano faça parte;
   d) São valores morais e princípios ideais da conduta humana.

2. **Normas de caráter Ético:**
   a) trazem princípios garantidores de que indivíduos da mesma sociedade empenhem-se em nivelar suas ações;
   b) são tradições que impõem à sociedade uma disciplina normativa;
   c) são todos os acontecimentos sociais de que o ser humano faça parte;
   d) são as relações entre diversos membros de uma sociedade.

3. **É correto dizer que "convicções sobre o certo e o errado, o verdadeiro e o falso, o bem e o mal, o moral e o imoral...":**
   a) somente são importantes para o sentimento ético do ser humano se desagregados de tradições em desuso, sob pena de recair em moralismo;
   b) são sempre fundamentais para o sentimento ético do ser humano;
   c) somente são importantes para o sentimento ético do ser humano se o indivíduo estiver disposto a aceitar as novidades e evoluções que a sociedade impõe;
   d) não são importantes para o sentimento ético do ser humano.

4. **O que está diretamente ligado à falta de qualidade de vida do brasileiro?**
   a) O pensamento de que "todos gostam de levar vantagem em tudo";
   b) A falta de interesse pela "coisa pública", como se ela fosse alheia;
   c) A corrupção, a falta de Ética na Política, o corporativismo e o voto inconsciente;
   d) Todas as alternativas estão corretas.

5. **Segundo o Autor, o que é o voto consciente?**
   a) É votar naqueles candidatos que podem eliminar os Políticos corruptos;
   b) É escolher um daqueles candidatos que tem mais chance de vencer as eleições, segundo as pesquisas;
   c) É votar no candidato que o eleitor considere, por suas convicções próprias, o melhor;
   d) É abster-se, para não se responsabilizar pelo mau uso do mandato.

6. **Lei, oponível *erga omnes*:**
   a) deve conter, obrigatoriamente, normas de caráter Ético;
   b) pode ou não ser classificada como legal e moral ao mesmo tempo;
   c) deve provir de questões morais;
   d) Todas as alternativas estão corretas.

7. **Qual é o primeiro passo para institucionalizar a Ética?**
   a) Deve ser elaborado um Código de Ética;
   b) A alta administração deve proceder de maneira Ética para ter moral e poder cobrar a Ética dos empregados;
   c) Deve ser formado um Comitê de Ética, sempre em número ímpar, com o máximo de heterogeneidade entre seus membros;
   d) Todas as alternativas estão corretas.

8. **Ética nas empresas ganhou relevância, aproximadamente,**
   a) na década de 1940, quando as grandes empresas multinacionais começaram a se espalhar por vários países do mundo;

b) na década de 1930, quando as grandes empresas multinacionais começaram a se espalhar por vários países do mundo;
c) na década de 1960, quando as grandes empresas multinacionais começaram a se espalhar por vários países do mundo;
d) na década de 1950, quando as grandes empresas multinacionais começaram a se espalhar por vários países do mundo.

9. **É correto dizer que o treinamento em Ética...**
   a) é o trabalho do Comitê de Ética, que deve elaborar um manual específico;
   b) é um trabalho de conscientização dos indivíduos, uma vez que essa é a única maneira de se promover a Educação em Ética;
   c) é o trabalho da Auditoria em Ética, para assegurar o alto nível ético entre os empregados;
   d) começou na década de 1950, quando as grandes empresas multinacionais começaram a se espalhar por vários países do mundo.

10. **Qual é a relação entre a Ética empresarial e a obtenção de lucros?**
    a) Uma empresa antiética sonega impostos e assim obtém mais lucros;
    b) Uma empresa ética não paga subornos e, por isso, tem maior dificuldade de alcançar seus objetivos e obter lucros;
    c) A obtenção de maiores lucros da empresa antiética é ilusória, porque ela arca com custos muito maiores;
    d) O consumidor de hoje só se interessa por preços menores, e não se preocupa se a empresa adota uma conduta ética.

CAPÍTULO 2

ÉTICA PROFISSIONAL DOS ADVOGADOS

2.1 A quem se aplica? Por que interessa a todos?

2.1.1 A quem se aplica?

Depois de despertar o interesse pela Ética geral e filosófica, o segundo objetivo desta obra é mostrar especificamente para todos os operadores do Direito (sejam eles Magistrados, Membros do Ministério Público, Delegados, Advogados, Juristas, estudantes de Direito...) porque a Ética é importante em todas as profissões e ramos de atividade; porque todos os profissionais do Direito, em suas diversas ramificações e áreas de atuação, têm interesse em saber quais são as normas que norteiam a Ética Profissional especificamente do advogado.

A Ética Profissional do Advogado e as normas a ela correlatas, como as sanções por suas infrações, são aplicáveis a todos os inscritos na Ordem dos Advogados do Brasil, sejam eles advogados ou estagiários.

É importante lembrar que supostos advogados, ou pessoas que se intitulam assim mas não estão devidamente inscritos na Ordem dos Advogados do Brasil, não se enquadram na Ética dos Advogados, e respondem por eventual crime de exercício ilegal de profissão, eis que o artigo 1º da Lei 8.906/94 define quais são as atividades privativas de advocacia.

Tudo isso sem prejuízo de eventual responsabilização de advogado inscrito por facilitação do exercício profissional a pessoa não inscrita na Ordem, conforme jurisprudência do Tribunal de Ética e Disciplina da OAB-SP:

> *423ª SESSÃO DE 15 DE JUNHO DE 2000*
> *PATROCÍNIO – IRREGULARIDADE – FACILITAÇÃO DO EXERCÍCIO DA ADVOCACIA A NÃO-INSCRITO -- DILIGÊNCIAS FRUSTRADAS*

Trata-se de caso concreto que merece apuração por uma das Turmas Disciplinares. Documentação que faz emergir dúvidas não esclarecidas em diligências de facilitação do exercício profissional por advogado a pessoa não inscrita na Ordem. Proc. E-2.072/00 – v.u. em 15/06/00 do parecer e ementa do Rel. Dr. Cláudio Felippe Zalaf – Rev.ª Dr.ª Roseli Príncipe Thomé – Presidente Dr. Robison Baroni.

O exercício da atividade de advocacia no território brasileiro e a denominação de advogado são privativos dos inscritos na Ordem dos Advogados do Brasil (art. 3º, caput, da Lei 8.906/94).

Igualmente, os estudantes de Direito que ainda não preencheram os requisitos para sua inscrição na Ordem dos Advogados do Brasil como estagiários também não respondem perante a Ética Profissional dos Advogados.

O estagiário de advocacia, regularmente inscrito, pode praticar os atos previstos no art. 1º, na forma do Regulamento Geral, em conjunto com advogado e sob responsabilidade deste (art. 3º, § 2º, da Lei 8.906/94).

Aplica-se, ainda, a Ética Profissional dos advogados, além do regime próprio a que se subordinem, os integrantes da Advocacia-Geral da União, da Procuradoria da Fazenda Nacional, da Defensoria Pública e das Procuradorias e Consultorias Jurídicas dos Estados, do Distrito Federal, dos Municípios e das respectivas entidades de administração indireta e funcional, por também exercerem atividade de advocacia, conforme § 1º do mesmo dispositivo legal.

Aplica-se, finalmente, à sociedade de advogados o Código de Ética e Disciplina, no que couber (art. 15, § 2º, Lei 8.906/94); a qual também deve ter seu registro de inscrição no Conselho Seccional da OAB em cuja base territorial tiver sede (§ 1º, do mesmo dispositivo legal).

2.1.2 Por que interessa a todos?

Inicialmente, a Ética Profissional do Advogado e as normas a ela correlatas interessam a todos os advogados, porque estes devem saber suas obrigações ético-profissionais e também seus direitos e prerrogativas, o que muitos ignoram, tornando-os vulneráveis a juízes, serventuários e demais operadores do Direito, que ignoram o comezinho dever legal de respeitar o advogado.

Em segundo lugar, interessa a todos os acadêmicos de Direito, não só para que consigam ser aprovados no Exame de Ordem da OAB, mas também para que sejam bons profissionais.

A Ética Profissional do Advogado interessa, também, a todos os operadores do Direito, primeiramente porque o advogado é indispensável à administração da justiça (art. 133, da Constituição Federal e art. 2º, *caput*, da Lei 8.906/94).

Desta forma, todos os operadores do Direito deverão trabalhar, direta ou indiretamente, com advogados, o que faz com que as relações profissionais e sociais de todos os referidos operadores guardem uma espécie de vínculo com os advogados, ou seja, ao menos em algum momento – ou na grande maioria do tempo – esses operadores estarão lidando com advogados.

Assim, é importante que esses operadores do Direito saibam o que o advogado pode e o que não pode; saibam diferenciar o que é um comportamento regular de uma infração disciplinar; saibam quais são os direitos e prerrogativas que o advogado efetivamente tem e quais são suas obrigações.

E por que é importante que todos os operadores do Direito saibam disso?

Porque se souberem vão passar a respeitar os direitos dos advogados e, mais importante, vão ser mais respeitados pelos mesmos, uma vez que o operador do Direito passa a ter fundamentos para alertar um advogado de uma infração ético-disciplinar.

Ocorre que é muito comum encontrar, no Tribunal de Ética e Disciplina da OAB/SP, representações infundadas ou que não apresentam condições de prosseguimento, e a maioria dessas representações é feita por operadores do Direito, que demonstram não conhecer a Ética Profissional dos Advogados.

Aí está mais um ótimo motivo para conhecê-la:

"Considerando que o advogado é indispensável à administração da justiça;

Considerando que todos os demais operadores do Direito deverão trabalhar, direta ou indiretamente, com advogados;

Considerando a importância do controle da Ética Profissional dos advogados por parte de toda a sociedade;

Considerando que esse controle é muito mais constante e realizado de forma muito mais eficaz pelos operadores do Direito;

Considerando que todas as normas relativas à Ética Profissional dos Advogados guardam detalhes específicos, necessários à apuração das infrações e eventual aplicação de sanções;

Considerando que muitos operadores do Direito desconhecem as prerrogativas dos advogados e o dever de respeitá-las;

Fica estabelecido que a matéria Ética Profissional e Estatuto da Advocacia é obrigatória em todos os concursos públicos para operadores do Direito."

É claro que esse é apenas um ideal, mas realmente deveria ser obrigatório!

2.2 Legislação e normas que a norteiam

Muito temos falado de leis, normas, Código de Ética, dentre outros, relativos à Ética Profissional do advogado, entretanto, apenas citamos alguns dispositivos da Lei 8.906/94 e da Constituição Federal, sendo certo que as referidas normas são muitas.

Dessa forma, a legislação e normas que norteiam a Ética Profissional dos Advogados são:

- Em primeiro lugar a CONSTITUIÇÃO DA REPÚBLICA FEDERATIVA DO BRASIL
- A Lei Federal 8.906, de 4 de julho, de 1994,[1] é o **E A OAB**.
- O REGULAMENTO GERAL DO ESTATUTO DA ADVOCACIA E DA OAB.[2]
- O tão falado CÓDIGO DE ÉTICA E DISCIPINA DA OAB.[3]
- Os PROVIMENTOS DO CONSELHO FEDERAL
  Disponível em (http://www.oab.org.br/psProvimento.asp) ou disponível em: (http://www.oabrs.org.br/m_provimentos.html)

---

1. Publicada no Diário Oficial de 5 de julho de 1994, Seção 1, pág 10.093.
2. Publicada no Diário Oficial de Justiça, Seção 1, do dia 16.11.94, págs. 31.210 a 31.220.
3. Publicada no Diário Oficial de Justiça, Seção 1, do dia 01.03.95, págs. 4.000 a 4.004.

- O Regimento Interno de cada Conselho Seccional, os quais podem ser encontrados nos *sites* da maioria dos Conselhos Seccionais, como, por exemplo:
  - O REGIMENTO INTERNO DA OAB/RS
    Disponível em: (http://www.oabrs.org.br/m_regimento.html);
  - O REGIMENTO INTERNO DA OAB/SC
    Disponível em: (http://www.oab-sc.org.br/oab-sc/outros/Regint.doc)_
  - O REGIMENTO INTERNO DA OAB/PR
  - O REGIMENTO INTERNO DA OAB/SP
    Disponível em: (http://www.oabsp.org.br/main1.asp?pg=1.1.1.4)
  - O REGIMENTO INTERNO DA OAB/RJ
  - O REGIMENTO INTERNO DA OAB/MG
  - Disponível em: (http://www.oabmg.org.br/pesquisa.asp?txtpesquisa=REGIMENTO+INTERNO&areas=0&image.x=13&image.y=6#)
  - O REGIMENTO INTERNO DA OAB/MS
  - O REGIMENTO INTERNO DA OAB/GO
    Disponível em: (http://www.oab-go.com.br/oabscri/mo.asp?pg= /main.htm&tit=x)
  - O REGIMENTO INTERNO DA OAB/BA
  - O REGIMENTO INTERNO DA OAB/SE
  - O REGIMENTO INTERNO DA OAB/PE
  - O REGIMENTO INTERNO DA OAB/CE
  - O REGIMENTO INTERNO DA OAB/PA
    Disponível em: (http://www.oab-pa.org.br/legregimento-oab.htm)
- O Regimento Interno do Tribunal de Ética e Disciplina de cada Conselho Seccional, como, por exemplo:
  - O REGIMENTO INTERNO DO TRIBUNAL DE ÉTICA E DISCIPLINA DA OAB/MT
  - O REGIMENTO INTERNO DO TED DA OAB/SE
  - O REGIMENTO INTERNO DO TED-I DA OAB/SP
- O Regimento Interno das Comissões de alguns Conselhos Seccionais, como, por exemplo:
  - REGIMENTO INTERNO DAS COMISSÕES DA OAB/BA

- As Resoluções expedidas pelos Conselhos Seccionais e pelos Tribunais de Ética e Disciplina dos Conselhos Seccionais, como, por exemplo:
  - RESOLUÇÃO DO TRIBUNAL DE ÉTICA E DISCIPLINADA OAB/SP;
  - RESOLUÇÕES DO TRIBUNAL DE ÉTICA E DISCIPLINA – TURMA DE ÉTICA PROFISSIONAL
  - RESOLUÇÃO *PRO BONO*
- Os Regimentos Internos de algumas Subseções, que devem ser referendados pelo Conselho Seccional respectivo.
- Em 6 e 7 de novembro de 1998 ocorreu o I Encontro dos Tribunais de Ética e Disciplina, no Conselho Federal da OAB, que resultou no seguinte documento, que define os PROCEDIMENTOS DO PROCESSO ÉTICO-DISCIPLINAR, documento este também conhecido como CARTA DE BRASÍLIA.

Com todas essas normas, é evidente que a Ética Profissional dos Advogados não pode ser vista única e exclusivamente sob a égide da moral, dos bons costumes e do bom senso.

É claro que eles sempre são bem-vindos e necessários, quando se trata de Ética, entretanto, na Ética dos Advogados existem pormenores muito além do senso comum.

2.3 Direitos do Advogado

É dever de todo advogado saber quais são os seus direitos!

Os direitos do advogados estão previstos legalmente no Capítulo II, do Título I, do Estatuto da Advocacia. Entretanto, no Capítulo I do mesmo Título, já encontramos alguns dispositivos que prevêem prerrogativas ao advogado, tais como: o advogado ser indispensável à administração da justiça e, no seu ministério privado, prestar serviço público e exercer função social; o advogado, no exercício da profissão, ser inviolável por seus atos e manifestações, nos limites da Lei; serem nulos os atos privativos de advogado praticados por pessoas não inscritas na OAB; para ingressar em Juízo, a parte deve ser representada por advogado legalmente habilitado.

O artigo 6º, da Lei 8.906/94 prevê:

Art. 6º Não há hierarquia nem subordinação entre advogados, magistrados e membros do Ministério Público, devendo todos tratar-se com consideração e respeito recíprocos.
Parágrafo único. As autoridades, os servidores públicos e os serventuários da Justiça devem dispensar ao advogado, no exercício da profissão, tratamento compatível com a dignidade da advocacia e condições adequadas a seu desempenho.

É o que foi dito no subitem 2.1.2, ou seja, infelizmente existem Juízes, membros do Ministério Público e servidores públicos que ignoram o preceituado nesse dispositivo legal. Felizmente são poucos.

O artigo 7º do mesmo diploma legal prevê, especificamente, os direitos dos advogados, *in verbis*:

Art. 7º *São direitos do advogado:*
I – exercer, com liberdade, a profissão em todo o território nacional;
II – ter respeitada, em nome da liberdade de defesa e do sigilo profissional, a inviolabilidade de seu escritório ou local de trabalho, de seus arquivos e dados, de sua correspondência e de suas comunicações, inclusive telefônicas ou afins, salvo caso de busca ou apreensão determinada por magistrado **e acompanhada de representante da OAB;**[4]
III – comunicar-se com seus clientes, pessoal e reservadamente, mesmo sem procuração, quando estes se acharem presos, detidos ou recolhidos em estabelecimentos civis ou militares, ainda que considerados incomunicáveis;
IV – **ter a presença de representante da OAB, quando preso em flagrante, por motivo ligado ao exercício da advocacia, para lavratura do auto respectivo, sob pena de nulidade**[5] *e, nos demais casos, a comunicação expressa à seccional da OAB;*
V – não ser recolhido preso, antes de sentença transitada em julgado, senão em sala de Estado Maior, com instalações e comunidades condignas, **assim reconhecidas pela OAB**,[6] *e, na sua falta, em prisão domiciliar;*
VI – ingressar livremente:

---

4. ADIn nº 1.127-8. A eficácia da expressão destacada foi suspensa pelo STF, em medida liminar.
5. ADIn nº 1.127-8. A eficácia da expressão destacada foi suspensa pelo STF, em medida liminar.
6. ADIn nº 1.127-8. A eficácia da expressão destacada foi suspensa pelo STF, em medida liminar.

a) nas salas de sessões dos tribunais, mesmo além dos cancelos que separam a parte reservada aos magistrados;
b) nas salas e dependências de audiências, secretarias, cartórios, ofícios de justiça, serviços notariais e de registro, e, no caso de delegacias e prisões, mesmo fora da hora de expediente e independentemente da presença de seus titulares;
c) em qualquer edifício ou recinto em que funcione repartição judicial ou outro serviço público onde o advogado deva praticar ato ou colher prova ou informação útil ao exercício da atividade profissional, dentro do expediente ou fora dele, e ser atendido, desde que se ache presente qualquer servidor ou empregado;
d) em qualquer assembléia ou reunião de que participe ou possa participar o seu cliente, ou perante a qual este deva comparecer, desde que munido de poderes especiais;
VII – permanecer sentado ou em pé e retirar-se de quaisquer locais indicados no inciso anterior, independentemente de licença;
VIII – dirigir-se diretamente aos magistrados nas salas e gabinetes de trabalho, independentemente de horário previamente marcado ou outra condição, observando-se a ordem de chegada;
IX – sustentar oralmente as razões de qualquer recurso ou processo, nas sessões de julgamento, após o voto do relator, em instância judicial ou administrativa, pelo prazo de quinze minutos, salvo se prazo maior for concedido;[7]
X – usar da palavra, pela ordem, em qualquer juízo ou tribunal, mediante intervenção sumária, para esclarecer equívoco ou dúvida surgida em relação a fatos, documentos ou afirmações que influam no julgamento, bem como para replicar acusação ou censura que lhe forem feitas;
XI – reclamar, verbalmente ou por escrito, perante qualquer juízo, tribunal ou autoridade, contra a inobservância de preceito de lei, regulamento ou regimento;
XII – falar, sentado ou em pé, em juízo, tribunal ou órgão de deliberação coletiva da Administração Pública ou do Poder Legislativo;
XIII – examinar, em qualquer órgão dos Poderes Judiciário e Legislativo, ou da Administração Pública em geral, autos de processos findos ou em andamento, mesmo sem procuração, quando não estejam sujeitos a sigilo, assegurada a obtenção de cópias, podendo tomar apontamentos;
XIV – examinar em qualquer repartição policial, mesmo sem procuração, autos de flagrante e de inquérito, findos ou em andamento, ainda

---

7. ADIn nº 1.105-7. A eficácia de todo o dispositivo foi suspensa pelo STF, em medida liminar.

que conclusos à autoridade, podendo copiar peças e tomar apontamentos;
XV – ter vista dos processos judiciais ou administrativos de qualquer natureza, em cartório ou na repartição competente, ou retirá-los pelos prazos legais;
XVI – retirar autos de processos findos, mesmo sem procuração, pelo prazo de dez dias;
XVII – ser publicamente desagravado, quando ofendido no exercício da profissão ou em razão dela;
XVIII – usar os símbolos privativos da profissão de advogado;
XIX – recusar-se a depor como testemunha em processo no qual funcionou ou deva funcionar, ou sobre fato relacionado com pessoa de quem seja ou foi advogado, mesmo quando autorizado ou solicitado pelo constituinte, bem como sobre fato que constitua sigilo profissional;
XX – retirar-se do recinto onde se encontre aguardando pregão para ato judicial, após trinta minutos do horário designado e ao qual ainda não tenha comparecido a autoridade que deva presidir a ele, mediante comunicação protocolizada em juízo.
§ 1º não se aplica o disposto nos incisos XV e XVI:
1 – aos processos sob regime de segredo de justiça;
2 – quando existirem nos autos documentos originais de difícil restauração ou ocorrer circunstância relevante que justifique a permanência dos autos no cartório, secretaria ou repartição, reconhecida pela autoridade em despacho motivado, proferido de ofício, mediante representação ou a requerimento da parte interessada;
3 – até o encerramento do processo, ao advogado que houver deixado de devolver os respectivos autos no prazo legal, e só o fizer depois de intimado.
§ 2º o advogado tem imunidade profissional, não constituindo injúria, difamação **ou desacato** *puníveis qualquer manifestação de sua parte, no exercício de sua atividade, em juízo ou fora dele, sem prejuízo das sanções disciplinares perante a OAB, pelos excessos que cometer.*
§ 3º o advogado somente poderá ser preso em flagrante, por motivo de exercício da profissão, em caso de crime inafiançável, observado o disposto no inciso IV deste artigo.[8]
§ 4º O Poder Judiciário e o Poder Executivo devem instalar, em todos os juizados, fóruns, tribunais, delegacias de polícia e presídios, salas

---

8. ADIn nº 1.127-8. O STF atribuiu a interpretação de que o dispositivo não abrange a hipótese de crime de desacato à autoridade judiciária.

especiais permanentes para os advogados, com uso e **controle**⁹ assegurados à OAB

§ 5º No caso de ofensa a inscrito na OAB, no exercício da profissão ou de cargo ou função de órgão da OAB, o Conselho competente deve promover o desagravo público do ofendido, sem prejuízo da responsabilidade criminal em que incorrer o infrator.

As normas referidas neste Capítulo atribuem prerrogativas aos advogados mais do que necessárias, obrigatórias, cujo maior fundamento é a liberdade no exercício da profissão.

Essa liberdade, diretamente conferida ao advogado, indiretamente é a garantia de liberdade que o cidadão tem de recorrer ao Judiciário para defender seus direitos. Ao conferir tais direitos ao advogado, o Estatuto da Advocacia tutelou, implicitamente, seu cliente.

Como é sabido por todos, em todas as profissões existem os bons e os maus profissionais, cuja formação moral deixa muito a desejar. Em razão disso, infelizmente, há uma minoria que aproveita o *status* de advogado, e as prerrogativas a ele legalmente conferidas, como um pretexto para manifestar sua arrogância e falta de educação, repelidos pelo bom senso, pela retidão, pelo dever de urbanidade e todos os preceitos que coíbem tais abusos por parte do advogado.

Segue ementas de julgados de consultas formuladas ao Tribunal de Ética e Disciplina I da OAB/SP, e publicadas no site respectivo, a título de aprofundamento do curso:

SESSÃO DE 15 DE AGOSTO DE 1996
ESCRITÓRIO – INVIOLABILIDADE DO LOCAL – EXTENSÃO
O advogado tem, como direito intocável, a inviolabilidade de seu escritório ou local de trabalho, de seus arquivos e dados, de sua correspondência e de suas comunicações, inclusive telefônicas ou afins. O direito à inviolabilidade se estende a todos os meios e instrumentos de trabalho profissional, onde quer que eles se encontrem, ainda que em trânsito. Inclui, portanto, na hipótese dos advogados de empresa, aqueles situados no domicílio ou sede de seu constituinte ou assessorado. A inviolabilidade somente poderá ser excepcionalmente que-

---

9. ADIn nº 1.127-8. A eficácia da expressão destacada foi suspensa pelo STF, em medida liminar.

brada mediante ordem judicial expressa e fundamentada, e estiver sob julgamento ou investigação questão envolvente exclusivamente da pessoa do advogado e pertinente a fato ou procedimento ilícito em que ele esteja envolvido. Resguardar-se-á sempre, por isso, o sigilo relativo aos interesses do seu constituinte. Esta inviolabilidade, prevista no artigo 7º, inciso II, do Estatuto da OAB, se sobrepõe às conveniências particulares da advocacia, para corresponder a relevantes interesses públicos, da sociedade e da cidadania.
(Proc. E-1.339 – v. m. com voto vencedor e ementa do Dr. Elias Farah – Rel. Dr. Milton Basaglia – Rev. Dr. José Urbano Prates – Presidente Dr. Robison Baroni).

SESSÃO DE 22 DE MAIO DE 1997
EXERCÍCIO DA ADVOCACIA – VISTA DE AUTOS FINDOS
O advogado tem assegurado o direito de examinar, mesmo sem procuração, processos findos ou em andamento, tomar deles apontamentos e obter cópias e certidões, excluídos os feitos que tenham tramitado em segredo de justiça, na forma da lei processual. A retirada dos autos de cartório só será autorizada em favor do advogado ou estagiário com procuração hábil nos autos. O artigo 7º, inciso XIII do Estatuto da Ordem dos Advogados do Brasil e o item 91 das Normas de Serviço da Corregedoria Geral da Justiça de São Paulo (Provimento CSM 85/74-A), que regulamentam o assunto, são coerentes e harmônicos.
(Proc. E-1.518 – v.u. do parecer do relator e ementa do revisor em 22/05/97 – Rel. Dr. Daniel Schwenck – Rev. Dr. Elias Farah – Presidente Dr. Robison Baroni.)

SESSÃO DE 17 DE MARÇO DE 1994
TESTENHUMA – ADVOGADO INSTADO A DEPOR COMO TAL SOBRE FATO RELACIONADO COM O SEU PATROCÍNIO – ÓBICE
Deve o advogado recusar-se a prestar depoimento, como testemunha, sobre fato relacionado com seu patrocinado, ainda que seja por este solicitado ou autorizado. Proibições e impedimentos legais para fazê-lo (art. 207 do CPP, arts. 405, parágrafo segundo, III e 406, II do CPC). Sigilo obrigatório em razão da profissão ou ofício. Direito e dever de respeitá-lo à vista das normas que regulam a profissão (art. 87, inc.VII, art. 89, inc. XIX, art. 103, inc. VIII, art. 107, inc.II do Estatuto da OAB; Seção I, III, "a" do Código de Ética Profissional).
(Proc. E-1096 – v.u. Relator Dr. Antônio Fittipaldi – Revisor Dr. José Eduardo Dias Collaço – Presidente Dr. Modesto Carvalhosa).

453ª SESSÃO DE 20 DE MARÇO DE 2003
IMUNIDADE PROFISSIONAL – DIREITO DE RECLAMAR, VERBALMENTE OU POR ESCRITO, CONTRA INOBSERVÂNCIA DE PRECEITO LEGAL – DENÚNCIA EM RELAÇÃO A INSTRUTOR DE PROCEDIMENTO DISCIPLINAR – INEXISTÊNCIA DE MÁ CONDUTA ÉTICA
O advogado que se retira, com sua cliente, de audiência disciplinar, por discordar da parcialidade do Instrutor e denuncia os fatos ao órgão competente atua de conformidade com o Estatuto da Advocacia e da OAB e o Código de Ética Disciplinar. Inexiste conduta ofensiva, quer contra o Instrutor, quer contra o órgão de classe, quando emprega expressões veementes para reclamar contra inobservância de preceito de lei, regulamento ou regimento (art. 7º, inc. XI, do EOAB). Ademais, o advogado é inviolável por seus atos e manifestações (art. 2º, § 3º, do EOAB) e deve atuar com destemor, independência, honestidade, veracidade, dignidade e boa-fé (art. 2º, par. único, inc. II, do CED). A imunidade judicial ou judiciária se assenta no art. 133 da Constituição Federal, art. 142, inc. I, do Código Penal, e art. 7º, § 2º, do EOAB, mas, se o advogado exceder os limites da lei estatutária, responderá disciplinarmente.
(Proc. E-2.710/03 – v.u. em 20/03/03 do parecer e ementa do Dr. Carlos Aurélio Mota De Souza – Rev. Dr. Osmar de Paula Conceição Júnior – Presidente Dr. Robison Baroni).

434ª SESSÃO DE 21 DE JUNHO DE 2001
SIGILO PROFISSIONAL – TESTEMUNHO JUDICIAL – DIREITO/ DEVER DO ADVOGADO EM ABSTER-SE DE PRESTÁ-LO – PRINCÍPIO DE ORDEM PÚBLICA DE CARÁTER NÃO-ABSOLUTO
Advogado arrolado como testemunha de defesa em ação indenizatória frente ao outro cliente, a favor de quem ainda está patrocinando ação diversa, deve abster-se de depor, em face do direito/dever do sigilo profissional, em observância ao disposto nos arts. 25 a 27 do Código de Ética e Disciplina, bem como arts. 7º, II e XIX, e 34, VII, do EAOAB e Resolução n. 17/2000 deste Sodalício.
(Proc. E-2.345/01 – v.u. em 21/06/01 do parecer e ementa do Rel. Dr. Fábio Kalil Vilela Leite – Rev. Dr. Carlos Aurélio Mota de Souza – Presidente Dr. Robison Baroni).

2.4 Deveres do Advogado

Igualmente com o que acontece com os direitos do advogado, ou, mais importante ainda, todo advogado tem obrigação de saber quais são os deveres do advogado. Portanto, é dever de todo o advogado saber quais são os seus deveres, pois, segundo o artigo 1º do Código de Ética e Disciplina da OAB, a advocacia exige conduta compatível com o Código de Ética, o Estatuto, o Regulamento Geral, os Provimentos e com os demais princípios da moral individual, social e profissional.

Em razão do preceito constitucional, segundo o qual *ninguém será obrigado a fazer ou deixar de fazer alguma coisa senão em virtude de lei* (art. 5º, II, CF/88), o artigo 33 da Lei 8.906/94 dispõe que: *O advogado obriga-se a cumprir rigorosamente os deveres consignados no Código de Ética e Disciplina.*

Urge esclarecer, inicialmente, que, quando falamos em deveres do advogado, ainda não estamos falando em infrações disciplinares e suas respectivas sanções, não obstante a inobservância dos preceitos aqui tratados configurarem infrações disciplinares, conforme veremos nos próximos capítulos deste livro, quando trataremos do assunto de maneira mais aprofundada.

Como dito anteriormente, o primeiro dever do advogado é a educação!

Muito embora não exista *hierarquia nem subordinação entre advogados, magistrados e membros do Ministério Público*, é imperioso que haja um tratamento respeitoso entre todos, inclusive entre os colegas *ex adverso*, para que haja a realização da Justiça.

O Título VI do Capítulo I do Código de Ética e Disciplina da OAB trata do dever de urbanidade, ou seja:

> **Art. 44.** *Deve o advogado tratar o público, os colegas, as autoridades e os funcionários do Juízo com respeito, discrição e independência, exigindo igual tratamento e zelando pelas prerrogativas a que tem direito.*
> **Art. 45.** *Impõe-se ao advogado lhaneza, emprego de linguagem escorreita e polida, esmero e disciplina na execução dos serviços.*
> **Art. 46.** *O advogado, na condição de defensor nomeado, conveniado ou dativo, deve comportar-se com zelo, empenhando-se para que o cliente se sinta amparado e tenha a expectativa de regular desenvolvimento da demanda.*

O Tribunal de Ética e Disciplina I da OAB/SP se manifestou neste sentido, em decisões publicadas no site respectivo:

423ª SESSÃO DE 15 DE JUNHO DE 2000
PATROCÍNIO – URBANIDADE NO EXERCÍCIO PROFISSIONAL
Dever de urbanidade, lhaneza, respeito ao trabalho do ex-adverso são postulados guindados como valores a serem observados pelos advogados. A confiança, a lealdade, a benevolência, devem constituir a disposição habitual para com o colega. Deve o advogado tratar os colegas com respeito e discrição empregando o uso de linguagem escorreita e polida na execução dos serviços (arts. 44 e 45 do CED). A interposição de recurso sobre a fixação sucumbencial do valor da verba honorária não constitui infração ética, desde que respeitados os valores éticos contidos nos artigos apontados.
(Proc. E-2.140/00 – v.u. em 15/06/00 do parecer e ementa do Rel. Dr. Luiz Antônio Gambelli – Rev.ª Dr.ª Maria Cristina Zucchi – Presidente Dr. Robison Baroni).

SESSÃO DE 24 DE JULHO DE 1997
RECURSO DE EMBARGOS DE DECLARAÇÃO – INEXISTÊNCIA DE DÚVIDA DEONTOLÓGICA – NECESSIDADE DE LINGUAGEM ESCORREITA – DEVER DE URBANIDADE
A nova petição da consulente, recebida como embargos, prejudicou-a ainda mais. Reafirmou a sua incapacidade de por-se alerta para os próprios erros cometidos na primeira petição, neles imprudentemente se reincidindo. Aceito o pedido de desistência da consulta, que nada está a consultar, mas, insisto na remessa de traslado integral deste processo para a seção disciplinar competente, acompanhado inclusive, para melhor comprovação, das cópias em que são assinaladas as agressões vernaculares.
(Proc. E – 1.536 – v.u. em 24/07/97 – Rel. Dr. Elias Farah – Rev. Dr. Geraldo José Guimarães Da Silva – Presidente Dr. Robison Baroni).

Já o Capítulo I do Título I do mesmo Código de Ética trata "*das regras deontológicas fundamentais*", incluindo, em seu artigo 2º, parágrafo único, um rol de deveres do advogado, senão vejamos:

Art. 1º *O exercício da advocacia exige conduta compatível com os preceitos deste Código, do Estatuto, do Regulamento Geral, dos Provimentos e com os demais princípios da moral individual, social e profissional.*
Art. 2º *O advogado, indispensável à administração da Justiça, é defensor do estado democrático de direito, da cidadania, da moralidade pública, da Justiça e da paz social, subordinando a atividade do seu Ministério Privado à elevada função pública que exerce.*
Parágrafo único. São deveres do advogado:

I – *preservar, em sua conduta, a honra, a nobreza e a dignidade da profissão, zelando pelo seu caráter de essencialidade e indispensabilidade;*
II – *atuar com destemor, independência, honestidade, decoro, veracidade, lealdade, dignidade e boa-fé;*
III – *velar por sua reputação pessoal e profissional;*
IV – *empenhar-se, permanentemente, em seu aperfeiçoamento pessoal e profissional;*
V – *contribuir para o aprimoramento das instituições, do Direito e das leis;*
VI – *estimular a conciliação entre os litigantes, prevenindo, sempre que possível, a instauração de litígios;*
VII – *aconselhar o cliente a não ingressar em aventura judicial;*
VIII – *abster-se de:*
a) *utilizar de influência indevida, em seu benefício ou do cliente;*
b) *patrocinar interesses ligados a outras atividades estranhas à advocacia, em que também atue;*
c) *vincular o seu nome a empreendimentos de cunho manifestamente duvidoso;*
d) *emprestar concurso aos que atentem contra a ética, a moral, a honestidade e a dignidade da pessoa humana;*
e) *entender-se diretamente com a parte adversa que tenha patrono constituído, sem o assentimento deste.*
IX – *pugnar pela solução dos problemas da cidadania e pela efetivação dos seus direitos individuais, coletivos e difusos, no âmbito da comunidade.*
Art. 3º *O advogado deve ter consciência de que o Direito é um meio de mitigar as desigualdades para o encontro de soluções justas e que a lei é um instrumento para garantir a igualdade de todos.*
Art. 4º *O advogado vinculado ao cliente ou constituinte, mediante relação empregatícia ou por contrato de prestação permanente de serviços, integrante de departamento jurídico, ou órgão de assessoria jurídica, público ou privado, deve zelar pela sua liberdade e independência.*
Parágrafo único. É legítima a recusa, pelo advogado, do patrocínio de pretensão concernente a lei ou direito que também lhe seja aplicável, ou contrarie expressa orientação sua, manifestada anteriormente.
Art. 5º *O exercício da advocacia é incompatível com qualquer procedimento de mercantilização.*
Art. 6º *É defeso ao advogado expor os fatos em Juízo falseando deliberadamente a verdade ou estribando-se na má-fé.*
Art. 7º *É vedado o oferecimento de serviços profissionais que impliquem, direta ou indiretamente, inculcação ou captação de clientela.*

No tocante ao dever do advogado de atuar com destemor e independência, o Tribunal de Ética (SP) se manifestou neste sentido:

427ª SESSÃO DE 19 DE OUTUBRO DE 2000
EXERCÍCIO PROFISSIONAL – DETERMINAÇÃO DE SUPERIOR HIERÁRQUICO – INDEPENDÊNCIA TÉCNICA DO ADVOGADO – ORDEM OU AUTORIZAÇÃO
Todo o advogado tem, estatutariamente, isenção técnica para a condução da causa, não estando obrigado à imposição do cliente ou do empregador. A relação de mandato procuratório estabelece independência profissional e não admite hierarquia, enquanto a relação administrativa atribui ao órgão superior definir funções. Consultado, poderá o chefe de departamento jurídico autorizar posicionamento técnico, sem impô-lo, sob pena de incorrer em infração ética e disciplinar (art. 2º da Resolução 03/92 deste Sodalício). O mandato judicial é sempre outorgado ao advogado, individualmente, a quem cabe a responsabilidade técnica na condução da causa.
(Proc. E-2.233/00 – v.u. em 19/10/00 do parecer e ementa do Rel. Dr. JOÃO TEIXEIRA GRANDE – Rev.ª Dr.ª Maria Cristina Zucchi – Presidente Dr. Robison Baroni).

SESSÃO DE 15 DE ABRIL DE 1999
EXERCÍCIO PROFISSIONAL – NEGATIVA DE INFORMAÇÕES A PRESIDENTE DE SUBSECÇÃO SOBRE ANDAMENTO DE CAUSA – INOCORRÊNCIA, NO CASO, DE QUEBRA DE SIGILO E DE INDEPENDÊNCIA FUNCIONAL
A Ordem dos Advogados do Brasil, por suas Seccionais ou Subseccionais, não só fiscaliza o exercício profissional da advocacia, mas, também, promove, com exclusividade, a representação, a defesa, a seleção e a disciplina dos advogados (art. 44, II, do EAOAB). O advogado deve ter consciência de que o Direito é um meio de mitigar as desigualdades para o encontro de soluções justas (art. 3º do CED). Pedido de esclarecimento solicitado por Presidente de Subsecção, sobre o simples andamento de feito ajuizado, para posterior encaminhamento ou não a Hospital Psiquiátrico, pertencente à Secretaria de Estado da Saúde, onde o cliente se encontra internado, não quebra o sigilo profissional, inocorrendo invasão de independência do exercício profissional (§ 1º, art. 31 do EAOAB), ou a falta de cumprimento de deveres (pár. único, II, art. 2º do CED).
(Proc. E-1.864/99 – v.u. em 15/04/99 do parecer e voto do Rel. Dr. Francisco Marcelo Ortiz Filho – Rev.ª Dr.ª Roseli Príncipe Thomé – Presidente Dr. Robison Baroni).

No que diz respeito à liberdade e independência de atuação e à justa recusa do advogado de patrocinar causa em que tenha interesse direto, manifestou-se:

438ª SESSÃO DE 18 DE OUTUBRO DE 2001
ADVOCACIA PÚBLICA – RECUSA MOTIVADA DO PROCURADOR EM PATROCINAR CAUSA EM QUE TENHA INTERESSE DIRETO – CONFLITO DE INTERESSES INAFASTÁVEL – DIREITO/DEVER NA DECLARAÇÃO DE IMPEDIMENTO/SUSPEIÇÃO
Advogado que tenha interesse direto no conflito de interesses tem o direito/dever de declarar-se impedido e/ou suspeito para atuação. Agindo de forma diversa sujeita-se às sanções cabíveis o procurador e também o seu colega superior hierárquico, se este vier a ordenar a realização do patrocínio, ainda que ciente dos motivos da recusa. Observância dos princípios da liberdade e independência de atuação profissional. Inteligência dos arts. 3º, § 1º, e 33 do EAOAB, 4º, par. único, do CED, Resolução n. 03/92 do TED e art. 10 do Regulamento Geral, além de inúmeros precedentes deste Sodalício.
(Proc. E-2.443/01 – v.u. em 18/10/01 do parecer e ementa do Rel. Dr. Fábio Kalil Vilela Leite – Rev. Dr. Cláudio Felippe Zalaf – Presidente Dr. Robison Baroni).

Questionário

1. **A quem se aplica a Ética Profissional dos Advogados e as sanções por suas infrações?**
    a) Aos advogados e às pessoas que com eles se relacionem, profissional ou socialmente;
    b) Aos advogados e acadêmicos de Direito que atuem na área;
    c) Aos advogados e aos demais operadores de direito que com eles se relacionem, profissional ou socialmente;
    d) A todos os inscritos na Ordem dos Advogados do Brasil.

2. **São direitos dos advogados, sem quaisquer restrições:**
    a) ter vista dos processos judiciais ou administrativos de qualquer natureza, em cartório ou na repartição competente, ou retirá-los pelos prazos legais;
    b) ingressar livremente nas salas de sessões dos Tribunais, mesmo além dos cancelos que separam a parte reservada aos magistrados;

c) não ser recolhido preso, antes de sentença transitada em julgado, senão em sala de Estado Maior, com instalações e comunidades condignas, assim reconhecidas pela OAB, e, na sua falta, em prisão domiciliar;
d) retirar autos de processos findos, mesmo sem procuração, pelo prazo de dez dias.

3. **A Ética Profissional dos Advogados aplica-se, ainda, aos integrantes:**
   a) da Advocacia-Geral da União, da Procuradoria da Fazenda Nacional, da Defensoria Pública e do Ministério Público;
   b) da Advocacia-Geral da União, do Ministério Público, da Defensoria Pública e das Procuradorias e Consultorias Jurídicas dos Estados, do Distrito Federal, dos Municípios e das respectivas entidades de administração indireta e funcional, de ingressar livremente nas salas de sessões dos Tribunais, mesmo além dos cancelos que separam a parte reservada aos magistrados;
   c) da Advocacia-Geral da União, da Procuradoria da Fazenda Nacional, do Ministério Público e das Procuradorias e Consultorias Jurídicas dos Estados, do Distrito Federal, dos Municípios e das respectivas entidades de administração indireta e funcional;
   d) da Advocacia-Geral da União, da Procuradoria da Fazenda Nacional, da Defensoria Pública e das Procuradorias e Consultorias Jurídicas dos Estados, do Distrito Federal, dos Municípios e das respectivas entidades de administração indireta e funcional.

4. **Para quem a Ética Profissional dos Advogados pode ser proveitosa?**
   a) Somente aos advogados inscritos na Ordem dos Advogados do Brasil, porque estes devem saber suas obrigações ético-profissionais e também seus direitos e prerrogativas;
   b) Somente aos Advogados, estagiários e sociedades de advogados, porque são inscritos na Ordem dos Advogados do Brasil;
   c) Somente aos Juízes, Promotores, serventuários da Justiça, Delegados e demais operadores do Direito, além dos Advogados, estagiários e, em última análise, a toda a sociedade;
   d) Somente aos Juízes, Promotores, serventuários da Justiça, Delegados e demais operadores do Direito.

5. **Segundo o artigo 1º do Código de Ética e Disciplina da OAB, a advocacia exige conduta compatível com:**
   a) os preceitos do Código de Ética, do Estatuto, do Regulamento Geral, dos Provimentos e com os demais princípios da moral individual, social e profissional;
   b) os preceitos do Código de Ética, do Estatuto, do Regulamento Geral, dos Provimentos, do Regimento Interno da Seccional em que o advogado estiver inscrito e com os demais princípios da moral individual, social e profissional;
   c) os preceitos do Código de Ética, do Estatuto, do Regulamento Geral, dos Provimentos, das Resoluções expedidas pelos Conselhos Seccionais e com os demais princípios da moral individual, social e profissional;
   d) os preceitos do Código de Ética, do Estatuto, do Regulamento Geral, dos Provimentos, do Regimento Interno da Seccional em que o advogado estiver inscrito, das Resoluções expedidas pelos Conselhos Seccionais e com os demais princípios da moral individual, social e profissional.

6. **A Lei em vigor garante ao advogado o direito de:**
   a) exercer, com liberdade, a profissão em todo o território nacional;
   b) ter a presença de representante da OAB, quando preso em flagrante, por motivo ligado ao exercício da advocacia;
   c) ter imunidade profissional, não constituindo injúria, difamação ou desacato punível qualquer manifestação de sua parte, no exercício de sua atividade, em juízo ou fora dele, sem prejuízo das sanções disciplinares perante a OAB, pelos excessos que cometer;
   d) ter respeitada a inviolabilidade de seu escritório ou local de trabalho, de seus arquivos e dados, de sua correspondência e de suas comunicações, inclusive telefônicas ou afins, salvo caso de busca ou apreensão determinada por magistrado e acompanhada de representante da OAB.

7. **José Silvério, advogado, é patrono de Júlio de Albuquerque em contenda judicial. Seu cliente o procurou dizendo que a parte contrária lhe confessou não ter mais vontade de prosseguir no litígio judicial, que já perdura há anos. Diante dessa informação, o Sr. Júlio**

manifestou interesse em uma composição amigável. Tendo em vista o relatado e diante dos preceitos éticos da profissão:

a) José deve procurar a parte contrária e propor-lhe o acordo, nos termos requeridos por seu cliente e, assim, estimular a conciliação entre os litigantes;
b) José deve aconselhar seu cliente para que traga a parte contrária ao seu escritório, para que proponha o acordo, colha as assinaturas e peticione requerendo a homologação judicial;
c) José deve entrar em contato com o patrono da parte adversa, a fim de propor o acordo ou pedir anuência para entender-se diretamente com o cliente daquele;
d) José deve aconselhar seu cliente a não fazer acordo e continuar na demanda.

8. **Tício é advogado integrante de departamento jurídico de empresa. Seu superior hierárquico elaborou petição inicial a ser distribuída em Juízo, e determinou que todos os advogados daquele departamento assinassem. Tício recusou-se a assiná-la e pediu para ter seu nome excluído daquela procuração específica, porque já havia expressamente orientado a empresa com um posicionamento contrário. A recusa de Tício é:**

a) legítima, pois não se deve haver hierarquia administrativa entre advogados, principalmente quando se trata de advogados do mesmo escritório ou departamento jurídico;
b) ilegítima, pois o advogado deve tratar os colegas com respeito e urbanidade, não sendo de bom alvitre desagradar colegas de escritório;
c) legítima, porque o advogado tem o direito/dever de zelar por sua liberdade e independência, mormente quando o patrocínio da pretensão contrarie expressa orientação sua, anteriormente manifestada;
d) ilegítima, porque o advogado deve preservar, em sua conduta, a honra, a nobreza e a dignidade da profissão, zelando pelo seu caráter de essencialidade e indispensabilidade.

9. **Mário procura seu advogado, Alberto, e manifesta sua intenção em promover uma ação judicial; este in-**

timamente, considera o causídico extremamente difícil de se obter êxito, mas não expõe essa posição ao seu cliente, e acaba aceitando o caso, porque está precisando do dinheiro dos honorários advocatícios. **De acordo com os preceitos Éticos, a atitude de Alberto é:**
a) correta, pois a lei não excluirá da apreciação do Poder Judiciário lesão ou ameaça a direito;
b) incorreta, porque deveria aconselhar o cliente a não ingressar em aventura judicial;
c) correta, porque se ele não patrocinasse a causa, outro advogado o faria;
d) incorreta, porque deveria estimular a conciliação entre os litigantes, prevenindo, sempre que possível, a instauração de litígios.

10. **O advogado pode aceitar cartão de crédito como forma de pagamento de seus honorários?**
a) Sim, pois facilita o pagamento dos honorários;
b) Não, porque o exercício da advocacia é incompatível com qualquer procedimento de mercantilização;
c) Não, porque não é um meio idôneo de receber os honorários;
d) Sim, porque é direito do advogado exercer, com liberdade, a profissão em todo o território nacional.

CAPÍTULO 3

DAS INFRAÇÕES E SANÇÕES DISCIPLINARES

3.1 Das Infrações Disciplinares

Conforme dito anteriormente, no capítulo que trata dos deveres do advogado, as normas relativas a tais deveres éticos são diferentes das normas que tratam das infrações disciplinares.

As normas relativas aos deveres éticos do advogado, encontradas no Código de Ética, são imperativas, ou seja, descrevem comportamentos positivos ou condutas louváveis, que o advogado deve observar e praticar no exercício de sua profissão.

As normas relativas às infrações disciplinares são proibitivas, porque tratam de comportamento negativo ou condutas que devem ser reprimidas, as quais o advogado não pode praticar no exercício de sua profissão, sob pena de sujeitar-se às sanções legalmente previstas.

As infrações disciplinares estão previstas no Título I, Capítulo IX, da Lei 8.906/94, o Estatuto da Advocacia, em seu artigo 34, que prevê:

TÍTULO I – DA ADVOCACIA
CAPÍTULO IX – DAS INFRAÇÕES E SANÇÕES DISCIPLINARES
Art. 34. *Constitui infração disciplinar:*
I – exercer a profissão, quando impedido de fazê-lo, ou facilitar, por qualquer meio, o seu exercício aos não inscritos, proibidos ou impedidos;
II – manter sociedade profissional fora das normas e preceitos estabelecidos nesta Lei;
III – valer-se de agenciador de causas, mediante participação nos honorários a receber;
IV – angariar ou captar causas, com ou sem a intervenção de terceiros;
V – assinar qualquer escrito destinado a processo judicial ou para fim extrajudicial que não tenha feito, ou em que não tenha colaborado;

VI – advogar contra literal disposição de lei, presumindo-se a boa-fé quando fundamentado na inconstitucionalidade, na injustiça da lei ou em pronunciamento judicial anterior;

VII – violar, sem justa causa, sigilo profissional;

VIII – estabelecer entendimento com a parte adversa sem autorização do cliente ou ciência do advogado contrário;

IX – prejudicar, por culpa grave, interesse confiado ao seu patrocínio;

X – acarretar, conscientemente, por ato próprio, a anulação ou a nulidade do processo em que funcione;

XI – abandonar a causa sem justo motivo ou antes de decorridos dez dias da comunicação da renúncia;

XII – recusar-se a prestar, sem justo motivo, assistência jurídica, quando nomeado em virtude de impossibilidade da Defensoria Pública;

XIII – fazer publicar na imprensa, desnecessária e habitualmente, alegações forenses ou relativas a causas pendentes;

XIV – deturpar o teor de dispositivo de lei, de citação doutrinária ou de julgado, bem como de depoimentos, documentos e alegações da parte contrária, para confundir o adversário ou iludir o juiz da causa;

XV – fazer, em nome do constituinte, sem autorização escrita deste, imputação a terceiro de fato definido como crime;

XVI – deixar de cumprir, no prazo estabelecido, determinação emanada do órgão ou autoridade da Ordem, em matéria da competência desta, depois de regularmente notificado;

XVII – prestar concurso a clientes ou a terceiros para realização de ato contrário à lei ou destinado a fraudá-la;

XVIII – solicitar ou receber de constituinte qualquer importância para aplicação ilícita ou desonesta;

XIX – receber valores, da parte contrária ou de terceiro, relacionados com o objeto do mandato, sem expressa autorização do constituinte;

XX – locupletar-se, por qualquer forma, à custa do cliente ou da parte adversa, por si ou interposta pessoa;

XXI – recusar-se, injustificadamente, a prestar contas ao cliente de quantias recebidas dele ou de terceiros por conta dele;

XXII – reter, abusivamente, ou extraviar autos recebidos com vista ou em confiança;

XXIII – deixar de pagar as contribuições, multas e preços de serviços devidos à OAB, depois de regularmente notificado a fazê-lo;

XXIV – incidir em erros reiterados que evidenciem inépcia profissional;

XXV – manter conduta incompatível com a advocacia;

XXVI – fazer falsa prova de qualquer dos requisitos para inscrição na OAB;

XXVII – tornar-se moralmente inidôneo para o exercício da advocacia;

XXVIII – praticar crime infamante;
XXIX – praticar, o estagiário, ato excedente de sua habilitação.
Parágrafo único. Inclui-se na conduta incompatível:
a) prática reiterada de jogo de azar, não autorizado por lei;
b) incontinência pública e escandalosa;
c) embriaguez ou toxicomania habituais.

Cada um destes tipos de infrações disciplinares, previstos no artigo acima transcrito, serão examinados e comentados um a um nos próximos capítulos deste livro.

As infrações disciplinares são taxativas e previstas em lei, ou seja, são apenas as previstas no Estatuto da Advocacia, sendo vedadas as interpretações extensivas ou analógicas. Entretanto, existem tipificações de infrações com conceitos indeterminados, porém estes são poucos e apenas os imprescindíveis, como a conduta incompatível com a advocacia (inciso XXV), que prevê exemplos (parágrafo único), mas não encerra o assunto.

Como explicado no Capítulo 1, uma sociedade evolui e os comportamentos de seus membros devem evoluir com ela, adaptando-se às mudanças. A sociedade de que estamos tratando aqui é a classe profissional dos advogados brasileiros. Muito bem, para esses casos de tipificação com conceitos indeterminados, o advogado deve observar e agir de acordo com as condutas que são reconhecidas de forma padrão como aceitáveis, corretas e valiosas no contexto contemporâneo de toda a sua classe, não se tratando, nesses casos, de juízo subjetivo de valor.

Apesar de as infrações disciplinares serem taxativas, estarem legalmente previstas e serem vedadas as interpretações extensivas ou analógicas, o advogado poderá ser punido, no mínimo com a sanção mais leve, por transgressão a preceitos do Código de Ética e do Estatuto da Advocacia, não previstos no artigo 34, conforme veremos logo adiante.

3.2 Das Sanções Disciplinares

As infrações disciplinares previstas no artigo 34 do Estatuto da Advocacia podem ser classificadas em três categorias, de acordo com a gravidade e com as sanções a elas aplicáveis, quais sejam: censura (que pode ser reduzida simplesmente a uma advertência), suspensão e exclusão, não entrando nessa classificação a multa, por ser sanção acessória, que será examinada separadamente.

Assim, temos o artigo 35 do Estatuto da Advocacia, que prevê:

Art. 35. *As sanções disciplinares consistem em:*
I – censura;
II – suspensão;
III – exclusão;
IV – multa.
Parágrafo único. As sanções devem constar dos assentamentos do inscrito, após o trânsito em julgado da decisão, não podendo ser objeto de publicidade a de censura.

A lei é clara: as sanções devem constar dos assentamentos do inscrito. Portanto, é vedada a anotação de sanção na carteira de advogado, de sanção imposta a seu titular, conforme Ementa nº 347 do Egrégio Conselho Federal da Ordem dos Advogados do Brasil:

Processo nº 347: CARTEIRA DE ADVOGADO. PENALIDADE. INADMISSIBILIDADE. Inadmissibilidade de anotação em carteira de advogado de penalidade imposta a seu titular, mesmo após o trânsito em julgado da decisão. O registro de punições deve constar, exclusivamente, de prontuário do advogado existente nos arquivos da Seccional, ou Seccionais, em que for inscrito. (Proc. 000119/96/OE, Rel. Marcos Bernardes de Melo, j. 24.02.97, DJ 23.04.97, p. 14.911).

O artigo 36 do mesmo diploma legal prevê em que casos são aplicáveis a sanção de censura, *in verbis*:

Art. 36. *A censura é aplicável nos casos de:*
I – infrações definidas nos incisos I a XVI e XXIX do art. 34;
II – violação a preceito do Código de Ética e Disciplina;
III – violação a preceito desta Lei, quando para a infração não se tenha estabelecido sanção mais grave.
Parágrafo único. A censura pode ser convertida em advertência, em ofício reservado, sem registro nos assentamentos do inscrito, quando presente circunstância atenuante.

Como podemos observar, a sanção de censura é aplicável a dezessete tipificações de infrações disciplinares, previstas no artigo 34. Entretanto, observamos, ainda, que a sanção de censura também é aplicável em caso de violação a preceitos do Código de Ética e Disciplina e da Lei 8.906/94, salvo se o Estatuto não cominou à infração sanção mais severa.

Nesses casos, notamos que a violação a esses preceitos também configura infração disciplinar, cuja sanção prevista é a censura. No entanto, como a todas as infrações puníveis com censura, esta sanção pode ser reduzida a simples advertência, em caso de atenuantes, ou ampliada à sanção de suspensão, nos casos de reincidência, conforme previsto no artigo 37:

> **Art. 37.** *A suspensão é aplicável nos casos de:*
> *I – infrações definidas nos incisos XVII a XXV do art. 34;*
> *II – reincidência em infração disciplinar.*
> *§ 1º A suspensão acarreta ao infrator a interdição do exercício profissional, em todo o território nacional, pelo prazo de trinta dias a doze meses, de acordo com os critérios de individualização previstos neste capítulo.*
> *§ 2º Nas hipóteses dos incisos XXI e XXIII do art. 34, a suspensão perdura até que satisfaça integralmente a dívida, inclusive com correção monetária.*
> *§ 3º Na hipótese do inciso XXIV do art. 34, a suspensão perdura até que preste novas provas de habilitação.*

A sanção de suspensão é aplicável a nove tipificações de infrações disciplinares, previstas no artigo 34.

A suspensão também é aplicável em caso de reincidência em infração disciplinar, independentemente de a sanção prevista ser a de censura ou a de suspensão.

> *Processo nº 1.100: Ementa nº 060/2001/SCA. Estando presente nos autos informação sobre condenação anterior do advogado em processo disciplinar junto à Seccional, já apenando-lhe com a suspensão por infração diversa, não pode a mesma instância deixar de aplicar a regra do inciso II, do art. 37, do EOAB, diante da flagrante reincidência na prática de infração disciplinar, independente de que tenha a decisão pretérita transitado em julgado. Decidir de modo diverso, seria descumprir a normação do inciso II daquele artigo, bem como inviabilizar uma possível, necessária e futura adoção da fórmula prescrita no inciso I, do art.38, sempre do Estatuto da Advocacia. (Recurso nº 2.203/2000/SCA-SC. Relator: Conselheiro Alberto de Paula Machado (PR). Relator para o acórdão: José Alvino Santos Filho (SE), julgamento: 12.12.2001, por maioria, DJ 14.08.2001, p. 1.169, S1e).*

O infrator punido com suspensão deve entregar a carteira, sob pena de estar incorrendo em nova infração disciplinar, conforme ementa da Turma de Ética Profissional – TED I – da OAB-SP:

> 448ª SESSÃO DE 19 DE SETEMBRO DE 2002
> SUSPENSÃO DO EXERCÍCIO PROFISSIONAL – OBRIGATORIEDADE DE ENTREGA DA CARTEIRA DE ADVOGADO À ENTIDADE – UTILIZAÇÃO DE MEIOS ADMINISTRATIVOS OU JUDICIAIS EM CASO DE DESOBEDIÊNCIA
> Advogado suspenso ou excluído do exercício de suas atividades profissionais está obrigado a entregar sua Carteira Profissional à Ordem dos Advogados do Brasil. Ocorrendo a desobediência, medidas administrativas ou judiciais devem ser tomadas para a efetivação desta decisão pelo Conselho Seccional. No caso de suspensão e ocorrendo a desobediência, nova infração estará sendo cometida, possibilitando a imposição de penalidade. Inteligência do artigo 74, inciso XVI, do art. 34 e item II do art. 37 do EAOAB.
> (Proc. E-2.636/02 – v.u. em 19/09/02 do parecer e ementa do Rel. Dr. Cláudio Felippe Zalaf – Rev.ª Dr.ª Maria do Carmo Whitaker – Presidente Dr. Robison Baroni).

Os casos de infrações disciplinares puníveis com sanção de exclusão estão previstos no artigo 38 do Estatuto:

> **Art. 38.** *A exclusão é aplicável nos casos de:*
> *I – aplicação, por três vezes, de suspensão;*
> *II – infrações definidas nos incisos XXVI a XXVIII do art. 34.*
> *Parágrafo único. Para a aplicação da sanção disciplinar de exclusão é necessária a manifestação favorável de dois terços dos membros do Conselho Seccional competente.*

Assim como a reincidência em infração disciplinar acarreta a aplicação da sanção de suspensão, a aplicação desta, por três vezes, acarreta a aplicação da sanção de exclusão. Entretanto, neste caso, a exclusão não é automática, como na hipótese da reincidência, é necessário que seja aberto um procedimento de exclusão, no qual o Tribunal de Ética e Disciplina deve recorrer de ofício ao Conselho Seccional, independentemente do recurso voluntário.

O Conselho Seccional é o órgão competente para a aplicação da pena de exclusão de inscrito, conforme ementa do Conselho Seccional, senão vejamos:

PENA DE EXCLUSÃO. COMPETÊNCIA EXCLUSIVA DO CONSELHO SECCIONAL. Pena de exclusão. Competência. A competência para aplicação da pena de exclusão é privativa do Conselho Seccional, nos precisos termos do parágrafo único, do artigo 38 da Lei 8.906/94. Decisões de Conselho Subseccional e do Tribunal de Ética em tais casos servem, apenas, como mero indicativo ao julgamento do Conselho Seccional, não possuindo eficácia decisória. (Proc. 001.861/98/SCA-SC, Rel. Roberto Gonçalves de Freitas Filho, j. 08.06.98, DJ 01.07.98, p. 222).

É necessário *quorum* de presença de dois terços dos conselheiros (artigo 108 do Regulamento Geral), devendo haver manifestação favorável à exclusão por esse *quorum* de, no mínimo, dois terços, ou seja, se comparecerem apenas dois terços dos membros do Conselho Seccional, todos deverão ser favoráveis, confirmando a decisão do Tribunal de Ética e Disciplina.

O Conselho Federal da OAB tem entendido dessa forma:

Ementa 010/2002/SCA. Inatingido o quorum de 2/3, para aplicação da pena de exclusão, o órgão julgador deve fazer incidir a penalidade que entender cabível, salvo a que obstada pelo número insuficiente de votos. (Recurso nº 2.410/2001/SCA-MS. Relator: Conselheiro Sergio Ferraz (AC), julgamento: 18.02.2002, por unanimidade, DJ 12.03.2002, p. 543, S1).

Ementa 012/2001/OEP-GO. Procedimento ético-disciplinar – Julgamento do Conselho Seccional que não atinge o quorum qualificado para aplicar a pena de exclusão (Estatuto da EOAB, art. 38, parágrafo único), não implica, necessariamente absolvição do representado, tendo em vista a sua capitulação anterior em ilícitos previsto estatutariamente – Devolução dos autos ao Tribunal de Ética e Disciplina para novo julgamento, vedada a repetição da aplicação da pena de exclusão, respeitando-se expressa previsão regimental da Seccional. (Processo 302/2001/OEP-GO. Relatora: Conselheira Rosa Júlia Plá Coêlho (CE). Revisor: Conselheiro Marcelo Henriques Ribeiro de Oliveira (DF), julgamento: 04.06.2001, por maioria, DJ 08.06.2001, p. 724, S1e).

A exclusão do inscrito do quadro da OAB na Seccional onde mantiver uma de suas inscrições é valida para todo o território nacional, não podendo o apenado com exclusão manter inscrição em outra Seccional, conforme ementa do Conselho Federal:

Ementa 024/2002/PCA. 1. Exclusão de advogado na OAB/SP. Extensão à inscrição suplementar na OAB/MT. 2. O pedido revisional deve dirigir-se à OAB/SP, e não à OAB/MT, que apenas cumpriu determinação do Conselho Federal. 3. Recurso não provido. (Recurso nº 5.575/2001/PCA-MT. Relator: Conselheiro Marcelo Guimarães da Rocha e Silva (SP). Redistribuição: Conselheiro Roberto Ferreira Rosas (AC). Revisor: Conselheiro Edgard Luiz Cavalcanti de Albuquerque (PR), julgamento: 18.03.2002, por unanimidade, DJ 24.05.2002, p. 344, S1).

Aliás, todas as anotações de sanções deverão ser registradas nos assentamentos do inscrito pelo Conselho Seccional onde tiver sua inscrição principal, salvo em casos de simples advertência.

Essas anotações só poderão ser registradas após o trânsito em julgado da decisão que aplicar a sanção, sendo vedadas anotações sobre a existência de processos disciplinares ainda não julgados, para evitar um prejulgamento, que violaria a presunção legal de inocência.

De qualquer forma, a sanção de censura (e a fortiori a de advertência) não pode ser objeto de publicidade ou divulgação. No entanto, não está coberta pelo sigilo absoluto, porque exclui os órgãos da OAB, que dela poderão ser informados, e ainda em atendimento a requisição de autoridade judiciária.[1]

Além disso, o artigo 38 prevê a pena de exclusão para três outras tipificações previstas no artigo 34 que, conforme dito, serão objeto de análise nos próximos capítulos.

3.3 Sanções Acessórias com Circunstâncias Agravantes ou Atenuantes

3.3.1 Da Advertência

A sanção de advertência é aplicada no lugar da censura, quando presentes circunstâncias atenuantes, instrumentaliza-se em ofício reservado, diretamente ao inscrito punido, e não constará registro nos assentamentos deste, conforme parágrafo único do artigo 36 do Estatuto:

---

1. LÔBO, Paulo Luiz Netto. *Comentários ao Estatuto da Advocacia*, p. 168.

Art. 36. *(...)*
Parágrafo único. A censura pode ser convertida em advertência, em ofício reservado, sem registro nos assentamentos do inscrito, quando presente circunstância atenuante.

Em razão disso, a advertência não é uma sanção ordinária, que pode ser aplicada diretamente pelo cometimento de infrações previstas no artigo 36 e seus incisos. Trata-se de uma infração mais branda, que deve ser aplicada nos casos específicos em que for constatada alguma infração prevista no dispositivo mencionado, se constar a favor do infrator circunstância atenuante.

No entanto, a conversão da censura em advertência não é um direito do infrator, mas tão-somente um critério que será ponderado no julgamento, conforme ementa de julgamento do Conselho Federal da OAB:

> *Ementa 019/2001/SCA. A conversão da pena de censura em advertência não constitui direito subjetivo do infrator. Uma vez verificada, porém, no processo disciplinar, circunstância atenuante que a autorize, como a primariedade, deve o julgador deferi-la, tanto mais quando fatores de outra ordem não militem contra a conduta do acusado. Recurso de que se conhece e a que se dá provimento, para o fim de converter a censura em advertência, em hipótese de infração ao disposto no art. 11 do Código de Ética e Disciplina. (Recurso n$^{\underline{o}}$ 2.263/2001/SCA-SP. Relator: Conselheiro Paulo Roberto de Gouvêa Medina (MG), julgamento: 12.03.2001, por unanimidade, DJ 19.04.2001, p. 328, S1e).*

3.3.2 Das Circunstâncias Atenuantes

As circunstâncias atenuantes estão previstas no artigo 40, incisos I a IV, do Estatuto:

> **Art. 40.** *Na aplicação das sanções disciplinares são consideradas, para fins de atenuação, as seguintes circunstâncias, entre outras:*
> *I – falta cometida na defesa de prerrogativa profissional;*
> *II – ausência de punição disciplinar anterior;*
> *III – exercício assíduo e proficiente de mandato ou cargo em qualquer órgão da OAB;*
> *IV – prestação de relevantes serviços à advocacia ou à causa pública.*

Assim, é atenuante qualquer uma dessas hipóteses:

I) O fato de o advogado cometer a falta na defesa de prerrogativa profissional. Muitas vezes, o advogado excede-se ao defender sua prerrogativa profissional, como, por exemplo, advogado que, na defesa da inviolabilidade, acaba excedendo-se em agressões desmedidas.

II) O inscrito ser primário, ou seja, não há decisão transitada em julgado aplicando sanção disciplinar ao inscrito. Nesses casos, não se leva em consideração qualquer outro processo disciplinar que ainda não tenha decisão definitiva, nem mesmo decisão definitiva de processo disciplinar alcançado pela reabilitação, porque na reabilitação o registro da infração é apagado dos assentamentos do inscrito.

Ora, se a ausência de punição disciplinar é atenuante para a conversão da sanção de censura em advertência, e se a advertência não consta de registro nos assentamentos do punido, como será configurada a reincidência? O infrator será considerado sucessivamente como primário?

Não, a advertência pode ser considerada para efeito de antecedente disciplinar, desde que o Conselho Seccional mantenha arquivo específico das advertências, respeitando sempre a proibição de registro das mesmas nos assentamentos do inscrito, caso contrário o infrator poderia permanecer sucessivamente como primário.

III) O inscrito exercer ou ter exercido cargo na OAB, para o qual foi eleito, e tenha cumprido seu mandato de forma constante e competente.

IV) O inscrito ter prestado serviços relevantes à advocacia ou à causa pública.

Consideram-se serviços relevantes aqueles que contribuam para engrandecer a advocacia, como, por exemplo, *a participação nas lutas institucionais da OAB, a produção doutrinária,*[2] ou o exercício gratuito e voluntário em órgãos dos Conselhos Seccionais, ainda que não seja um cargo formal ou eletivo na OAB, mas tão somente nomeado pelo Conselho competente – vide § 1º do artigo 109, do REGULAMENTO GERAL:

> ***Art. 109.*** *(...)*
> *§ 1º Os órgãos do Conselho podem receber a colaboração gratuita de advogados não conselheiros, inclusive para instrução processual, considerando-se função relevante em benefício da advocacia.*

---

2. LÔBO, Paulo Luiz Netto. *Comentários ao Estatuto da Advocacia*, p. 171.

Consideram-se serviços relevantes à causa pública aqueles que contribuam para a efetivação da cidadania, como os de ajuda comunitária e filantrópica e a advocacia *pro bono*, regulamentada no Conselho Seccional de São Paulo, pela denominada "*Resolução Pro bono*", aprovada por unanimidade de votos, em sessão realizada em 19 de agosto de 2002.

As circunstâncias atenuantes devem ser consideradas para a conversão da pena de censura em advertência; para a estipulação da não-aplicação da sanção de multa; e para a redução do tempo de suspensão.

3.3.3 Da Multa

A multa é uma sanção disciplinar acessória, ou seja, é aplicada cumulativamente a outra, quando presentes circunstâncias agravantes. Não diz respeito a uma ou algumas infrações disciplinares específicas; pode ser aplicada juntamente com as sanções de censura ou suspensão, acumulando-se a estas, em todos os casos em que elas são previstas. Apenas não é aplicada para os casos de aplicação da sanção de exclusão.

A multa está prevista no artigo 39 do Estatuto:

> **Art. 39.** *A multa, variável entre o mínimo correspondente ao valor de uma anuidade e o máximo de seu décuplo, é aplicável cumulativamente com a censura ou suspensão, em havendo circunstâncias agravantes.*

3.3.4 Das Circunstâncias Agravantes

As circunstâncias agravantes são aquelas que *potencializam o efeito da infração cometida*,[3] e são apenas duas legalmente previstas: os antecedentes em infração disciplinar e o grau da culpa, conforme parágrafo único do artigo 40 do Estatuto:

> **Art. 40.** (...)
> *Parágrafo único. Os antecedentes profissionais do inscrito, as atenuantes, o grau de culpa por ele revelada, as circunstâncias e as conseqüências da infração são considerados para o fim de decidir:*

---

3. LÔBO, Paulo Luiz Netto. *Comentários ao Estatuto da Advocacia*, p. 171.

a) sobre a conveniência da aplicação cumulativa da multa e de outra sanção disciplinar;
b) sobre o tempo de suspensão e o valor da multa aplicáveis.

As conseqüências para o inscrito, quando comprovada a incidência de circunstância agravante no cometimento de infração ético-disciplinar são:

- a aplicação da sanção imediatamente mais grave, no caso de reincidência, sendo certo que para a aplicação da exclusão é necessária a aplicação, por três vezes, de suspensão, bem como é necessária a abertura do procedimento de exclusão, obedecendo ao devido processo legal e à ampla defesa;
- aplicação cumulativa da multa com outra sanção (de censura ou suspensão);
- a fixação do valor da multa a ser aplicada, sendo o máximo legalmente previsto o de dez vezes o valor da anuidade,
- a fixação do tempo de suspensão a ser aplicado, sendo o máximo legalmente previsto o de doze meses, ou até que o infrator satisfaça integralmente a dívida, nos casos dos incisos XXI e XXIII do artigo 34, ou até que preste novas provas (inciso XXIV do mesmo dispositivo legal).

A circunstância agravante tira o efeito da circunstância atenuante.

Ementa 099/2001/SCA. Recurso – Alegação de ofensa ao § 2º do artigo 37 do EAOAB – Inocorrência – Suspensão corretamente aplicada. A aplicação do disposto no § 2º do artigo 37 do EAOAB é circunstância acessória da pena de suspensão e não excludente da punibilidade. A satisfação da dívida antes de instaurado o processo disciplinar, mas depois de efetuada a notificação para a defesa prévia, deve servir de orientação à decisão sobre o tempo de suspensão e multa aplicáveis. (Recurso nº 2374/2001/SCA-PR. Relator: Conselheiro Gilberto Piselo do Nascimento (RO), julgamento: 08.10.2001, por unanimidade, DJ 07.11.2001, p. 454, S1).

3.4 Reabilitação

O sistema judiciário brasileiro não admite conseqüências perpétuas das penas, e assim também entende o Estatuto da Advocacia, prevendo em seu artigo 41, a possibilidade de reabilitação do advogado punido.

> ***Art. 41.*** *É permitido ao que tenha sofrido qualquer sanção disciplinar requerer, um ano após seu cumprimento, a reabilitação, em face de provas efetivas de bom comportamento.*
> *Parágrafo único. Quando a sanção disciplinar resultar da prática de crime, o pedido de reabilitação depende também da correspondente reabilitação criminal.*

Assim, o interessado deverá requerer, pessoalmente, a reabilitação, decorrido um ano após o cumprimento da sanção que lhe foi aplicada, inclusive exclusão, apresentando provas de bom comportamento, que guardem relação com a infração cometida, sendo certo que os trâmites do processo são semelhantes ao do processo disciplinar.

Após a reabilitação, a punição deixará de constar nos assentamentos do inscrito, cancelando a penalidade nos antecedentes do mesmo, conforme ementa de julgamento do Egrégio Conselho Federal da OAB:

> *REABILITAÇÃO. CANCELAMENTO DA PENALIDADE NOS ANTECEDENTES DO ADVOGADO.*
> *Ementa: A penalidade disciplinar atingida pela reabilitação, de que cuida o artigo 41 do Estatuto, deixa de existir, para todos os efeitos, nos antecedentes do advogado. (Proc. 2.161/2000/SCA-SP, Rel. Sergio Ferraz (AC), Ementa 085/2000/SCA, julgamento: 17.10.2000, por unanimidade, DJ 03.11.2000, p. 64, S1e).*

Se o advogado for suspenso e, ainda assim, continuar a exercer advocacia, não faz jus à reabilitação, conforme decisão do Conselho Federal:

> *REABILITAÇÃO. ADVOGADO SUSPENSO QUE CONTINUA A EXERCER A PROFISSÃO. PEDIDO NEGADO.*
> *Ementa: Não faz jus à reabilitação advogado que, estando suspenso das atividades profissionais por inépcia, até que preste novas provas de habilitação, continua, não obstante, a exercer advocacia e é, por isso, condenado judicialmente, como incurso em contravenção penal e, em seguida, por infração disciplinar, na qualidade de reincidente, do que resultou sua eliminação do quadro de advogados da OAB. Hipótese em que o representado apresenta vários antecedentes disciplinares e nenhuma prova produziu com vistas à reabilitação preten-*

dida. Recurso a que se nega provimento. (Proc. nº 1.603/94/SC, Rel. Paulo Roberto de Gouvêa Medina, j. 30.03.95, v.u., DJ de 25.09.95, p. 31.387).

Se a infração e a aplicação da sanção for resultado da prática de crime, basta a reabilitação criminal decretada pelo Poder Judiciário para o pedido de reabilitação ético-disciplinar, sem a necessidade de outras provas de bom comportamento, porque estas já foram apreciadas pelo Poder Judiciário. Caso não haja a comprovação da reabilitação judicial, o pedido há que ser indeferido:

INSCRIÇÃO. REABILITAÇÃO JUDICIAL. COMPROVAÇÃO A SER FEITA NA FORMA LEGAL.
Ementa: Inscrição. Falta de requisito previsto no art. 8º, parágrafo 4º do EAOAB. Indeferimento. Reabilitação judicial há que ser comprovada na forma legal, para atender a idoneidade moral. Recurso conhecido e provido, reformando "in totum" a decisão recorrida, para determinar o cancelamento da inscrição da recorrida. (Proc. 005.129/97/PCA-RJ, Rel. Elena Natch Fortes, j. 06.4.98, DJ 27.4.98, p. 303).

INSCRIÇÃO. CRIME INFAMANTE. EXTINÇÃO DA PUNIBILIDADE POR PRESCRIÇÃO. NÃO AFASTAMENTO DE EXISTÊNCIA DE FATO TIPIFICADO COMO CRIME.
Ementa: Inscrição. Crime infamante. I. A extinção da punibilidade da prescrição da pretensão punitiva não afasta a existência do fato tipificado como crime. II. É infamante, e atentatório à dignidade da advocacia, o crime de estelionato e de falsificação documental, impedindo a inscrição do interessado nos quadros da OAB. III. A Lei nº 8.906/94 (art. 8º, § 4º), perfilhando o princípio do sistema judiciário brasileiro de inadmissibilidade de conseqüência perpétua da pena, prevê a possibilidade da inscrição, se o interessado obtiver a reabilitação judicial. (Proc. nº 4.591/94/PC, Rel. Paulo Luiz Netto Lôbo, j. 5.12.94, v.u., DJ de 08.12.94, p. 34.059).

3.5 Prescrição e Interrupção

3.5.1 Da Prescrição Qüinqüenal

A prescrição à pretensão de punibilidade das infrações disciplinares está prevista no Estatuto, em seu artigo 43 e seu § 1º. Já o § 2º do mesmo dispositivo legal estabelece os casos de interrupção da prescrição.

Todos os casos de prescrição são regulados no artigo 43 do Estatuto, não podendo ser utilizada outra norma legal, tampouco haver interpretação extensiva ou analógica. Da mesma forma, a prescrição pode e deve ser reconhecida e declarada inclusive de ofício, a qualquer tempo, por se tratar de norma de ordem pública. O Conselho Federal da OAB já se manifestou nesse sentido:

PRESCRIÇÃO. INCOMPORTABILIDADE DE INTERPRETAÇÃO EXTENSIVA, ANALÓGICA OU SUPLETIVA.
Ementa: A prescrição não comporta interpretação extensiva, analógica ou supletividade normativa. Recurso conhecido. Prescrição decretada de ofício. (Proc. 1.956/99/SCA-SP, Rel. Roberto Gonçalves de Freitas Filho (PI), Ementa 082/99/SCA, julgamento: 08.11.99, por unanimidade, DJ 26.11.99, p. 399, S1).

O *caput* fixa o prazo de prescrição em cinco anos, contados da data da constatação oficial do fato:

Art. 43. *A pretensão à punibilidade das infrações disciplinares prescreve em cinco anos, contados da data da constatação oficial do fato.*

O prazo a quo para a contagem da prescrição é a constatação oficial do fato pela OAB, ou seja, não importa que o fato ocorra há mais de cinco anos, a prescrição somente será configurada se, da data em que a OAB tomar conhecimento, oficialmente, do ato infracional até a data do primeiro julgamento, transcorrer prazo de cinco anos ou superior, conforme ementa do Conselho Federal:

PRESCRIÇÃO. INÍCIO DO PRAZO A PARTIR DO CONHECIMENTO OFICIAL DO FATO PELA OAB.
Ementa: Prescrição – Constatação oficial do fato – O lapso prescricional de cinco anos, a teor do que dispõe o artigo 43 da Lei 8.906/94, inicia o seu curso com a constatação oficial do fato pela OAB, pois somente a partir daí é que a entidade poderá exercer o seu jus puniendi. De tal regra emerge a convicção de que, muito embora o fato possa ter ocorrido há mais de cinco anos, não estará prescrita a pretensão punitiva se do conhecimento oficial do fato pela OAB e o primeiro julgamento proferido, discorrer prazo inferior ao qüinqüênio. (Proc. 2.139/2000/SCA-CE, Rel. Alberto de Paula Machado (PR), Ementa 059/2000/SCA, julgamento: 12.06.2000, por unanimidade, DJ 03.07.2000, p. 59, S1e).

Há entendimentos do Conselho Federal da OAB de que é considerada constatação oficial pela OAB, a partir: **a)** da instauração do processo disciplinar, se esta for feita de ofício; **b)** do despacho que conhecer dessa representação, convertendo-a em processo disciplinar, quando a representação for realizada a requerimento de interessado.

No sentido da constatação pela instauração ou conhecimento do processo disciplinar:

> *PRESCRIÇÃO. INTERRUPÇÃO. DESPACHO DE INADMISSIBILIDADE.*
> *Ementa: Prescrição. Interrupção legal – A regra encerrada no art. 43 dispõe que a prescrição interrompe-se pela instauração de processo disciplinar ou pela notificação válida feita diretamente ao representado. Logo, o marco inicial para a contagem do prazo prescricional, seguindo a regra do Estatuto da Advocacia, deve ser mesmo o da instauração, ocorrida através do despacho de admissibilidade declarando instaurado o processo disciplinar. (Proc. 2.063/99/SCA-MS, Rel. José Alvino Santos Filho (SE), Ementa 099/99/SCA, julgamento: 06.12.99, por unanimidade, DJ 24.12.99, p. 4, S1) (Similar: Proc. 2.047/99/SCA-SP, Rel. Sergio Ferraz (AC), julgamento: 08.11.99, por unanimidade, DJ 24.12.99, p. 4, S1).*

> *PRESCRIÇÃO. INSTAURAÇÃO DE PROCESSO DISCIPLINAR. INTERRUPÇÃO.*
> *Ementa: Nos termos da Lei nº 6.838, de 29.10.80, o conhecimento expresso ou notificação ao faltoso interrompe a prescrição da ação punitiva disciplinar, que somente recomeça a correr quando da apresentação de defesa escrita ou a termo pelo interessado. O novo EOAB, a Lei nº 8.906/94, capaz de ser aplicado se mais benéfico, dada a natureza penal do processo disciplinar, estabelece que a prescrição começa a correr a partir da constatação oficial do fato punível, interrompendo-se, todavia, com a instauração do processo disciplinar. Reforma-se decisão seccional que, contrariando tais normas legais, reconhece e proclama a ocorrência da prescrição. Recurso provido. (Proc. nº 1.625/95/SC, Rel. Durval Júlio Ramos Neto, j. 08.08.95, v.u., DJ de 25.09.95, p. 31.387).*

Há, ainda, entendimento de que a constatação oficial do fato somente é realizável no momento em que o interessado toma ciência oficial, como, por exemplo, através de citação em ação judicial, em razão do ato infracional praticado pelo seu advogado, como é o caso a seguir:

INFRAÇÃO DISCIPLINAR CONTINUADA. PRESCRIÇÃO. CÔMPUTO A PARTIR DA CONSTATAÇÃO PELA OAB.
Ementa: Prescrição. Infração de trato continuado – Constatação oficial do fato infringente – Estando-se diante de típico caso de Infração Continuada, à medida em que o advogado recebia os depósitos mensais para consignar em juízo e, não os realizando, propiciou a propositura da Ação de Execução Sumária contra seu cliente. A constatação oficial da infração, para os fins previstos no art. 43, da Lei nº 8.906/94, somente tornou-se factível a partir da citação para contestar a ação intentada pelo proprietário do imóvel alugado à sua empresa, em decorrência da falta de pagamento – mais precisamente, pelo fato de o advogado não haver ajuizado a Ação de Consignação em Pagamento para a qual havia sido constituído e antecipadamente recebido o respectivo valor. (Proc. 1.947/99/SCA-SC, Rel. José Alvino Santos Filho (SE), Ementa 020/99/SCA, julgamento: 12.04.99, por unanimidade, DJ 07.05.99, p. 308, S1).

A prescrição, prevista no artigo 43 do Estatuto, extingue a punibilidade do infrator, senão vejamos:

Ementa 058/2001/SCA. Prescrição. Ultrapassado o prazo qüinqüenal, na forma do estatuto da OAB, extinta encontra-se a punibilidade. (Recurso nº 2310/2001/SCA-PR. Relator: Conselheiro Clovis Barbosa de Melo (SE), julgamento: 07.05.2001, por unanimidade, DJ 01.06.2001, p. 629, S1e).

Existem, também, entendimentos do Conselho Federal da OAB de que a concorrência do acusado para a consumação da prescrição é irrelevante, devendo ela, não obstante, ser declarada:

Ementa 047/2001/SCA. A prescrição deve ser reconhecida e declarada, sendo irrelevante a comprovação de que o acusado tenha concorrido para a sua consumação. Recurso que se conhece, para declarar a extinção da pretensão punitiva pela prescrição. (Recurso nº 2.270/2001/SCA-SP. Relator: Conselheiro Osvaldo Antonio de Lima (MT). Relator para o acórdão: Conselheiro Célio Avelino de Andrade (PE), julgamento: 07.05.2001, por maioria, DJ 01.06.2001, p. 628, S1e).

Em sentido contrário, entendendo que a prescrição não deve ser declarada se o acusado determinar o retardamento do julgamento:

Ementa 014/2001/SCA. Erro havido na redação da ementa do acórdão recorrido. Fato suprido pela admissão do recurso. Alegação de prescrição que não é reconhecida por haver o acusado determinado o retardamento do julgamento. Confirmação da decisão recorrida por haver o advogado acusado se apropriado do dinheiro do cliente, comportamento que configura o ilícito previsto no art. 34, incisos 20 e 21 do Estatuto da OAB. (Recurso nº 2.247/2001/SCA-SC. Relator: Conselheiro Evandro Paes Barbosa (MS), julgamento: 12.03.2001, por unanimidade, DJ 19.04.2001, p. 328, S1e).

3.5.2 Da Prescrição Intercorrente

A denominada prescrição intercorrente é aquela prevista no § 1º do artigo 43 do Estatuto, ou seja, é aquela determinada pela paralisação, por mais de três anos, do processo disciplinar pendente de despacho ou julgamento.

Sendo constatada tal prescrição, é dever do Conselho Seccional, onde estiver tramitando o processo, instaurar, de ofício, procedimento para apurar e punir o responsável pela paralisação.

Prevê o § 1º:

Art. 43. (...)
§ 1º Aplica-se a prescrição a todo processo disciplinar paralisado por mais de três anos, pendente de despacho ou julgamento, devendo ser arquivado de ofício, ou a requerimento da parte interessada, sem prejuízo de serem apuradas as responsabilidades pela paralisação.

Vasta é a jurisprudência do Conselho Federal da OAB sobre o tema:

PRESCRIÇÃO INTERCORRENTE. DECRETAÇÃO DE OFÍCIO.
Ementa: Prescrição intercorrente. Decretação de ofício. Art. 43, § 1º, do EAOAB. Havendo prova de que o processo ficou parado por mais de 3 (três) anos, deve ser decretada, de ofício, a prescrição, intercorrente, mesmo que não alegada no recurso, devendo ser apuradas as responsabilidades na Seccional de Origem. Aplicação do art. 43, § 1º, do EAOAB. (Proc. 1.922/98/SCA-SP, Rel. Clóvis Cunha da Gama Malcher Filho (PA), Ementa 016/99/SCA, julgamento: 08.02.99, por unanimidade, DJ 07.05.99, p. 308, S1).

PRESCRIÇÃO. PROCESSO ÉTICO-DISCIPLINAR PARALISADO POR MAIS DE TRÊS ANOS
Ementa: Ocorrendo a hipótese do processo ético-disciplinar ficar paralisado por mais de três anos, importa na extinção da punibilidade pela ocorrência da prescrição. Por estes fatos deverão ser apuradas as even-

tuais responsabilidades pela paralisação do feito. (Proc. 2068/99/SCA-PE, Rel. Ercílio Bezerra de Castro Filho (TO), Ementa 006/2000/SCA, julgamento: 14.02.2000, por unanimidade, DJ 23.02.2000, p. 186, S1). (Similares: Proc. 2069/99/SCA-PE, Rel. Ercílio Bezerra de Castro Filho (TO), julgamento: 14.02.2000, por unanimidade, DJ 23.02.2000, p. 186, S1 – Proc. 2080/99/SCA, Rel. Ercílio Bezerra de Castro Filho (TO), julgamento: 14.02.2000, por unanimidade, DJ 23.02.2000, p. 186, S1 – Proc. 2.104/2000/ SCA-MS, Rel. José Carlos Sousa Silva (MA), julgamento: 10.04.2000, por unanimidade, DJ 18.04.2000, p. 85, S1 Proc. 2.100/2000/ SCA-RS, Rel. José Joaquim de Almeida Neto (PE), julgamento: 10.04.2000, por unanimidade, DJ 18.05.2000, p. 328, S1e).

CONSELHEIRO. RETENÇÃO DE AUTOS POR MAIS DE DOIS ANOS SEM MANIFESTAÇÃO. INFRAÇÃO DISCIPLINAR.
Ementa: Prescrição – Reconhecimento dada a inexistência de qualquer fato que pudesse ser visto como interruptor do prazo prescricional apesar da gravidade dos fatos apontados. Todavia, determinação para que a Seccional instaure procedimento contra Conselheiro que reteve, sem qualquer justificativa, o feito por mais de dois anos sem nada fazer. Conduta com a qual a OAB não pode consentir nem anuir, sob pena de violação ao artigo 44 de nosso Estatuto. (Proc. 2.025/99/ SCA-CE, Rel. Rosana Chiavassa (SP), Ementa 0101/99/ SCA, julgamento: 08.11.99, por unanimidade, DJ 24.12.99, p. 4, S1).

PRESCRIÇÃO INTERCORRENTE. INOCORRÊNCIA. PROCESSO NÃO PARALISADO POR MAIS DE TRÊS ANOS NEM MEDEADO IGUAL LAPSO DE TEMPO ENTRE O ÚLTIMO DESPACHO E A DECISÃO.
Ementa: O Estatuto contempla duas modalidades distintas de prescrição, ambas de natureza material. A prescrição cujo prazo é de cinco anos – art. 43, caput, que pressupõe a inexistência de procedimento disciplinar formalmente instaurado, e, portanto, ocorre fora do processo. A prescrição intercorrente cujo prazo é de três anos – art. 43, parágrafo 1º, que somente ocorre dentro do processo. A Lei 8.906/94 – art. 43, parágrafo 2º, I e II, estabelece três causas de interrupção da prescrição: 1) instauração de processo disciplinar; 2) notificação válida feita diretamente ao interessado; 3) decisão condenatória recorrível. Todavia, do texto do parágrafo 1º do artigo 43, conclui-se, por inferência lógica, que o impulso processual tem também eficácia interruptiva da prescrição. Alegação de prescrição. Extinção da punibilidade ao argumento da paralisação do processo por mais de três anos. Inocorrência. Intervenção do Representado em datas variadas, ensejando regular impulso processual. É descabida a alegação de prescrição trienal, se o processo, no seu

curso, não sofreu paralisação por mais de três anos, nem haver mediado igual lapso de tempo entre o último despacho e a decisão de primeiro grau. Inaplicabilidade da regra contida no art. 43, parágrafo 1º do Estatuto. (Proc. 2.005/99/SCA-BA, Rel. Luiz Antonio de Souza Basílio (ES), Ementa 044/2000/SCA, julgamento: 06.12.99, por unanimidade, DJ 18.05.2000, p. 328, S1e).

3.5.3 Da Interrupção da Prescrição

O § 2º do artigo 43 do mesmo diploma legal, em seus dois incisos, prevê três hipóteses de interrupção da prescrição, quais sejam: **a)** a instauração do processo disciplinar (de ofício, ou pela conversão da representação em processo disciplinar); **b)** a notificação válida feita diretamente ao representado; e **c)** a decisão recorrível de qualquer órgão julgador da OAB, senão vejamos:

> **Art. 43.** *(...)*
> *§ 2º A prescrição interrompe-se:*
> *I – pela instauração de processo disciplinar ou pela notificação válida feita diretamente ao representado;*
> *II – pela decisão condenatória recorrível de qualquer órgão julgador da OAB.*

Como pudemos perceber, a interpretação predominante do Conselho Federal da OAB, em relação ao artigo 43, é a de que o prazo inicial para a contagem do prazo prescricional dá-se com a instauração ou o despacho de admissibilidade, declarando instaurado o processo disciplinar, e uma das hipóteses de interrupção da prescrição é exatamente essa. Isto posto, urge transcrever novamente ementa anteriormente transcrita:

> *PRESCRIÇÃO. INTERRUPÇÃO. DESPACHO DE INADMISSIBILIDADE.*
> *Ementa: Prescrição. Interrupção legal – A regra encerrada no art. 43 dispõe que a prescrição interrompe-se pela instauração de processo disciplinar ou pela notificação válida feita diretamente ao representado. Logo, o marco inicial para a contagem do prazo prescricional, seguindo a regra do Estatuto da Advocacia, deve ser mesmo o da instauração, ocorrida através do despacho de admissibilidade declarando instaurado o processo disciplinar. (Proc. 2.063/99/SCA-MS, Rel. José Alvino Santos Filho (SE), Ementa 099/99/SCA, julgamento: 06.12.99, por unanimidade, DJ 24.12.99, p. 4, S1. (Similar: Proc. 2.047/99/SCA-SP, Rel. Sergio Ferraz (AC), julgamento: 08.11.99, por unanimidade, DJ 24.12.99, p. 4, S1).*

A segunda hipótese de interrupção da prescrição é a notificação válida feita diretamente ao representado, entretanto, é *extremamente importante* observar que a Sessão Plenária de 11 de dezembro de 2001 do Conselho Federal da OAB aprovou alteração, publicada no Diário da Justiça de 8 de janeiro de 2002, do artigo 137-A do Regulamento Geral do Estatuto da Advocacia da OAB, permitindo a notificação do advogado por intermédio de edital, em processos administrativos perante a Ordem, quando este não for localizado nos endereços comercial ou residencial, razão pela qual o inscrito deve manter sempre atualizado o seu endereço residencial e profissional no cadastro do Conselho Seccional. Maiores detalhes podem ser obtidos no link: Regulamento muda norma para notificar advogado (http://www.oabsp.org.br/main3.asp?pg=3.6&pgv =a&id_noticias= 11810&AnoMes=20021).

A terceira hipótese de interrupção da prescrição é a decisão condenatória recorrível de órgão da OAB. Assim, se houver decisão condenatória do Tribunal de Ética e Disciplina, do Conselho Seccional ou do Conselho Federal – estes dois últimos em grau de recurso –, interrompe-se a prescrição.

Entendimento do Conselho Federal contrário à interrupção da prescrição em razão de pena de suspensão de caráter irrecorrível:

> *Ementa 104/2001/SCA. Alegação de prescrição intercorrente rejeitada, por não ocorrer paralização do processo por mais de 3 anos. Conhecimento "de ofício" de prescrição qüinqüenal, por haver decorrido prazo superior a 5 anos, entre o início do processo e a decisão do Tribunal de Ética e Disciplina. Pena de suspensão de caráter irrecorrível no Estatuto Anterior não é causa interruptiva da prescrição, de acordo com o inc. 2º do parágrafo 2º do art. 43 do atual Estatuto. (Recurso no 2.383/2001/SCA-SP. Relator: Conselheiro Evandro Paes Barbosa (MS), julgamento: 09.10.2001, por unanimidade, DJ 07.11.2001, p. 454, S1).*

Questionário

1. **ÉTICA e MORAL:**
   I – A moral representa um conjunto de atos, repetidos, tradicionais, consagrados.
   II – A ética corporifica um conjunto de atitudes que vão além da moral.

II – O regramento ético do advogado fica limitado ao contido no Código de Ética e Disciplina da OAB. Assinale a melhor solução:[4]
a) há mais de dois enunciados corretos;
b) há somente um enunciado correto;
c) os três enunciados são incorretos;
d) há somente dois enunciados corretos;

2. É correto dizer que: O advogado, sendo indispensável à administração da Justiça:[5]
a) é defensor do Estado democrático de direito, da cidadania, da moralidade e por conta disso deve expor os fatos em Juízo, falseando a verdade em defesa de seu constituído;
b) lhe é vedado o oferecimento de serviços profissionais que impliquem direta ou indiretamente inculcação ou captação de clientela;
c) não é legítima a recusa do patrocínio de pretensão concernente a lei ou direito que também lhe seja aplicável ou contrarie expressa orientação sua, manifestada anteriormente;
d) deve ter consciência de que o Direito não é um meio de mitigar as desigualdades para o encontro de soluções justas e que a lei é um instrumento para garantir a igualdade de todos.

3. Sendo as infrações disciplinares taxativas, estando legalmente previstas, vedadas as interpretações extensivas ou analógicas, é correto afirmar que:
a) basta o advogado não violar a preceito contido no artigo 34 do Estatuto para não se sujeitar a qualquer sanção;
b) as sanções previstas no artigo 34 do Estatuto são classificadas de acordo com a gravidade das infrações previstas nos artigos subseqüentes;
c) a não observância dos deveres do advogado não pode ser considerada uma infração disciplinar;
d) não basta o advogado abster-se de violar a preceito contido no artigo 34 do Estatuto, deverá respeitar todos os preceitos do Estatuto e do Código de Ética para não se sujeitar a qualquer sanção.

---

4. Extraída do Exame de Ordem nº 01/2003 da OAB/MT.
5. Extraída do Exame de Ordem nº 74 da OAB/MS.

4. **Qual a pena a ser aplicada ao advogado punido com três suspensões para o exercício da advocacia, por recusar-se injustificadamente a prestar contas de honorários recebidos de seu cliente?**[6]
   a) suspensão e multa;
   b) exclusão pelo Conselho da Ordem através de dois terços de seus membros;
   c) exclusão e multa;
   d) exclusão pelo Tribunal de Ética através de maioria simples.

5. **O advogado que tenha sofrido penalidade – sanção disciplinar – pode requerer ao Conselho da OAB:**[7]
   a) reabilitação, após um ano do cumprimento da penalidade;
   b) remissão, após dois anos do cumprimento da penalidade;
   c) recondução, após um ano do cumprimento da penalidade;
   d) revisão da pena, após dois anos do cumprimento da penalidade.

6. **Indique a variante errada ensejadora da sanção de suspensão do exercício profissional, quando o advogado pratica pela primeira vez uma das ações abaixo contempladas:**[8]
   a) prestar concurso a cliente ou a terceiro para realização de ato contrário à lei;
   b) acarretar conscientemente, por ato próprio, a anulação ou a nulidade do processo em que funcione;
   c) solicitar ou receber do cliente importância para qualquer aplicação desonesta;
   d) receber valor de terceiro relacionado com o objeto do mandato, sem expressa autorização do constituinte;

7. **Ao processo ético-disciplinar pendente de despacho ou julgamento aplica-se a prescrição se paralisado por mais de:**[9]
   a) 90 (noventa) dias;

---

6. Extraída do Exame de Ordem de setembro de 2002 da OAB/CE.
7. Extraída do Exame de Ordem de julho de 2002 da OAB/CE.
8. Extraída do Exame de Ordem nº 118 da OAB/SP.
9. Extraída do Exame de Ordem nº 118 da OAB/SP.

b) 6 (seis) meses;
c) 3 (três) anos;
d) 5 (cinco) anos.

8. **Marque a opção INCORRETA: No processo disciplinar, a prescrição à penalidade do advogado interrompe-se:**[10]
   a) pela instauração de processo disciplinar;
   b) pela notificação válida feita diretamente ao representado;
   c) pela paralisação de processo disciplinar por mais de cinco anos;
   d) pela decisão condenatória recorrível a qualquer órgão da OAB.

9. **Qual dos procedimentos abaixo não constitui uma infração disciplinar típica do advogado:**[11]
   a) pedir dinheiro ao cliente para dar ao escrevente do processo, para que este consiga com o juiz uma sentença favorável;
   b) mandar publicar na imprensa, freqüentemente, os seus arrazoados forenses;
   c) recusar-se a prestar contas do mandato ao cliente, porque este se recusa a pagar-lhe os honorários contratados;
   d) estabelecer entendimento com o advogado adversário em processo que patrocinam, sem o conhecimento prévio dos respectivos clientes.

10. **O advogado Pedro Pedreira – que já havia sido punido uma vez pela OAB/RJ –, por desinteresse e sem o conhecimento do cliente, abandonou a causa para a qual fora constituído e estava funcionando. Pergunta-se: qual a pena disciplinar a ser aplicada, no caso, ao advogado Pedro Pedreira?**[12]
    a) pena de multa;
    b) pena de censura (com ou sem multa);
    c) pena de suspensão do exercício da advocacia (com ou sem multa);
    d) pena de exclusão do Quadro de Advogados da OAB/RJ.

---

10. Trechos extraídos do Exame de Ordem de março de 2002 da OAB/MG.
11. Trechos extraídos do Exame de Ordem de março de 2003 da OAB/RG.
12. Trechos extraídos do Exame de Ordem de dezembro de 2002 da OAB/RG.

CAPÍTULO 4

PRIMEIROS CASOS EM QUE SÃO APLICÁVEIS A SANÇÃO DE CENSURA

4.1 Exercer ou Facilitar o Exercício da Profissão por Impedidos

O inciso I do artigo 34 do Estatuto prevê como infração disciplinar o exercício da profissão quando impedido de fazê-lo, ou facilitar o exercício aos não inscritos, proibidos ou impedidos:

Art. 34. Constitui infração disciplinar:
I – exercer a profissão, quando impedido de fazê-lo, ou facilitar, por qualquer meio, o seu exercício aos não inscritos, proibidos ou impedidos;

Não se trata de inscrição falsa ou falta de inscrição na OAB, pois esse seria o caso de exercício ilegal de profissão, apenado pela legislação penal comum, não constituindo infração disciplinar.

Apenas responde por infração disciplinar perante a OAB os seus regularmente inscritos.

O dispositivo fala em exercer a advocacia quando impedido. O artigo 42 prevê que: "Fica impedido de exercer o mandato o profissional a quem forem aplicadas as sanções disciplinares de suspensão ou exclusão".

Não obstante o referido artigo 42, a primeira hipótese de infração disciplinar não quis se referir especificamente ao caso do advogado punido com suspensão ou exclusão, porque nesses casos ele terá que ser substituído, para que seu cliente não seja prejudicado no processo em de atua o apenado.

O impedimento de que trata o inciso I do artigo 34 diz respeito, em primeiro lugar, a determinadas atividades que o advogado exerça, para as quais está legitimado exclusivamente, como é o caso do artigo 29 do Estatuto:

> **Art. 29.** *Os Procuradores Gerais, Advogados Gerais, Defensores Gerais e dirigentes de órgãos jurídicos da Administração Pública direta, indireta e fundacional são exclusivamente legitimados para o exercício da advocacia vinculada à função que exerçam, durante o período da investidura.*

A esse respeito, o Conselho Federal da OAB se manifestou:

> *DIRETOR JURÍDICO DE AUTARQUIA. IMPEDIMENTO DO ART. 29 DO EAOAB.*
> *Ementa: 1. Impedimento do art. 29, EAOAB. Diretor Jurídico de autarquia municipal. 2. O art. 29, EAOAB, contém norma objetiva de restrição ao exercício da advocacia, legitimando os ocupantes dos cargos nele relacionados, exclusivamente, para o exercício da advocacia vinculada à função que exerçam, durante o período da investidura, abrangendo, assim, o chefe de procuradoria judicial e consultoria jurídica de autarquia municipal encarregada dos serviços de água e esgoto. 3. O elenco de atribuições do cargo, adicionalmente, ainda quando admitida a interpretação teleológica da norma, não permite a alteração da disposição da decisão recorrida, que se mantém. (Proc. 5.326/99/PCA-SP, Rel. João Humberto de Farias Martorelli (PE), Ementa 035/99/PCA, julgamento: 09.03.99, por unanimidade, DJ 19.04.99, p. 37, S1).*

> *IMPEDIMENTO E INCOMPATIBILIDADE. DECISÃO. INEXISTÊNCIA DE COISA JULGADA. SUPERVENIÊNCIA DE NOVAS CONDIÇÕES PARA EXERCÍCIO PROFISSIONAL.*
> *Ementa: Não erige direito adquirido nem faz coisa julgada a decisão sobre incompatibilidade ou impedimento, eis que podem sobrevir modificações de fato ou de direito capazes de alterar as condições para exercício profissional pleno. Não se aplica à situação atual a ordem jurídica revogada. Dirigente de serviço jurídico da Administração direta, indireta e fundacional, exercendo cargo de direção. Gerente de logística que coordena a execução de políticas e diretrizes traçadas pela Diretoria exerce cargo de direção de serviço jurídico. Legitimação exclusiva para a advocacia vinculada à função que exerce, durante o período de investidura. Aplicação do art. 29, da Lei nº 8.906/94 e, não, do art. 30, I, do EAOAB. (Proc. 5.325/99/PCA-SC. Rel. Sérgio Alberto Frazão do Couto (PA), Ementa 034/99/PCA, julgamento: 08.03.99, por unanimidade, DJ 01.04.99, p. 13, S1).*

SUBPROCURADOR-GERAL. ATRIBUIÇÃO DE SUBSTITUIR O TITULAR. APLICAÇÃO DO ART. 29 DO EAOAB.
Ementa: Consulta, em tese, sobre aplicação aos ocupantes de cargo de Subprocurador-Geral do regime jurídico do art. 29 do EAOAB. Admissibilidade. Segundo deflui do sistema adotado pelo EOAB, ao ocupante de cargo que tenha a atribuição, fixada por lei ou regulamento, de substituto, mesmo eventual, de outro cargo é aplicável o mesmo regime jurídico de incompatibilidades e impedimentos a que estiver sujeito o titular substituído. (Proc. 260/99/OEP, Rel. Marcos Bernardes de Mello (AL), Ementa 030/99/OEP, julgamento: 04.10.99, por unanimidade, DJ 29.11.99, p. 104, S1).

ASSESSOR JURÍDICO DE PREFEITURA. INEXISTÊNCIA DE ESTRUTURA FORMAL DE PROCURADORIA GERAL. IMPEDIMENTO.
Ementa: Inscrição. Servidor de Prefeitura. Assessora Jurídica. Não se equipara a Procurador-Geral, se não há estrutura formal. Inscrição dos impedimentos, e não de incompatibilidade. (Proc. 5.434/2000/PCA-SC, Rel. Antônio Augusto Genelhu Júnior (ES), Rel. p/ acórdão Roberto Ferreira Rosas (AC), Ementa 045/2000/PCA, julgamento: 08.05.2000, por maioria, DJ 16.05.2000, p. 392, S1e).

ASSESSOR JURÍDICO LOTADO EM GABINETE DO PREFEITO. INAPLICABILIDADE DO ART. 29, EAOAB.
Ementa: 1) – Incompatibilidade excepcionada do art. 29 do EAOAB. Não está afetado pela incompatibilidade excepcionada do art. 29, aplicando-se-lhe o art. 30, I, EAOAB, o simples assessor jurídico lotado em Gabinete de Prefeito, sem exercício de cargo de Procurador Geral ou Advogado Geral integrante da estrutura organizacional do Município. 2) A superveniente exoneração do cargo que gera impedimento, quando ainda não apreciado, em definitivo, o processo de revisão de inscrição, não torna esse processo sem objeto, impondo-se a anotação do impedimento no período do exercício do cargo. 3) Impedimento do art. 30, I, EAOAB. O impedimento do art. 30, I, não se aplica ao advogado contratado pelo Município, em procedimento licitatório, para prestação de serviços jurídicos, sem cargo e sem vínculo de emprego. 4) – Recurso provido. (Proc. 5.398/99/PCA-SC, Rel. João Humberto de Farias Martorelli (PE), Ementa 143/99/PCA, julgamento: 08.11.99, por unanimidade, DJ 16.12.99, p. 79, S1).

Além do artigo 29, referido impedimento previsto na primeira infração disciplinar do artigo 34, diz respeito tanto à chamada *incompatibilidade*, que é o impedimento total do exercício da advocacia, quanto ao chamado *impedimento*, que é o impedimento parcial.

Ambos estão previstos no Título I, Capítulo VII, do Estatuto, ou seja, em seus artigos 27 a 30.

TÍTULO I – DA ADVOCACIA
CAPÍTULO VII – IMPEDIMENTOS
Art. 27. *A incompatibilidade determina a proibição total, e o impedimento, a proibição parcial do exercício da advocacia.*

4.1.1 Incompatibilidade como proibição total do exercício da advocacia

O artigo 28 da Lei 8.906/94 enumera os casos em que há proibição total do exercício da advocacia, mesmo em causa própria, ou seja, as atividades com as quais a advocacia é incompatível.

As causas de incompatibilidade previstas no artigo 28 não comportam interpretação extensiva para alcançar situações que não estejam expressamente contempladas, quais sejam:

> ***Art. 28.*** *A advocacia é incompatível, mesmo em causa própria, com as seguintes atividades:*
> *I – chefe do Poder Executivo e membros da Mesa do Poder Legislativo e seus substitutos legais;*
> *II – membros de órgãos do Poder Judiciário, do Ministério Público, dos tribunais e conselhos de contas, dos juizados especiais, da justiça de paz, juízes classistas, bem como de todos os que exerçam função de julgamento em órgãos de deliberação coletiva da administração pública direta ou indireta;*[1]

Entendeu o Conselho Federal da OAB a esse respeito:

> *JUDICIÁRIO. INCOMPATIBILIDADE. CANCELAMENTO DA INSCRIÇÃO.*
> *Ementa: Atendente judiciário concursado. Membro efetivo de órgão judiciário. Impedimento. Inteligência do art. 28, II, da Lei 8.906, de 4 de julho de 1994, onde estabelece que os membros do Judiciário são incompatibilizados com o exercício da advocacia, mesmo em causa própria. Ocupando cargo ou função em caráter definitivo, aplica-se a hipótese do art. 11, IV do Estatuto dos Advogados do Brasil. Cancela-*

---

1. ADIN n. 1.127-8 – O Supremo Tribunal Federal deu ao dispositivo a interpretação de que da sua abrangência estão excluídos os membros da Justiça Federal e os juízes suplentes não remunerados.

mento da inscrição. (Proc. 005.143/97/PCA-BA, Rel. Aristóteles Atheniense, j. 08.12.97, DJ 02.01.98, p. 23).

O Ilustríssimo e sempre saudoso Jurista Theotonio Negrão anotou que "O juiz leigo fica impedido de exercer a advocacia perante os Juizados Especiais, enquanto no desempenho de suas funções (LJE 7º, § ún.)".[2]

Dando continuidade aos casos específicos do artigo 28:

III – ocupantes de cargos ou funções de direção em órgãos da Administração Pública direta ou indireta, em suas fundações e em suas empresas controladas ou concessionárias de serviço público;

Ementas do Conselho Federal:

Ementa 029/2002/PCA. Assessor Especial de Controle Interno. Prefeitura Municipal de Itu. Lei Municipal nº 3.710, de 10.02.95. Inexistência da incompatibilidade prescrita no art. 28, III do EAOAB. Impedimento. Não há incompatibilidade entre as atribuições do cargo de Assessor Especial de Controle Interno da Prefeitura de Itu que não detém poder de decisão relevante sobre interesses de terceiros e o exercício da advocacia. Hipótese que caracteriza impedimento, na forma prevista no art. 30, I, da Lei nº 8.906/94. (Recurso nº 0033/2002/PCA-SP. Relator: Conselheira Ana Maria Morais (GO). Pedido de Vista: Conselheiro João Otávio de Noronha (MG), julgamento: 22.04.2002, por maioria, DJ 24.05.2002, p. 344, S1).

Ementa 008/2001/PCA. Ocupante de cargo ou função de direção da Administração Pública – Inteligência do inciso III, art. 28, do Estatuto da Advocacia e da OAB. Inocorrência da hipótese se, a teor do prescrito pelo parágrafo 2º, do mesmo artigo, o exercente do cargo ou função não detém nenhum poder de decisão, mas apenas, de coordenar e executar determinações superiores. – Cargo de diretor de Escola Pública Estadual, cuja atividade acha-se circunscrita ao acompanhamento e avaliação da execução do Plano Pedagógico, visando a garantir o cumprimento do calendário escolar, enfim, as determinações emanadas da Secretaria Estadual de Educação, não se enquadra na incompatibilidade prevista no inciso III do precitado art. 28 da Lei nº 8.906/94. – Nenhum é o poder decisório, muito menos sobre interesse

---

2. NEGRÃO, Theotonio e GOUVÊA, José Roberto Ferreira. *Código de Processo Civil e Legislação Processual em Vigor.* 35ª ed., São Paulo: Saraiva, 2003, p. 1.054.

de terceiros. *Irrelevante, ademais, a denominação de diretor, que, na hipótese apreciada, não tem a virtude de concretizar incompatibilidade para o exercício da advocacia. – Recurso provido para manter a decisão recorrida, ajustada a situação da recorrente à hipótese do art. 30, I, da Lei nº 8.906/94, de simples impedimento contra a Fazenda Pública Estadual que a remunera, enquanto servidora pública diretora de escola. Decisão unânime. (Recurso nº 5.540/2001/PCA-SC, Relator: Conselheiro Brito de Souza (MA), julgamento: 12.03.2001, por unanimidade, DJ 01.06.2001, p. 626, S1e).*

A quarta hipótese de incompatibilidade prevista no artigo 28 diz respeito às funções vinculadas ao Poder Judiciário e aos serviços notariais:

IV – ocupantes de cargos ou funções vinculados direta ou indiretamente a qualquer órgão do Poder Judiciário e os que exercem serviços notariais e de registro:

O Supremo Tribunal Federal manifestou-se:

A posse do advogado no cargo de assessor de magistrado acarreta incompatibilidade com o exercício da advocacia e não mero impedimento de advogar contra a pessoa jurídica que o remunera (STF-2ª Turma, RE 199.088-CE, Rel. Min. Carlos Velloso, j. 01.10.96, não conheceram, v.u., DJU 16.04.99, p. 24)[3].

E, ainda:

Tanto à luz do antigo (art. 84, VIII), como do novo Estatuto da OAB (art. 28, IV), o serventuário da justiça do Trabalho não possui capacidade postulatória, por exercer função incompatível com a advocacia (RSTJ 149/400).[4]

A título de aprofundamento do curso, passamos a transcrever matéria veiculada, em 02/06/2003, no site da Associação dos Advogados de São Paulo (AASP: www.aasp.org.br) sobre o tema:

O exercício conjunto das funções de conciliação e advocacia não apresenta restrição legal.

---

3. NEGRÃO, Theotonio e GOUVÊA, José Roberto Ferreira. *Código de Processo Civil e Legislação Processual em Vigor.* 35ª ed., São Paulo: Saraiva, 2003, p. 1.054.
4. NEGRÃO, Theotonio e GOUVÊA, José Roberto Ferreira. *Código de Processo Civil e Legislação Processual em Vigor.* 35ª ed., São Paulo: Saraiva, 2003, p. 1.054.

Não há restrição legal ao exercício das funções conjuntas de conciliador de Juizado Especial Cível e de advogado, se o bacharel em Direito não ocupa cargo efetivo ou em comissão no Poder Judiciário. O entendimento unânime é da Segunda Turma do Superior Tribunal de Justiça (STJ), que não conheceu do recurso especial da Ordem dos Advogados do Brasil (OAB) – Seccional do Rio Grande do Sul contra decisão do Tribunal Regional Federal (TRF) da 4ª Região.

Maria Ribeiro Pacheco, bacharel em Direito, devidamente habilitada no exame de ordem da OAB, impetrou mandado de segurança contra ato do presidente do conselho da Seccional do Rio Grande do Sul. A presidência do órgão de classe indeferiu a inscrição da advogada nos quadros da OAB em virtude de a profissional ter sido nomeada conciliadora no Juizado Cível da comarca de Montenegro/RS, atividade considerada incompatível com o exercício da advocacia.

O Juízo de primeiro grau concedeu a segurança "por inexistir qualquer vedação legal ao exercício das funções de conciliador e advogada concomitantemente". A OAB apelou da sentença ao TRF da 4ª Região que, por maioria, negou provimento ao recurso. A decisão ficou assim ementada: "Deferida a inscrição da impetrante no quadro da OAB, mesmo porque, sendo irrisória a remuneração dos conciliadores que atuam perante os Juizados Especiais, não se pode exigir que o profissional deixe de exercer a advocacia para dedicar-se exclusivamente àquela atividade".

A OAB recorreu ao STJ alegando violação ao artigo 28 do Estatuto dos advogados e da própria Ordem (Lei nº 8.906/94). "Os conciliadores (bem como os juízes leigos), além de perceberem remuneração pelo desempenho da função (mesmo em valores baixos), estão sujeitos à fiscalização e prevalência hierárquica do juiz togado, o que vai de encontro à independência para o exercício da advocacia", argumentou a defesa. Entretanto, o ministro Franciulli Netto, relator do processo, não acolheu os argumentos da OAB. "A questão é de fácil inferência, pois o bacharel em Direito, que atua como conciliador do Juizado Especial e não ocupa cargo efetivo ou em comissão, é situação que não está prevista em nenhuma das hipóteses enumeradas no artigo 28 do Estatuto da OAB". Franciulli Netto salientou que, no caso, a restrição para o exercício da advocacia do conciliador só ocorre "para o patrocínio de ações propostas no próprio juizado cível".

No voto, o ministro esclareceu que a atividade de conciliação tem caráter preponderantemente voluntário, uma vez que a remuneração paga pela prestação do serviço equivale a uma Unidade Referencial de Custas (R$ 14,60 em abril de 2003) para cada conciliação que dá certo. "É de convir, assim, que se vedado o exercício de atividade em que pudesse a conciliadora prover o próprio sustento, nenhum bacharel em

Direito seria candidato a desempenhar tão relevante função", completou o relator.
Processo: RESP. 380176
Fonte: Superior Tribunal de Justiça, 02/06/2003

Outra incompatibilidade é ocupar cargo ou função vinculada a atividade policial:

V – ocupantes de cargos ou funções vinculados direta ou indiretamente a atividade policial de qualquer natureza;

Não se trata de mero agente de fiscalização, como, por exemplo, agente de higiene e segurança do trabalho. Para esses casos, é previsto apenas impedimento, conforme entendimento do Conselho Federal:

Ementa 003/2002/PCA. "Inscrição. Cargo de Agente de Higiene e Segurança do Trabalho". Pretendida incompatibilidade, que não se ajusta à norma do art. 28, V, do EAOAB. As funções do cargo em referência acarretam, tão apenas, o impedimento previsto no art. 30, I, do Estatuto, posto que atingidos pela proibição inscrita no dispositivo citado são os que prestam serviços, sob qualquer forma ou natureza, aos órgãos policiais previstos na Constituição (art. 144) e nas leis. (Recurso nº 5.591/2001/PCA-SP. Relator: Conselheiro Brito de Souza. Revisor: Conselheiro José Edísio Simões Souto (PB). julgamento: 18.02.2002, por maioria, DJ 25.02.2002, p. 760, S1).

Prevê, ainda, o artigo 28:

VI – militares de qualquer natureza, na ativa;
VII – ocupantes de cargos ou funções que tenham competência de lançamento, arrecadação ou fiscalização de tributos e contribuições parafiscais;

Assim, se o agente, ainda que trabalhe em repartições tributárias, não ocupa cargo ou função cujas competências sejam as definidas no inciso VII, não haverá incompatibilidade para o exercício da advocacia, mas sim impedimento, como veremos adiante.

ATIVIDADES DE LANÇAMENTO, ARRECADAÇÃO OU FISCALIZAÇÃO DE TRIBUTOS E CONTRIBUIÇÕES PARAFISCAIS. INCOMPATIBILIDADE.
Ementa: A incompatibilidade prevista no art. 28, VII, do Estatuto atinge especificamente as atividades de lançamento, arrecadação ou

fiscalização de tributos e contribuições parafiscais. Recurso tempestivo que se conhece e ao qual se dá provimento para reformar a decisão recorrida no sentido de deferir a inscrição requerida com os impedimentos do art. 30, I, da Lei nº 8.906/94. (Proc. nº 4.733/95/PC, Rel. José Joaquim de Almeida Neto, j. 11.12.95, DJ de 22.12.95, p. 45.239).

Ementa 021/2002/PCA. AGENTE DE TRIBUTOS ESTADUAIS. ATRIBUIÇÃO DE ARRECADAÇÃO DE TRIBUTOS. INCOMPATIBILIDADE. O cargo de Agente de Tributos Estaduais, tendo por atribuição arrecadar tributos, insere-se no rol das incompatibilidades previsto no inciso VII do artigo 28 da Lei nº 8.906/94 (EAOAB). A omissão do cargo, pelo bacharel, no requerimento de inscrição, torna-a nula, impondo-se a instauração do processo de cancelamento a partir do conhecimento, pela Seccional. O regime de incompatibilidades e impedimentos não atenta contra a liberdade de trabalho, constitucionalmente assegurada, mas se impõe em razão do interesse público, consoante entendimento da OAB e dos órgãos judiciários. Recurso conhecido mas improvido. (Recurso nº 5.621/2001/PCA-BA. Relatora: Conselheira Fides Angélica de C. V. M. Ommati (PI), julgamento: 18.03.2002, por unanimidade, DJ 10.05.2002, p. 715, S1).

Ementa 002/2002/PCA. Recurso contra decisão unânime de Conselho Seccional. Alegação de interpretação equivocada do EAOAB. Cabimento. A incompatibilidade a que se refere o art. 28, VII, do EAOAB, impõe que as funções exercidas pelo bacharel tipifique, especificamente, atividades de lançamento, arrecadação ou fiscalização de tributos ou contribuições parafiscais. Chefe de Seção de Divida Ativa em autarquia autônoma que explora serviço de águas e esgotos cuja competência se limita a registrar débitos pendentes de exercícios anteriores não exerce função que concretize qualquer das atividades que geram a incompatibilidade. Hipótese que caracteriza o impedimento a que se refere o art. 30, I, do EOAB. Recurso conhecido e provido para deferir a inscrição, com os impedimentos referidos. (Recurso nº 5.588/2001/PCA-SP. Relator: Conselheiro Marcos Bernardes de Mello (AL), julgamento: 18.02.2002, por unanimidade, DJ 25.02.2002, p. 760, S1).

Finalmente, quanto às incompatibilidades, o artigo 28 dispõe:

VIII – ocupantes de funções de direção e gerência em instituições financeiras, inclusive privadas.
§ 1º A incompatibilidade permanece mesmo que o ocupante do cargo ou função deixe de exercê-lo temporariamente.

§ 2º *Não se incluem nas hipóteses do inciso III os que não detenham poder de decisão relevante sobre interesses de terceiro, a juízo do Conselho competente da OAB, bem como a administração acadêmica diretamente relacionada ao magistério jurídico.*

4.1.2 Impedimento como proibição parcial do exercício da advocacia

Depois de falarmos tanto de impedimentos, passemos para o artigo 30 do EAOAB, que especifica quais são os advogados e contra (ou a favor de) quem estão impedidos de advogar:

Art. 30. *São impedidos de exercer a advocacia:*
I – os servidores da administração direta, indireta e fundacional, contra a Fazenda Pública que os remunere ou à qual seja vinculada a entidade empregadora;

Vejamos um exemplo:

ASSESSOR TÉCNICO LEGISLATIVO. IMPEDIMENTO.
Ementa: Assessor Técnico Legislativo não é integrante do Poder Legislativo, mas seu servidor. Além disso, não exerce, só por ser Assessor Técnico Legislativo, função nem ocupa cargo que lhe propicie o comando de serviços ou a chefia de servidores. O impedimento daí decorrente é o do art. 30, I, do EAOAB, e não o do inciso II do, mesmo artigo. Recurso a que se conhece e a que se dá provimento, para reformar a decisão recorrida, no sentido de enquadrar o impedimento do recorrido no inciso I do art. 30 do EAOAB, como servidor da Administração Pública Direta que é. (Proc. 5.356/99/PCA, Rel. Raimundo Bezerra Falcão (CE), Ementa 126/99/PCA, julgamento: 08.11.99, por unanimidade, DJ 17.11.99, p. 146, S1).

Isto porque o inciso II do artigo 30 do Estatuto prevê:

II – os membros do Poder Legislativo, em seus diferentes níveis, contra ou a favor das pessoas jurídicas de direito público, empresas públicas, sociedades de economia mista, fundações públicas, entidades paraestatais ou empresas concessionárias ou permissionárias de serviço público.

Decidiu o Egrégio Conselho Federal da OAB:

*MANDATO ELETIVO. IMPEDIMENTO DO ARTIGO 30, II, EAOAB.
Ementa: I – Os impedimentos consignados no inciso II, do art. 30, da Lei nº 8.906/94, refletem as restrições impostas pela Constituição Federal aos detentores de mandatos eletivos. II – Não se conhece de recurso contra decisão definitiva do Conselho Seccional, adotada por unanimidade, quando não contrarie o Estatuto da Advocacia e da OAB ou seu Regulamento, nem conflite com decisão do Conselho Federal ou de outro Conselho Seccional. (Proc. 5.392/99/PCA-SC, Rel. José Paiva de Souza Filho (AM), Ementa 146/99/PCA, julgamento: 06.12.99, por unanimidade, DJ 16.12.99, p. 80, S1).*

Já o parágrafo único do mesmo dispositivo legal prevê uma exceção ao impedimento previsto no inciso I, ou seja, os docentes dos cursos jurídicos:

Parágrafo único. Não se incluem nas hipóteses do inciso I os docentes dos cursos jurídicos.

Dessa forma, se o advogado for docente da rede pública de ensino, mas for professor de matemática, por exemplo, não se aplica a exceção prevista no parágrafo único, por não se tratar de curso jurídico, senão vejamos:

*SERVIDOR PÚBLICO. PROFESSOR DE MATEMÁTICA. IMPEDIMENTO. INAPLICAÇÃO DO PARÁGRAFO ÚNICO DO ARTIGO 30, EAOAB.
Ementa: Inscrição na OAB. Funcionário Público Estadual. Professor de Matemática. Inaplicação do disposto pelo parágrafo único do art. 30 da Lei 8.906/94. Inscrição deferida com o impedimento do art. 30, I da referida lei. (Proc. 5.329/99/PCA, Rel. Paulo Lopo Saraiva (RN), Ementa 026/99/PCA, julgamento: 08.03.99, por unanimidade, DJ 15.03.99, p. 28, S1).*

Por fim, o artigo 42 do Estatuto prevê que *fica impedido de exercer o mandato o profissional a quem forem aplicadas as sanções disciplinares de suspensão ou exclusão.*

A primeira hipótese legalmente prevista como infração disciplinar, a princípio, parecia ser muito simples, objetiva e fácil de compreender. Entretanto, vimos que tal tipificação remete a outros dispositivos legais, dos quais devemos ter um conhecimento prévio, para que possamos compreender a abrangência de tal infração disciplinar.

4.2 Manter Sociedade Profissional Irregular

O inciso II do artigo 34 prevê que constitui infração disciplinar manter sociedade profissional fora das normas e preceitos estabelecidos no Estatuto da Advocacia.

Os artigos 15 a 17 do Estatuto da Advocacia regulamentam a sociedade dos advogados:

> *TÍTULO I – DA ADVOCACIA*
> *CAPÍTULO IV – DA SOCIEDADE DE ADVOGADOS*
> **Art. 15.** *Os advogados podem reunir-se em sociedade civil de prestação de serviço de advocacia, na forma disciplinada nesta Lei e no Regulamento Geral.*
> *§ 1º A sociedade de advogados adquire personalidade jurídica com o registro aprovado dos seus atos constitutivos no Conselho Seccional da OAB em cuja base territorial tiver sede.*
> *§ 2º Aplica-se à sociedade de advogados o Código de Ética e Disciplina, no que couber.*
> *§ 3º As procurações devem ser outorgadas individualmente aos advogados e indicar a sociedade de que façam parte.*
> *§ 4º Nenhum advogado pode integrar mais de uma sociedade de advogados, com sede ou filial na mesma área territorial do respectivo Conselho Seccional.*
> *§ 5º O ato de constituição de filial deve ser averbado no registro da sociedade e arquivado junto ao Conselho Seccional onde se instalar, ficando os sócios obrigados a inscrição suplementar.*
> *§ 6º Os advogados sócios de uma mesma sociedade profissional não podem representar em juízo clientes de interesses opostos.*
> **Art. 16.** *Não são admitidas a registro, nem podem funcionar, as sociedades de advogados que apresentem forma ou características mercantis, que adotem denominação de fantasia, que realizem atividades estranhas à advocacia, que incluam sócio não inscrito como advogado ou totalmente proibido de advogar.*
> *§ 1º A razão social deve ter, obrigatoriamente, o nome de, pelo menos, um advogado responsável pela sociedade, podendo permanecer o de sócio falecido, desde que prevista tal possibilidade no ato constitutivo.*
> *§ 2º O licenciamento do sócio para exercer atividade incompatível com a advocacia em caráter temporário deve ser averbado no registro da sociedade, não alterando sua constituição.*

§ 3º É proibido o registro, nos cartórios de registro civil de pessoas jurídicas e nas juntas comerciais, de sociedade que inclua, entre outras finalidades, a atividade de advocacia.
Art. 17. *Além da sociedade, o sócio responde subsidiária e ilimitadamente pelos danos causados aos clientes por ação ou omissão no exercício da advocacia, sem prejuízo da responsabilidade disciplinar em que possa incorrer.*

O Regulamento Geral do Estatuto da Advocacia, em seus artigos 37 a 43 são complementares:

TÍTULO I – DA ADVOCACIA
CAPÍTULO VI – DAS SOCIEDADES DE ADVOGADOS
Art. 37. *Os advogados podem reunir-se, para colaboração profissional recíproca, em sociedade civil de prestação de serviços de advocacia, regularmente registrada no Conselho Seccional da OAB em cuja base territorial tiver sede.*
Parágrafo único. As atividades profissionais privativas dos advogados são exercidas individualmente, ainda que revertam à sociedade os honorários respectivos.
Art. 38. *O nome completo ou abreviado de, no mínimo, um advogado responsável pela sociedade consta obrigatoriamente da razão social, podendo permanecer o nome de sócio falecido se, no ato constitutivo ou na alteração contratual em vigor, essa possibilidade tiver sido prevista.*
Art. 39. *A sociedade de advogados pode associar-se com advogados, sem vínculo de emprego, para participação nos resultados.*
Parágrafo único. Os contratos referidos neste artigo são averbados no registro da sociedade de advogados.
Art. 40. *Os advogados sócios e os associados respondem subsidiária e ilimitadamente pelos danos causados diretamente ao cliente, nas hipóteses de dolo ou culpa e por ação ou omissão, no exercício dos atos privativos da advocacia, sem prejuízo da responsabilidade disciplinar em que possam incorrer.*
Art. 41. *As sociedades de advogados podem adotar qualquer forma de administração social, permitida a existência de sócios gerentes, com indicação dos poderes atribuídos.*
Art. 42. *Podem ser praticados pela sociedade de advogados, com uso da razão social, os atos indispensáveis às suas finalidades, que não sejam privativos de advogado.*
Art. 43. *O registro da sociedade de advogados observa os requisitos e procedimentos previstos em Provimento do Conselho Federal.*

4.2.1 O que são sociedade de advogados?

A atividade advocatícia exercida pelos advogados brasileiros pode ser classificada em três categorias, quais sejam:

I – a advocacia do "eu sozinho", ou seja, aquele advogado que exerce sua profissão sozinho, sem contar com a colaboração de outros profissionais ou colegas de profissão;

II – o Escritório de Advocacia, onde existe a sociedade de fato entre advogados, mas que não é uma sociedade de advogados, por não ter personalidade jurídica.

III – a Sociedade de Advogados, constituída por dois ou mais sócios, obrigatoriamente advogados, cujo contrato deve ser arquivado e registrado no Conselho Seccional da OAB (ainda que a sociedade esteja na região de uma subseção distante), o qual tem competência exclusiva para receber, analisar o pedido e registrar a sociedade de advogados.

Na sociedade de advogados, "perde-se" a identidade de pessoa física, ou seja, a identidade é da sociedade e não do advogado, uma vez que o cliente procura pela sociedade.

Normalmente, as sociedades de advogados trabalham com advocacia contenciosa e consultiva, e nas áreas Cível, Tributária, Trabalhista, Empresarial, entre outras. E, quando a sociedade tem como clientes grandes empresas, é necessário que trabalhe com algumas áreas e assuntos específicos para não perder tais clientes, como Direito Ambiental, Direito Econômico, Direito do Consumidor, Privatizações, Internet, energia elétrica, telefonia, arbitragem, etc.

Entretanto, "tamanho não é documento", ou seja, a sociedade grande não é sinônimo de boa, nem a sociedade pequena, sinônimo de ruim.

As sociedades, especialmente as de grande porte, são compostas por sócios, advogados associados, estagiários, paralegais e consultores.

Os sócios podem ser: a) patrimoniais – além dos lucros, são responsáveis também por todas as despesas e todas as maiores responsabilidades do escritório.; e b) não patrimoniais – participam apenas dos resultados da sociedade.

Qual é a diferença entre sociedade de advogados e associação ou advogados associados?

Sociedade de advogados é o tipo de pessoa jurídica que estamos estudando, e *advogados associados* (nome mais comum, mas não obrigatório) são aqueles advogados que trabalham para a sociedade de advogados como autônomo, mas sua remuneração tem de ser essencialmente nos resultados da sociedade. São feitos contratos de associação, que são levados a registro na OAB, onde é feita uma averbação no registro da sociedade de advogados, conforme artigo 39 do Regulamento Geral, acima transcrito. O único requisito é que a remuneração seja pela participação, podendo haver advogado com relação de emprego.

Os *estagiários* também têm um papel importante na colaboração para o funcionamento das sociedades de advogados, porém existe uma importância ainda maior para que a formação do estagiário seja sólida e que tenha vivência na prática da advocacia para que, num futuro próximo, esteja apto a exercer sua profissão. Não há vínculo de emprego, e deve ser firmado um termo de compromisso, entre os estagiários, a sociedade de advogados e a faculdade. Existe uma legislação específica para os estágios (Lei 6.494/77). Há sociedades de advogados que só contratam advogados que tenham feito parte de seus quadros desde a época de estágio.

Os *paralegais* são pessoas que desenvolvem atividades, essencialmente de apoio, relacionadas ao exercício da advocacia, tais como acompanhamento de escrituras comerciais, Registro de Imóveis, acompanhamento de processos, etc. Os paralegais não são necessariamente advogados.

Os *consultores*, normalmente, são advogados que não são sócios ou associados. São contratados pela conveniência da sociedade, pelo ramo de atuação ou pelo alto grau de especialização. Diferenciam-se um pouco dos pareceristas, à medida que os consultores, se não são exclusivos, têm um relacionamento muito próximo, pela constância.

As sociedades de advogados de praticamente todo o Brasil podem contar com o apoio do CESA – CENTRO DE ESTUDOS DAS SOCIEDADES DE ADVOGADOS (www.cesa.org.br), que é uma associação civil, sem fins lucrativos, constituída por Sociedades de Advogados regularmente inscritas na Ordem dos Advogados do Brasil, cujas principais finalidades são: a) promover estudos e manifestar-se sobre questões jurídicas e assuntos relativos à administração da justiça e ao exercício da profissão de advogado; b) promover o estudo e a defesa de questões de interesse das Associadas; c) oferecer às Associadas estudos e serviços que facilitem o exercício da profissão de advogado; d) representar os interesses das Associadas e das Sociedades de Advogados em face dos órgãos de classe e de outras entidades profissionais de advogados; e) representar os interesses das Associadas em juízo.

A simples manutenção de escritório por mais de um advogado constitui infração disciplinar?

A manutenção comum de escritório por mais de um advogado ou a parceria em atividades profissionais ou o patrocínio conjunto de causas não constitui infração disciplinar, desde que fique caracterizada a atuação e responsabilidade individual de cada advogado.[5]

4.2.2 Registro e Cadastro Nacional das Sociedades de Advogados

Todas as sociedades de advogados do Brasil devem ser registradas na Ordem dos Advogados do Brasil, nos termos do Provimento 92/00 do Conselho Federal.

> ***PROVIMENTO 92/2000***
> *Dispõe sobre o Registro e Atos Correlatos das Sociedades de Advogados e dá outras providências.*
> *O Conselho Federal da Ordem dos Advogados do Brasil, no uso das atribuições que lhe são conferidas pelo art. 54, inciso V, da Lei nº 8.906, de 4 de julho de 1994, e tendo em vista o decidido no processo 4566/2000/COP,*
> *RESOLVE:*
> ***Art. 1º*** *As sociedades de advogados serão constituídas e reguladas segundo os artigos 15 a 17 do Estatuto da Advocacia e da OAB, os artigos 37 a 43 de seu Regulamento Geral e as disposições deste Provimento.*
> ***Art. 2º*** *Vedada a adoção de qualquer das espécies de sociedade mercantil, o contrato social, celebrado por instrumento público ou particular, deve conter:*
> *I – o nome, a qualificação, o endereço e a assinatura dos sócios, todos advogados inscritos na Seccional onde a sociedade for exercer suas atividades;*

---

5. LÔBO, Paulo Luiz Netto. *Comentários ao Estatuto da Advocacia*, p. 150.

II – *o objeto social, que consistirá, exclusivamente, no exercício da advocacia, podendo especificar o ramo do direito a que a sociedade se dedicará;*
III – *o prazo de duração;*
IV – *o endereço em que irá atuar;*
V – *o valor do capital social, sua subscrição por todos os sócios, com a especificação da participação de cada qual, e a forma de sua integralização;*
VI – *a razão social designada pelo nome completo ou abreviado dos sócios ou, pelo menos, de um deles, responsável pela administração, assim como a previsão de sua alteração, ou manutenção, por falecimento de sócio que lhe tenha dado o nome;*
VII – *a indicação do sócio ou dos sócios que devem gerir a sociedade, acompanhada dos respectivos poderes e atribuições;*
VIII – *o critério de distribuição dos resultados e dos prejuízos verificados nos períodos que indicar;*
IX – *a forma de cálculo e o modo de pagamento dos haveres e de eventuais honorários pendentes, devidos ao sócio falecido, assim como ao que se retirar da sociedade ou que dela for excluído;*
X – *a responsabilidade subsidiária e ilimitada dos sócios pelos danos causados aos clientes e a responsabilidade solidária deles pelas obrigações que a sociedade contrair perante terceiros, podendo ser prevista a limitação da responsabilidade de um ou de alguns dos sócios perante os demais nas suas relações internas;*
XI – *a possibilidade, ou não, de o sócio exercer a advocacia autonomamente e de auferir, ou não, os respectivos honorários como receita pessoal;*
XII – *a previsão de mediação e conciliação do Tribunal de Ética e Disciplina ou de outro órgão ou entidade indicado para dirimir controvérsias entre os sócios em caso de exclusão, de retirada ou dissolução parcial e de dissolução total da sociedade;*
XIII – *todas as demais cláusulas ou condições que forem reputadas adequadas para determinar, com precisão, os direitos e obrigações dos sócios entre si e perante terceiros.*
Parágrafo 1º *Na composição da razão social, não podem ser adotadas siglas ou expressões de fantasia ou de características mercantis.*
Parágrafo 2º *A exclusão de sócio pode ser deliberada pela maioria do capital, mediante alteração contratual, nos termos e condições expressamente previstos no contrato social.*
Art. 3º *A administração social pode adotar qualquer forma e, se convier aos sócios, ser orientada ou fiscalizada por órgão colegiado, integrado por certo número deles.*

Art. 4º *As sociedades de advogados, no exercício de suas atividades, somente podem praticar os atos indispensáveis às suas finalidades, assim compreendidos, dentre outros, os de sua administração regular, a celebração de contratos em geral para representação, consultoria, assessoria e defesa de clientes por intermédio de advogados de seus quadros.*

Parágrafo único. *Os atos privativos de advogado devem ser exercidos pelos sócios ou por advogados vinculados à sociedade, como associados ou como empregados, mesmo que os resultados revertam para o patrimônio social.*

Art. 5º *O registro de constituição das sociedades de advogados e o arquivamento de suas alterações contratuais devem ser feitos perante o Conselho Seccional da OAB em que forem inscritos seus membros, mediante prévia deliberação do próprio Conselho ou de órgão a que delegar tais atribuições, na forma do respectivo Regimento Interno.*

Parágrafo 1º *O contrato social que previr a criação de filial, bem assim o instrumento de alteração contratual para essa finalidade, devem ser registrados também no Conselho Seccional da OAB, em cujo território deva funcionar a filial, promovida, igualmente, a inscrição suplementar dos advogados sócios.*

Parágrafo 2º *Não são admitidas a registro, nem podem funcionar, sociedades de advogados que revistam a forma de sociedade por quotas de responsabilidade limitada, nem de sociedades em comandita ou por ações.*

Parágrafo 3º *O número do registro da sociedade de advogados deve ser indicado em todos os contratos que esta celebrar.*

Art. 6º *Serão averbados à margem do registro da sociedade e, a juízo de cada Seccional, em livro próprio ou ficha de controle mantidos para tal fim:*

a) falecimento do sócio;

b) a declaração unilateral de retirada feita por sócios que nela não queiram mais continuar;

c) os ajustes de sua associação com advogados, sem vínculo de emprego, para atuação profissional e participação nos resultados;

d) os ajustes de associação ou de colaboração com outras sociedades de advogados;

e) requerimento de registro e autenticação de livros e documentos da sociedade (art. 7º);

f) a abertura de filial em outra unidade da Federação;

g) os demais atos que a sociedade julgar convenientes ou que possam envolver interesse de terceiros.

Parágrafo 1º As averbações de que tratam as letras "a" e "b" deste artigo não afetam os direitos de apuração de haveres dos herdeiros do falecido ou do sócio retirante.

Parágrafo 2º Os contratos de associação com advogados sem vínculo empregatício devem ser apresentados para averbação em três vias, mediante requerimento dirigido ao Presidente da Seccional. Uma via ficará arquivada na Seccional e as outras duas serão devolvidas para as partes, com a anotação da averbação realizada. Para cada advogado associado deverá ser apresentado um contrato em separado, contendo todas as cláusulas que irão reger as relações e condições da associação estabelecida pelas partes.

Parágrafo 3º As associações entre sociedades de advogados não podem conduzir a que uma passe a ser sócia de outra, cumprindo-lhes respeitar a regra de que somente advogados, pessoas naturais, podem constituir sociedade de advogados.

Art. 7º Os documentos e livros contábeis que venham a ser adotados pela sociedade de advogados, para conferir, face a terceiros, eficácia ao respectivo conteúdo ou aos lançamentos neles realizados, podem ser registrados e autenticados na Seccional da OAB competente. Os Conselhos Seccionais devem manter o controle desses registros mediante numeração sucessiva, conjugada ao número do registro de constituição da sociedade, anotando-os nos respectivos requerimentos de registro, averbados na forma do art. 6º, letra "e".

Art. 8º O Setor de Registro das Sociedades de Advogados de cada Conselho Seccional da OAB deve manter um sistema de anotação de todos os atos relativos às sociedades de advogados que lhe incumba registrar, arquivar ou averbar, controlado por meio de livros ou fichas que lhe permitam assegurar a veracidade dos lançamentos que efetuar, bem como a eficiência na prestação de informações e sua publicidade.

Parágrafo 1º O cancelamento de qualquer registro, averbação ou arquivamento dos atos de que trata este artigo deve ocorrer em virtude de decisão do Conselho Seccional ou do órgão respectivo a que sejam cometidas as atribuições de registro, de oficio ou por provocação de quem demonstre interesse.

Parágrafo 2º O Conselho Seccional é obrigado a fornecer, a qualquer pessoa, com presteza e independentemente de despacho ou autorização, certidões contendo as informações que lhe forem solicitadas, com a indicação dos nomes dos advogados que figurarem, por qualquer modo, nesses livros ou fichas de registro.

Art. 9º Ficam revogados o Provimento nº 23, de 23 de novembro de 1965, e as demais disposições em contrário.

Art. 10. Este Provimento entra em vigor na data de sua publicação.

Sala das Sessões, 10 de abril de 2000.
Reginaldo Oscar de Castro – Presidente
Marcos Bernardes de Mello – Conselheiro Relator
(DJU, Seção I, 17.05.2000)

O Provimento 98/2002 do Conselho Federal dispõe sobre o Cadastro Nacional das Sociedades de Advogados:

PROVIMENTO 98/2002
Dispõe sobre o Cadastro Nacional das Sociedades de Advogados.
O Conselho Federal da Ordem dos Advogados do Brasil, no uso das atribuições que lhe são conferidas pelo art. 54, V, da Lei 8.906/94, tendo em vista o decidido na Proposição nº 0001/2002/COP (Processo 004/2002/CSAD/CF),
RESOLVE:
Art. 1º *O Cadastro Nacional das Sociedades de Advogados será mantido pelo Conselho Federal da OAB e administrado pelo Secretário-Geral Adjunto, nos termos do art. 103, II, do Regulamento Geral do EAOAB.*
Art. 2º *Aplicam-se a este Cadastro as normas estabelecidas no Provimento nº 95/2000 para os advogados, assim como as restrições quanto à divulgação das informações nele inseridas.*
Art. 3º *Constarão desse Cadastro: a razão social; o número de registro perante a Seccional; o prazo de duração; o endereço completo, telefones e fac-símile; endereço e correio eletrônicos; nome e qualificações de todos os sócios; as modificações ocorridas em seu quadro social.*
§ 1º Mantendo a sociedade filiais, os dados destas, bem como os números de inscrição suplementar de seus sócios (Provimento nº 92/2000, art. 5º, § 1º), após averbados no Conselho Seccional no qual se localiza o escritório sede, serão averbados no Cadastro Nacional.
§ 2º Serão igualmente averbados no Cadastro Nacional, os "ajustes de associação ou de colaboração" (Provimento nº 92/2000, art. 6º, "d") entre sociedades de advogados.
Art. 4. *Os Conselhos Seccionais ficam obrigados a repassar ao Conselho Federal, no prazo de 60 (sessenta) dias a contar da publicação deste Provimento, todos os dados necessários à implementação do Cadastro Nacional.*
§ 1º Implementado o Cadastro Nacional com a consumação do repasse desses dados, durante a tramitação dos novos pedidos de registro de sociedades, os Conselhos Seccionais ficam obrigados a realizar consulta formal ao Conselho Federal, quanto à razão social pretendida.

§ 2º O Conselho Federal responderá à consulta em dez dias, sendo que, detectada a existência de sociedade de advogados registrada precedentemente com a mesma razão social pretendida ou com razão semelhante, apontando a identidade ou a semelhança, responderá negativamente à possibilidade de registro, devendo o Conselho Seccional consulente determinar aos requerentes que providenciem outra razão social, que será submetida a nova consulta.

§ 3º Se, do confronto das razões sociais das sociedades cujos registros forem efetuados anteriormente à implementação do Cadastro Nacional, o Conselho Federal detectar a existência de identidade ou semelhança, deverá, por intermédio do Conselho Seccional detentor do registro posterior, determinar à sociedade respectiva que, no prazo de 60 (sessenta) dias, promova a competente alteração contratual, seja apresentando nova razão, seja acrescentando ou excluindo dados que a distingam da sociedade registrada precedentemente.

§ 4º Na hipótese do parágrafo anterior, o Conselho Seccional efetuará consulta formal ao Conselho Federal, evitando-se a ocorrência de nova identidade ou semelhança.

Art. 5º *O Cadastro Nacional será alimentado automaticamente, por via eletrônica, pelos Conselhos Seccionais, simultaneamente às alterações de seus próprios cadastros.*

Parágrafo único. Impossibilitada a alimentação automática e simultânea, ocorrendo alterações nos cadastros dos Conselhos Seccionais, eles ficam obrigados a repassar ao Conselho Federal, no prazo de 15 (quinze) dias, todos os dados necessários à autorização do Cadastro Nacional.

Art. 6º *Este Provimento entra em vigor na data de sua publicação, revogadas as disposições em contrário.*

Sala de Sessões, Brasília, 15 de outubro de 2002.
Rubens Approbato Machado – Presidente
José Murilo Procópio de Carvalho – Relator

Consultores Estrangeiros

No Brasil, o advogado estrangeiro somente pode prestar serviços de consultoria em direito estrangeiro após autorizado pela Ordem dos Advogados do Brasil, nos termos do Provimento 91/2000 do Conselho Federal:

PROVIMENTO 91/2000

Dispõe sobre o exercício da atividade de consultores e sociedades de consultores em direito estrangeiro no Brasil

O Conselho Federal da Ordem dos Advogados do Brasil, no uso das atribuições que lhe são conferidas pelo art. 54, V, da Lei nº 8.906/94, e tendo em vista o constante do processo 4467/1999/COP, RESOLVE:

Art. 1º O estrangeiro profissional em direito, regularmente admitido em seu país a exercer a advocacia, somente poderá prestar tais serviços no Brasil após autorizado pela Ordem dos Advogados do Brasil, na forma deste Provimento.

§ 1º A autorização da Ordem dos Advogados do Brasil, sempre concedida a título precário, ensejará exclusivamente a prática de consultoria no direito estrangeiro correspondente ao país ou estado de origem do profissional interessado, vedados expressamente, mesmo com o concurso de advogados ou sociedades de advogados nacionais, regularmente inscritos ou registrados na OAB:

I – o exercício do procuratório judicial;

II – a consultoria ou assessoria em direito brasileiro.

§ 2º As sociedades de consultores e os consultores em direito estrangeiro não poderão aceitar procuração, ainda quando restrita ao poder de substabelecer a outro advogado.

Art. 2º A autorização para o desempenho da atividade de consultor em direito estrangeiro será requerida ao Conselho Seccional da OAB do local onde for exercer sua atividade profissional, observado no que couber o disposto nos arts. 8º, incisos I, V, VI e VII e 10, da Lei nº 8.906 de 1994, exigindo-se do requerente:

I – prova de ser portador de visto de residência no Brasil;

II – prova de estar habilitado a exercer a advocacia e/ou de estar inscrito nos quadros da Ordem dos Advogados ou Órgão equivalente do país ou estado de origem; a perda, a qualquer tempo, desses requisitos importará na cassação da autorização de que cuida este artigo;

III – prova de boas conduta e reputação, atestadas em documento firmado pela instituição de origem e por três advogados brasileiros regularmente inscritos nos quadros do Conselho Seccional da OAB em que pretender atuar;

IV – prova de não ter sofrido punição disciplinar, mediante certidão negativa de infrações disciplinares emitida pela Ordem dos Advogados ou Órgão equivalente do país ou estado em que estiver admitido a exercer a advocacia ou, na sua falta, mediante declaração de que jamais foi punido por infração disciplinar; a superveniência comprovada de punição disciplinar, no país ou estado de origem, em qualquer

outro país, ou no Brasil, importará na cassação da autorização de que cuida este artigo;
V – prova de que não foi condenado por sentença transitada em julgado em processo criminal, no local de origem do exterior e na cidade onde pretende prestar consultoria em direito estrangeiro no Brasil; a superveniência comprovada de condenação criminal, transitada em julgado, no país ou estado de origem, em qualquer outro país, ou no Brasil, importará na cassação da autorização de que cuida este artigo;
VI – prova de reciprocidade no tratamento dos advogados brasileiros no país ou estado de origem do candidato.
§ 1º A Ordem dos Advogados do Brasil poderá solicitar outros documentos que entender necessários, devendo os documentos em língua estrangeira ser traduzidos para o vernáculo por tradutor público juramentado.
§ 2º A Ordem dos Advogados do Brasil deverá manter colaboração estreita com os Órgãos e autoridades competentes, do país ou estado de origem do requerente, a fim estar permanentemente informada quanto aos requisitos dos incisos IV, V e VI deste artigo.
§ 3º Deferida a autorização, o consultor estrangeiro prestará o seguinte compromisso, perante o Conselho Seccional:
"Prometo exercer exclusivamente a consultoria em direito do país onde estou originariamente habilitado a praticar a advocacia, atuando com dignidade e independência, observando a ética, os deveres e prerrogativas profissionais, e respeitando a Constituição Federal, a ordem jurídica do Estado Democrático Brasileiro e os Direitos Humanos".
Art. 3º *Os consultores em direito estrangeiro, regularmente autorizados, poderão reunir-se em sociedade de trabalho, com o fim único e exclusivo de prestar consultoria em direito estrangeiro, observando-se para tanto o seguinte:*
I – a sociedade deverá ser constituída e organizada de acordo com as leis brasileiras, com sede no Brasil e objeto social exclusivo de prestação de serviços de consultoria em direito estrangeiro;
II – os seus atos constitutivos e alterações posteriores serão aprovados e arquivados, sempre a título precário, na Seccional da OAB de sua sede social e, se for o caso, na de suas filiais, não tendo eficácia qualquer outro registro eventualmente obtido pela interessada;
III – a sociedade deverá ser integrada exclusivamente por consultores em direito estrangeiro, os quais deverão estar devidamente autorizados pela Seccional da OAB competente, na forma deste Provimento.
Art. 4º *A sociedade poderá usar o nome que internacionalmente adote, desde que comprovadamente autorizada pela sociedade do país ou estado de origem.*

Parágrafo único. Ao nome da sociedade se acrescentará obrigatoriamente a expressão "Consultores em Direito Estrangeiro".

Art. 5º A sociedade comunicará à Seccional competente da OAB o nome e a identificação completa de seus consultores estrangeiros, bem como qualquer alteração nesse quadro.

Art. 6º O consultor em direito estrangeiro autorizado e a sociedade de consultores em direito estrangeiro cujos atos constitutivos hajam sido arquivados na Ordem dos Advogados do Brasil devem, respectivamente, observar e respeitar as regras de conduta e os preceitos éticos aplicáveis aos advogados e às sociedades de advogados no Brasil e estão sujeitos à periódica renovação de sua autorização ou arquivamento pela OAB.

Art. 7º A autorização concedida a consultor em direito estrangeiro e o arquivamento dos atos constitutivos da sociedade de consultores em direito estrangeiro, concedidos pela OAB, deverão ser renovados a cada três anos, com a atualização da documentação pertinente.

§ 1º As Seccionais manterão quadros específicos e separados para anotação da autorização e do arquivamento dos atos constitutivos, originário e suplementar, dos consultores e sociedades a que se refere este artigo.

§ 2º A cada consultor ou sociedade de consultores será atribuído um número imutável, a que se acrescentará a letra S, quando se tratar de autorização ou arquivamento suplementar.

§ 3º Haverá, em cada Seccional, uma Comissão de Sociedades de Advogados à qual caberá, na forma do que dispuserem seu ato de criação e o Regimento Interno da Seccional, exercer a totalidade ou algumas das competências previstas neste Provimento. Nas Seccionais em que inexista tal Comissão, deverá ser ela criada e instalada no prazo de 30 (trinta) dias, contados da publicação deste Provimento.

Art. 8º Aplicam-se às sociedades de consultoria em direito estrangeiro e aos consultores em direito estrangeiro as disposições da Lei Federal nº 8.906 de 4 de julho de 1994, o Regulamento Geral do Estatuto da Advocacia e da OAB, o Código de Ética e Disciplina da OAB, os Regimentos Internos das Seccionais, as Resoluções e os Provimentos da OAB, em especial este Provimento, podendo a autorização e o arquivamento ser suspensos ou cancelados em caso de inobservância, respeitado o devido processo legal.

Art. 9º A Ordem dos Advogados do Brasil adotará, de ofício ou mediante representação, as medidas legais cabíveis, administrativas e/ou judiciais, sempre que tenha ciência de condutas infringentes às regras deste Provimento.

Art. 10. Os consultores e as sociedades constituídas na forma do presente Provimento estão sujeitos às mesmas anuidades e taxas aplicáveis aos nacionais.
Art. 11. Deferida a autorização ao consultor em direito estrangeiro, ou arquivados os atos constitutivos da sociedade de consultores em direito estrangeiro, deverá a Seccional da OAB, em 30 (trinta) dias, comunicar tais atos ao Conselho Federal, que manterá um cadastro nacional desses consultores e sociedades de consultores.
Art. 12. O presente Provimento entra em vigor na data de sua publicação, revogando-se as disposições em contrário.

Brasília, 13 de março de 2000.
Reginaldo Oscar de Castro – Presidente
Sergio Ferraz – Relator

Existe, ainda, o Cadastro Nacional de Consultores e de Sociedade de Consultores em Direito Estrangeiro, regida pelo Provimento 99/2002 do Conselho Federal:

Provimento 99/2002
Dispõe sobre o Cadastro Nacional de Consultores e de Sociedades de Consultores em Direito Estrangeiro
O Conselho Federal da Ordem dos Advogados do Brasil, no uso das atribuições que lhe são conferidas pelo art. 54, V, da Lei n° 8.906/94, tendo em vista o decidido na Proposição n° 0001/2002/COP (processo 004/2002/CSAD/CF) e o disposto no art. 11 do Provimento n° 91/2000,
RESOLVE:
Art. 1° *O Cadastro Nacional de Consultores e de Sociedades de Consultores em Direito Estrangeiro será mantido pelo Conselho Federal da OAB e administrado pelo Secretário-Geral Adjunto, nos termos do art. 103, II, do Regulamento Geral do EAOAB.*
Art. 2° *Aplicam-se a esse Cadastro as normas estabelecidas no Provimento n° 95/2000 para os advogados, assim como as restrições quanto à divulgação das informações nele inseridas.*
Art. 3° *Constarão desse Cadastro: o nome e a qualificação pessoal do Consultor; os dados relativos à sua habilitação para o exercício da advocacia no país ou estado de origem; direito estrangeiro objeto da consultoria; número da autorização no Conselho Seccional e seu prazo de validade, e, se for o caso, número da autorização suplementar; endereço completo; telefones e fax-símile; endereço e correio eletrônicos.*

§ 1º *Estando reunidos em Sociedade de Consultores, além dos dados pessoais dos sócios, constarão: razão social; número da autorização; e, mantendo a sociedade, filial, os seus dados, e o número do respectivo arquivamento suplementar.*
§ 2º *As alterações que vierem a ocorrer nos atos constitutivos das Sociedades de Consultores, também deverão constar do Cadastro Nacional.*
Art. 4º *Os Conselhos Seccionais ficam obrigados a repassar ao Conselho Federal, no prazo de 30 (trinta) dias a contar da concessão de autorização a Consultor em direito estrangeiro, ou do arquivamento dos atos constitutivos de Sociedade de Consultores, todos os dados que deverão constar do Cadastro Nacional.*
Parágrafo único. Em igual prazo, os Conselhos Seccionais repassarão ao Conselho Federal as informações relativas às alterações que vierem a ocorrer em atos constitutivos de Sociedades de Consultores.
Art. 5º *Este Provimento entra em vigor na data de sua publicação, revogadas as disposições em contrário.*

Sala de Sessões, Brasília, 15 de outubro de 2002.
Rubens Approbato Machado – Presidente
José Murilo Procópio de Carvalho – Relator

A título de aprofundamento do curso, separamos algumas jurisprudências relacionadas com a infração disciplinar prevista no inciso II do artigo 34 do Estatuto:

SOCIEDADE DE ADVOGADOS. ESTAGIÁRIO INSCRITO NA OAB. IMPOSSIBILIDADE DE PARTICIPAÇÃO COMO INTEGRANTE DA SOCIEDADE.
Ementa: Inadmissibilidade – É vetada a inserção de estagiário, mesmo que devidamente inscrito na OAB, nos quadros da sociedade de advogados. A Lei 8.906/94 revogou o Provimento 23/65 que assim autorizava. (Proc. 2.066/2000/TCA-RS, Rel. Rosana Chiavassa (SP), Ementa 017/2000/TCA, julgamento: 07.08.2000, por unanimidade, DJ 08.01.2001, p. 3, S1e).

Ementa 092/2001/SCA. Sociedade de advogados constituída sem registro na Seccional da OAB de origem importa em infração ao artigo 34, II do EOAB. Presentes as circunstâncias atenuantes, impõe-se a aplicação das mesmas. Reduzida a pena de censura para advertência, na forma do artigo 36, parágrafo único do EOAB. Recurso conhecido e provido parcialmente. (Recurso nº 2.302/2001/SCA-SC. Relator:

Conselheiro Roberto Gonçalves de Freitas Filho (PI), julgamento: 08.10.2001, por unanimidade, DJ 07.11.2001, p. 453, S1).

SOCIEDADE DE ADVOGADOS. VÁRIOS ADVOGADOS. DENOMINAÇÃO SOCIAL. PRENOME OU SOBRENOME DE UM DELES.
Ementa: Sociedade de Advogados – Razão Social composta por vários advogados – Nome abreviado dos sócios. Direito de um deles escolher e figurar na denominação social com o nome pelo qual seja mais conhecido ou melhor identificado, quer seja o prenome ou um dos sobrenomes constantes de seu registro civil – Inteligência do art. 38 do Regulamento Geral da Advocacia. (Proc. 2016/99/TCA-PR, Rel. Eudiracy Alves da Silva (PA), Ementa 023/99/TCA, julgamento: 04.10.99, por maioria, DJ 18.11.99, p. 59, S1).

SOCIEDADE MERCANTIL. ATOS PRIVATIVOS DE ADVOCACIA. EXERCÍCIO ILEGAL DA PROFISSÃO. PRÁTICA ANTERIOR AO ATUAL EAOAB. INEXISTÊNCIA DE DIREITO ADQUIRIDO.
Ementa: 1 – Incompatível com advocacia a atividade mercantil, tanto sob a égide da Lei 4.215/93, bem como do atual Estatuto – Lei nº 8.906/94. Caracterizada a prática de atos privativos de advocacia, por profissional e Sociedade não inscritos na OAB, constitui exercício ilegal da profissão, a teor do artigo 4º do Regulamento do EAOAB. Interpretação contrária incide em violação a Lei nº 8.906/94, competindo ao Presidente do Conselho Seccional adotar as providências judiciais ou extrajudiciais cabíveis. Não há que invocar direito adquirido alegando que a Sociedade Mercantil remanesce da vigência da Lei anterior ademais, é prerrogativa insuperável da OAB, e nenhum outro, o registro de sociedade de advogados para que adquira personalidade jurídica, sendo vedado aos cartórios de registro civil de pessoas jurídicas e às juntas comerciais procederem o registro de qualquer sociedade que inclua, entre outras finalidades, atividade de advocacia. 2 – Advogado que integrou Sociedade Mercantil violou preceitos das Leis nºs 4.215/63 e 8.906/94, pelo que se impõe a instauração de Processo Ético Disciplinar, ex officio, para o devido apenamento. (Proc. 1.935/99/SCA-PR, Rel. Antonieta Magalhães Aguiar (RR), Ementa 019/99/SCA, julgamento: 12.04.99, por unanimidade, DJ 07.05.99, p. 308, S1).

TED I SP
439ª SESSÃO DE 22 DE NOVEMBRO DE 2001
ADVOCACIA E OUTRAS ATIVIDADES – INDEPENDÊNCIA DE ESPAÇOS – CONTRATO COM EMPRESAS DE COBRANÇA – ANGARIAÇÃO DE CAUSAS – AVILTAMENTO – VEDAÇÃO ÉTICA

A advocacia não pode desenvolver-se no mesmo local, em conjunto com profissão não advocatícia, exigindo-se nítida e absoluta separação de áreas e espaços físicos para cada atividade. A vedação é ditada, antes do mais, em defesa do princípio basilar da inviolabilidade do escritório profissional dos advogados, do sigilo dos seus arquivos e registros, proteção e direitos que se estendem a todos os seus instrumentos de trabalho, ainda que em trânsito ou fora da sede profissional (Res. 13/97 do TED I). Nos termos do Prov. n. 66 do Conselho Federal, é vedado ao advogado prestar serviço de assessoria e consultoria jurídica para terceiros, através de sociedades de prestação de serviços, inclusive de cobrança de títulos ou atividades financeiras de qualquer espécie, se essas entidades não puderem ser inscritas na OAB. Situação que configura simultaneamente aviltamento da profissão e captação ou angariação de causas. (Precedentes: E-1398, E-712, E-858 e E-1398). (Proc. E-2.471/01 – v.u. em 22/11/01 do parecer e ementa do Rel. Dr. Ernesto Lopes Ramos – Rev. Dr. João Teixeira Grande – Presidente Dr. Robison Baroni).

CONTRATO DE SOCIEDADE DE ADVOGADOS. REGISTRO UNICAMENTE NA OAB. RESPONSABILIDADE LIMITADA INADMITIDA.
Ementa: O contrato de sociedade de advogados é registrável unicamente na OAB, jamais se admitindo a limitação da responsabilidade dos advogados integrantes. Se, instaurado o processo disciplinar por funcionamento irregular, o interessado cuida imediatamente de legalizar a situação, o intuito maior da iniciativa disciplinar já obteve pleno êxito, mormente se improvados prejuízos a terceiros e comprovada a ausência de antecedentes disciplinares. Os recursos, no âmbito da OAB, não estão sujeitos a pagamento de taxas, custas, preparos ou emolumentos. (Proc. 2.091/99/SCA-SC, Rel. Sergio Ferraz (AC), Ementa 028/2000/SCA, julgamento: 13.03.2000, por unanimidade, DJ 20.03.2000, p. 100, S1).

SOCIEDADE DE ADVOGADOS. RESPONSABILIDADE LIMITADA. REGISTRO. IMPOSSIBILIDADE.
Ementa: sociedade de advogados. responsabilidade limitada. impossibilidade. inteligência dos arts. 16 E 17 DO ESTATUTO. (Proc. 001.933/97/TC-MS, Rel. José Antonio de Almeida Silva, j. 16.06.97, DJ 19.12.98, p. 68.095).

Questionário

1. **A incompatibilidade determina a proibição total, enquanto o impedimento determina a proibição parcial da advocacia. Assinale a opção FALSA:**[6]
   a) O Presidente da Câmara de Vereadores não pode advogar nem em causa própria;
   b) Pessoas ocupantes de cargos vinculados, ainda que indiretamente com atividade policial, possuem incompatibilidade com a advocacia;
   c) Gerentes de bancos podem exercer a advocacia, após prévia comunicação à Ordem dos Advogados;
   d) Professores de cursos jurídicos são os únicos profissionais do Direito que podem advogar contra a Fazenda Pública que os remunera.

2. **Conforme a Lei 8.906, de 04.07.1994, no caso de sociedade de advogados:**[7]
   a) as procurações devem ser outorgadas em nome da pessoa jurídica que agrupar os advogados;
   b) as procurações devem ser outorgadas individualmente aos advogados sem indicar a sociedade de que façam parte;
   c) as procurações devem ser outorgadas individualmente aos advogados e indicar a sociedade de que façam parte;
   d) a exclusão da sociedade feita pelos sócios majoritários quanto ao advogado sócio minoritário importa na revogação dos mandatos conferidos.

3. **Entidade religiosa, com seus estatutos devidamente aprovados e registrados em todos os Cartórios de Registro de Pessoas Jurídicas das principais capitais brasileiras, pretende oferecer e prestar serviços jurídicos de orientação e apoio a seus fiéis, instalando, para tanto, Departamentos Jurídicos em seus principais templos, em todo o território nacional, e contratando advogados que atuem em diversas áreas do direito para o atendimento geral.**
   A propósito do exposto é correto afirmar que[8]

---

6. Extraída do Exame de Ordem de julho de 2002 da OAB/CE.
7. Extraída do Exame de Ordem nº 01/2000 da OAB/BA.
8. Extraída do Exame de Ordem nº 113 da OAB/SP.

a) em face do que preceitua o art. 5º, VI e art. 19, I da Constituição Federal, inexiste qualquer tipo de proibição para a oferta e prestação do serviço pretendido;
b) a prestação do serviço pretendido poderá efetivar-se independentemente de registro da entidade na Ordem dos Advogados do Brasil;
c) as entidades religiosas só podem oferecer serviços jurídicos desde que eles sejam prestados por advogados regularmente inscritos na Ordem;
d) entidade religiosa não registrável na OAB não pode prestar nem oferecer serviços jurídicos, estando proibida de fazê-lo através de advogados.

4. **Os advogados podem reunir-se em sociedade civil de prestação de serviço de advocacia, na forma disciplinada na Lei 8.906/94 e no Regulamento Geral. No que tange aos danos causados aos clientes da sociedade de advogados e conseqüente indenização, por ação ou omissão no exercício da profissão,**[9]
   a) somente a sociedade responde no limite do seu capital social;
   b) a sociedade e o sócio que atuou em nome do cliente respondem até o limite do capital social integralizado;
   c) somente o sócio que atuou em nome do cliente responde ilimitadamente;
   d) além da sociedade, o sócio responde subsidiária e ilimitadamente.

5. **O advogado Marcelo Ribeiro, inscrito na OAB/RJ, após ser nomeado e empossado no cargo de Secretário de Ação Social do Estado do Rio de Janeiro, continuou atuando como advogado num processo de divórcio em que vinha trabalhando desde o seu início. Pergunta-se: como ficam os atos praticados por Marcelo Ribeiro naquele processo, após sua posse como Secretário de Ação Social?**[10]
   a) Serão considerados nulos;
   b) Serão considerados anuláveis;

---

9. Extraída do Exame de Ordem nº 114 da OAB/SP.
10. Extraída do Exame de Ordem de março de 2003 da OAB/RJ.

c) Serão considerados válidos, porque a OAB/RJ não promoveu o licenciamento de Marcelo Ribeiro;
   d) Serão considerados válidos, porque não se trata de uma causa contra a Fazenda Pública que remunera Marcelo Ribeiro.

6. **O advogado, enquanto vereador, está impedido de patrocinar causas contra:**[11]
   a) o Poder Público que o remunera, podendo fazê-lo a favor;
   b) pessoas jurídicas de direito público em âmbito municipal e estadual, podendo fazê-lo a favor;
   c) as pessoas jurídicas de direito público, empresas públicas, sociedades de economia mista, fundações públicas, entidades paraestatais, ou empresas concessionárias ou permissionárias de serviços públicos em todos os níveis, podendo fazê-lo a favor;
   d) as pessoas jurídicas de direito público, empresas públicas, sociedades de economia mista, fundações públicas, entidades paraestatais ou empresas concessionárias ou permissionárias de serviços públicos em todos os níveis, não podendo fazê-lo, também, a favor.

7. **Visando a diminuir custos operacionais e ampliação do campo de atuação, advogados de várias áreas de especialização do Direito resolveram estabelecer sociedade de advogados incluindo sócios de outras atividades correlatas, como administrador de empresas, economistas e auditores. Esse tipo de sociedade:**
   a) exige registro antecipado na Comissão de Sociedade de Advogados da OAB;
   b) não é admitido pela OAB;
   c) deverá ser registrado apenas na Registro Civil das Pessoas Jurídicas do Estado de São Paulo;
   d) terá de obter aprovação prévia do Tribunal de Ética e Disciplina da OAB.

---

11. Extraída do Exame de Ordem nº 120 da OAB/SP.

8. **Assinale a alternativa correta:**[12]
   a) A incompatibilidade determina a proibição parcial para o exercício da advocacia;
   b) A incompatibilidade determina a proibição total para o exercício da advocacia;
   c) O impedimento determina a proibição total para o exercício da advocacia;
   d) A advocacia é incompatível, mesmo em causa própria, com a atividade de Procurador do Estado.

9. **Assinale a alternativa incorreta:**[13]
   a) A incompatibilidade determina a proibição total e o impedimento a proibição parcial do exercício da advocacia;
   b) O exercício de cargos ou funções de direção em órgãos da administração pública direta ou indireta, em suas fundações e em suas empresas controladas ou concessionárias de serviço público, configura a incompatibilidade com o exercício da advocacia;
   c) Os servidores da administração direta, indireta ou fundacional são impedidos de exercer a advocacia contra a Fazenda Pública que os remunere ou à qual seja vinculada a entidade empregadora;
   d) O chefe do Poder Executivo, bem como os membros da Mesa do Poder Legislativo e seus substitutos legais, são impedidos de exercer a advocacia.

10. **O licenciamento do sócio integrante de Sociedade de Advogados para exercer atividade incompatível com a advocacia em caráter temporário**[14]
    a) não requer qualquer providência junto à OAB, desde que o afastamento não exceda de um ano;
    b) deve ser averbado no registro da sociedade junto à OAB, alterando sua constituição;
    c) deve ser averbado no registro da sociedade junto à OAB, não alterando sua constituição;
    d) deve ser averbado no Cartório de Registro das Pessoas Jurídicas, localizado na sede da sociedade.

---

12. Extraída do Exame de Ordem de Março de 1999 da OAB/CE.
13. Extraída do Exame de Ordem nº 70 da OAB/MS.
14. Extarída do Exame de Ordem nº 116 da OAB/SP.

CAPÍTULO 5

MAIS CASOS EM QUE SÃO APLICÁVEIS A SANÇÃO DE CENSURA

5.1 Valer-se de Agenciador de Causas

O inciso III do artigo 34 do Estatuto prevê como infração disciplinar: *valer-se de agenciador de causas, mediante participação nos honorários a receber.*

Infelizmente essa é uma prática comum, usada, normalmente, nas ações plúrimas, onde o agenciador cobra participação nos honorários do advogado, desvalorizando seu trabalho e prejudicando o prestígio de toda a classe.

Já se manifestou o Tribunal de Ética e Disciplina da OAB/SP:

438ª SESSÃO DE 18 DE OUTUBRO DE 2001
HONORÁRIOS – REDUÇÃO DE VALORES – CAPTAÇÃO DE CLIENTELA POR AGENCIADOR DE CAUSAS
O advogado que encaminha correspondência a pretenso cliente abrindo a possibilidade de redução de honorários se terceiros demonstrarem interesse na proposição de ações, em evidente captação de clientela através de agenciador, que poderá ou não participar dos honorários recebidos, fere a ética e infringe o artigo 34, III e IV, do EAOAB (Lei 8.906/94). Tal procedimento deve ser objeto de apuração, através de um dos Tribunais de Disciplina.
(Proc. E-2.454/01 – v.u. em 18/10/01 do parecer e ementa do Rel. Dr. Guilherme Florindo Figueiredo – Rev. Dr. João Teixeira Grande – Presidente Dr. Robison Baroni).

SESSÃO DE 18 DE MARÇO DE 1999
CAPTAÇÃO DE CLIENTELA – ANGARIAÇÃO DE CAUSAS – SINDICATO COMO AGENCIADOR – AGRAVANTE

Infringe o art. 34, III e IV, do EAOAB o advogado que se utiliza de sindicato ou assemelhado como agenciador de causas e captação de clientela. Situação agravada com a sugestão de outorga de mandato com cláusula de irretratabilidade e irrevogabilidade ou contrato de adesão. Remessa às Turmas Disciplinadoras para exame.
(Proc. E-1.840/99 – v.u. em 18/03/99 do parecer e voto do Rel. Dr. Ricardo Garrido Júnior – Rev. Dr. Clodoaldo Ribeiro Machado – Presidente Dr. Robison Baroni).

SESSÃO DE 20 DE NOVEMBRO DE 1997
CAPTAÇÃO DE CLIENTELA – AGENCIADOR DE CAUSAS
Infringe o art. 34, III e IV do EAOAB, o advogado que se utiliza de agenciador para a captação de clientela, quer com participação ou não nos honorários recebidos, devendo ser punido, após regular processo disciplinar. ESCRITÓRIO – CONCOMITÂNCIA – A advocacia não pode ser exercida em escritório junto com despachante policial, dada a total incompatibilidade das profissões. Com outras profissões há que existir, necessariamente, cuidados, tais como, entrada e recepções separadas. MALA DIRETA – Correspondência enviada a um universo indeterminado de pessoas, com oferecimento de serviços jurídicos e descontos nos preços, constitui grave falta ética (art. 34, IV e art. 35 do EAOAB). EXERCÍCIO DA ADVOCACIA – PRERROGATIVA – Trata-se de atividade privativa de advogados e estagiários (com limitações legais), pelo que, constar da procuração "ad juditia" terceiros, mesmo que estudantes de direito, constitui-se em grave falta ética, além do favorecimento ilegal à prática da profissão.
(Proc. E-1.594/97 – v.u. em 20/11/97 do parecer do Rel. Dr. Roberto Francisco de Carvalho – Rev. Dr. Geraldo José Guimarães da Silva – Presidente Dr. Robison Baroni).

5.2 Angariar ou Captar Causas ou Clientela

Já o inciso IV é muito mais amplo, pois prevê que a captação de causas sempre constitui infração disciplinar, seja ela ou não praticada com a intervenção de terceiros, e ainda que não haja o pagamento ou a promessa de pagamento ou participação em honorários.

O que vale dizer: não é lícito ao profissional da advocacia procurar clientes, são estes que devem procurá-lo.

Esta questão está intimamente ligada, mas não se restringe, à publicidade, que é tratada no Capítulo IV do Código de Ética e Disciplina, artigos 28 a 34. Trataremos nesta obra sobre "Publicidade – o que pode e o que não pode", mas, por enquanto, é bom que fique claro que o advogado pode fazer publicidade moderada de seus serviços, entretanto, qualquer expressão que seja capaz de, direta ou indiretamente, captar clientes ou causas são expressamente vedadas, como, por exemplo, oferecer descontos ou facilitação na forma de pagamento de honorários, ou mencionar algum patrocínio que tenha exercido.

De qualquer forma, é vedado ao advogado a prática de todo e qualquer procedimento de mercantilização (artigo 5º do Código de Ética e Disciplina), que será considerado captação.

Assim, é importante que permaneça na consciência do advogado que **ADVOCACIA É SEMPRE INCOMPATÍVEL COM MERCANTILIZAÇÃO.**

A captação de clientela deve ser, e efetivamente o é, severamente repudiada pela Ordem dos Advogados do Brasil, não só por constituir-se uma infração disciplinar, mas também, e principalmente, pelo fato de que "a inculcação dá-se sempre de modo prejudicial à dignidade da profissão, seja quando o advogado se oferece diretamente ao cliente em ambientes sociais, autopromovendo-se, seja quando critica o desempenho de colega que esteja com o patrocínio de alguma causa, seja quando se utiliza de meios de comunicação social para manifestações habituais sobre assuntos jurídicos".[1]

O Conselho Federal da OAB decidiu:

> *Ementa 031/2001/OEP. A Ordem dos Advogados do Brasil disciplina a publicidade da advocacia nos seus arts. 29 a 34 do CED. As regras estabelecidas nos dispositivos citados são imprescindíveis para evitar-se a prática do mercantilismo e vulgarização da advocacia. A participação dos advogados nos meios de comunicação deve limitar-se a finalidade educativa e instrutiva. (Processo 340/2001/OEP-RS. Relator: Conselheiro Ednaldo do Nascimento Silva (RR), julgamento: 12.11.2001, por unanimidade, DJ 31.01.2002, p. 123, S1).*

> *Ementa 077/2001/SCA. Captação de clientela. Advogado que manda publicar panfletos para divulgar sua campanha à Vereador e juntamente oferece serviço de advocacia a todos que tivessem interesse na ação do FGTS, contra à Caixa Econômica, União Federal e Banco Central, caracterizada a falta disciplinar independentemente de terem*

---

1. LÔBO, Paulo Luiz Netto. *Comentários ao Estatuto da Advocacia*, p. 151.

sido distribuído 20 ou 200 'santinhos', mesmo porque a distribuição foi interceptada não por vontade do recorrente mas por interferência de ordem judicial para a apreensão dos panfletos, em razão da legislação Eleitoral. Existência de prova robusta que alguns panfletos foram distribuídos quer pela confissão do recorrente, quer pelo panfleto que instrui a representação. Recurso a que se conhece por mera liberalidade, pelo princípio da mais larga fungibilidade, mas que se nega provimento para manter a penalidade de suspensão. (Recurso nº 2.329/2001/SCA-PR. Relator: Conselheiro Waldemar Pereira Júnior (GO), julgamento: 06.08.2001, por maioria, DJ 14.08.2001, p. 1170, S1e).

O Tribunal de Ética e Disciplina da OAB/SP deciciu:

439ª SESSÃO DE 22 DE NOVEMBRO DE 2001
ADVOCACIA E OUTRAS ATIVIDADES – INDEPENDÊNCIA DE ESPAÇOS – CONTRATO COM EMPRESAS DE COBRANÇA – ANGARIAÇÃO DE CAUSAS – AVILTAMENTO – VEDAÇÃO ÉTICA
A advocacia não pode desenvolver-se no mesmo local, em conjunto com profissão não advocatícia, exigindo-se nítida e absoluta separação de áreas e espaços físicos para cada atividade. A vedação é ditada, antes do mais, em defesa do princípio basilar da inviolabilidade do escritório profissional dos advogados, do sigilo dos seus arquivos e registros, proteção e direitos que se estendem a todos os seus instrumentos de trabalho, ainda que em trânsito ou fora da sede profissional (Res. 13/97 do TED I). Nos termos do Prov. n. 66 do Conselho Federal, é vedado ao advogado prestar serviço de assessoria e consultoria jurídica para terceiros, através de sociedades de prestação de serviços, inclusive de cobrança de títulos ou atividades financeiras de qualquer espécie, se essas entidades não puderem ser inscritas na OAB. Situação que configura simultaneamente aviltamento da profissão e captação ou angariação de causas. (Precedentes: E-1.398, E-712, E-858 e E-1.398).
(Proc. E-2.471/01 – v.u. em 22/11/01 do parecer e ementa do Rel. Dr. Ernesto Lopes Ramos – Rev. Dr. João Teixeira Grande – Presidente Dr. Robison Baroni).

5.3 Plagiar Total ou Parcialmente

O inciso V do artigo 34 do Estatuto prevê ser infração disciplinar *assinar qualquer escrito destinado a processo judicial ou para fim extrajudicial que não tenha feito, ou em que não tenha colaborado.*

Esse inciso condena, especialmente, o plágio total ou parcial de a peça elaborado por outro advogado. Isto porque, infelizmente, ainda existem profissionais inescrupulosos e sem qualquer prestígio pessoal ou profissional que agem assim.

Por pior que possa parecer, em grandes metrópoles como São Paulo, há notícias da existência até mesmo de "comércio clandestino de peças processuais", que são elaboradas por profissionais de prestígio que, com o seu estudo, esforço e aprimoramento pessoais, constróem ótimas peças (processuais ou não), e depois têm o desgosto de ver seu trabalho sendo plagiado por "colegas" que não têm qualquer dignidade e que tiram o prestígio de toda a classe, "comprando" exemplares de tais peças processuais, por qualquer trocado, notadamente de alguns serventuários desonestos.

Além do plágio, o referido inciso V condena, também, a não menos repudiada conduta de advogados que *dão cobertura de legalidade ao exercício ilegal de rábulas ou assemelhados*.[2]

Note-se que este inciso, além de prever infrações disciplinares, traz também uma segurança ao advogado que não concorda com peça elaborada por seu superior hierárquico, não sendo, portanto, obrigado a assiná-la, conforme entendimento do TED da OAB/SP:

450ª SESSÃO DE 21 DE NOVEMBRO DE 2002
EXERCÍCIO PROFISSIONAL – A SUBORDINAÇÃO ADMINISTRATIVA NÃO OBRIGA A UMA SUBORDINAÇÃO TÉCNICA – DETERMINAÇÃO PARA QUE PETIÇÃO ELABORADA POR TERCEIRO SEJA ASSINADA PELO ADVOGADO – DETERMINAÇÃO PARA ACEITAÇÃO DO CARGO DE DEPOSITÁRIO DE BENS
O advogado de autarquia não está obrigado a subscrever petição elaborada por seu superior hierárquico, cujo teor lhe atribui o encargo de depositário de bem submetido à constrição em execução judicial. Comete infração ético-disciplinar o superior que exige de seu subalterno a participação em documento que não elaborou e que com o mesmo não concorda. Inteligência da Resolução n. 03/92 deste Sodalício. Embora não seja aconselhável, inexiste impedimento para que o advogado exerça o cargo de depositário de bens penhorados e de procurador do exeqüente.

---

2. LÔBO, Paulo Luiz Netto. *Comentários ao Estatuto da Advocacia*, p. 151.

(Proc. E-2.669/02 – v.u. em 21/11/02 do parecer e ementa do Rel. Dr. Cláudio Felippe Zalaf – Rev. Dr. José Roberto Bottino – Presidente Dr. Robison Baroni).

Importante relevar que a cópia de peças de livros de "modelos de peças" não constitui a infração, uma vez que tais obras foram feitas especificamente para que as peças sejam copiadas.

Não menos importante é a observação de que a transcrição de trechos extraídos de livros, ou periódicos, deve sempre vir em destaque, ou seja, entre "aspas", ou em *itálico*, ou ainda em formatação de parágrafo diversa da formatação do texto de autoria do advogado subscrevente da peça, sendo aconselhável citar o autor da obra e a fonte de onde foi tirado o trecho.

5.4 Advogar contra Literal Disposição de Lei

Essa hipótese está prevista no inciso VI do artigo 34, que prevê ser infração disciplinar: *advogar contra literal disposição de lei, presumindo-se a boa-fé quando fundamentado na inconstitucionalidade, na injustiça da lei ou em pronunciamento judicial anterior.*

Para configurar tal infração é necessário que haja a má-fé do advogado, ou seja, esta infração existe para evitar que o causídico postule ou recomende solução jurídica temerária ou impossível de se concretizar por lhe faltar amparo legal, ou por haver orientação pacífica dos tribunais em sentido contrário àquela solução.

Ademais, o artigo 20 do Código de Ética dispõe que *o advogado deve abster-se de patrocinar causa contrária à ética, à moral ou à validade de ato jurídico em que tenha colaborado*, ou seja, neste terceiro caso, o advogado estaria negando a validade do ato jurídico que ele mesmo elaborou quando patrocinava a parte contrária, o que é absolutamente antiético.

É dever ético do advogado informar ao cliente quanto a eventuais riscos da sua pretensão, e das conseqüências que poderão advir da demanda, bem como aconselhar o cliente a não ingressar em aventura judicial (artigos $8^{\underline{o}}$ e $2^{\underline{o}}$, parágrafo único, inciso VII, ambos do Código de Ética e Disciplina da OAB).

Todavia, diante da avalanche de leis que mudam constantemente no País, é possível que o advogado erre involuntariamente, o que é escusável, cabendo ao advogado provar tal situação.

Por outro lado, o tipo legal já presume a boa-fé do advogado em certos casos, uma vez que impedir o advogado de insurgir-se contra lei injusta ou inconstitucional, ou cujo posicionamento jurisprudencial dê entendimentos diversos, seria uma afronta ao estado democrático de direito.

Além disso, é dever ético do advogado *contribuir para o aprimoramento das instituições, do Direito e das leis* (art. 2º, parágrafo único, V, do Código de Ética e Disciplina da OAB).

Manifestou-se o Conselho Federal:

Ementa 051/2001/SCA. Cabe recurso em face da decisão definitiva, unânime, do Conselho Seccional que contraria a parte final do inciso VI do artigo 34 do EAOAB – Inteligência do artigo 75 do Estatuto e verificados os requisitos que revestem o recurso de admissibilidade – ao propor ação que discute inconstitucionalidade de Lei (em sentido lato) o advogado age com presunção de boa-fé, que sendo relativa, só pode ser afastada se provado o dolo. Com a ausência da prova de dolo e presumida a boa-fé, fica elidida a infração disciplinar de "advogar contra literal disposição de Lei". Ademais, não age contra disposição de lei o advogado que propõe ação para atacar a Lei, a seu ver e com razoável fundamentação, inconstitucional. Recurso conhecido e provido para absolver o recorrente da pena principal de censura e acessória de multa. (Recurso nº 2.298/2001/SCA-SP. Relator: Conselheiro Waldemar Pereira Júnior (GO), julgamento: 07.05.2001, por unanimidade, DJ 01.06.2001, p. 629, S1e).

5.5 Quebrar o Sigilo Profissional

O sigilo profissional está normatizado no Capítulo III do Código de Ética, artigos 25 a 27.

O dever de guardar sigilo profissional é condição *sine qua non* para o exercício da advocacia e fundamenta-se no princípio da confiança entre o advogado e o cliente.

Não é necessário que haja uma relação contratual entre advogado e cliente, ou outorga de mandato deste para aquele, tampouco que o advogado represente o cliente em processo judicial, basta a simples consulta, para que o advogado tenha o dever de guardar o sigilo profissional sobre o que saiba em razão de seu ofício.

Na 453ª Sessão de 20 de março de 2003, já se manifestou o Tribunal de Ética e Disciplina da OAB/SP:

> *EXERCÍCIO PROFISSIONAL – INTIMAÇÃO DA RECEITA FEDERAL PARA APRESENTAÇÃO DE NOMES DE CLIENTES – IMPOSSIBILIDADE DE ATENDIMENTO DEVIDO A QUEBRA DO SIGILO PROFISSIONAL – PRINCÍPIO CONSTITUCIONAL DO DEVER DE SILÊNCIO – PRECEITO DE ORDEM PÚBLICA – O inciso LXIII, da Constituição Federal aprecia o aparente conflito entre o dever de informar e o direito de silêncio. Nessa antinomia, prevalece o entendimento de que o sujeito passivo da obrigação tributária não pode ser compelido a prestar informações que possam incriminá-lo. O sigilo profissional é preceito de ordem pública e fundamenta-se no princípio da confiança entre o advogado e o cliente, estando acima da mera relação contratual "inter partes", devendo ser preservado, sob pena de cometimento de infração disciplinar prevista na Lei 8.906/94. Exegese dos arts. 4º, inc. LXIII, da Constituição Federal, 34, inc. VII, da Lei 8.906/04, 25 e 26 do CED.*
> *(Proc. E-2.709/03 – v.u. em 20/03/03 do parecer e ementa do Rel. Dr. José Roberto Bottino – Rev. Dr. Ernesto Lopes Ramos – Presidente Dr. Robison Baroni).*

O sigilo profissional só pode ser quebrado quando:

1) houver grave ameaça ao direito à vida – por exemplo, se o cliente revelar que pretende matar alguém, ou participar do assassinato;

2) houver grave ameaça ao direito à honra – pode ser o direito à honra do advogado ou de terceiro, por exemplo se o cliente tem a intenção de revelar fatos tipificados como calúnia; e

3) em defesa própria, quando afrontado pelo próprio cliente, mas sempre restrito ao interesse da causa. No caso desta última hipótese, o exemplo é uma Ementa do Conselho Federal da OAB, transcrita adiante.

O dever do sigilo profissional deve prevalecer, ainda que em depoimento judicial, mesmo que autorizado pelo cliente, quando o advogado entender que deve preservá-lo.

> *Ementa 045/2001/SCA. Recurso contra decisão definitiva unânime proferida por Conselho Seccional da OAB só se viabiliza por demonstrada contrariedade ao Estatuto, ao Regulamento Geral, ao Código de Ética e aos Provimentos da OAB, ou por divergência entre a decisão re-*

corrida e decisões do Conselho Federal ou de outro Conselho Seccional. – Inteligência do art. 75 da Lei nº 8.906/94. – Recurso conhecido parcialmente, no que pertine à argüição de violação dos arts. 35, parágrafo único, e 72, § 2º, da Lei nº 8.906/94 (quebra do sigilo do processo disciplinar), mas, nessa parte improvido. – Nas circunstâncias dos autos, não se configura quebra censurável do sigilo do processo disciplinar, já que a utilização do acórdão recorrido se adstringiu à defesa promovida pela recorrida em processo de execução que, pelo fatos de que se ocupa a ação disciplinar, o recorrente movera contra a recorrida. – Inteligência dos arts. 35, parágrafo único, e 72, § 2º, da Lei nº 8.906/94. – Recurso não conhecido quanto à pretensão de reforma da decisão que admitiu a representação para instaurar processo administrativo disciplinar, eis que os fatos imputados ao recorrente constituem, em tese, infrações disciplinares cuja apuração deve ser feita mediante o devido processo legal. (Recurso nº 2.236/2000/SCA-SP. Relator: Conselheiro Antonio Nabor Areias Bulhões (AL), julgamento: 07.05.2001, por unanimidade, DJ 01.06.2001, p. 628, S1e).

5.6 Estabelecer Entendimento com a Parte Adversa

A oitava hipótese de infração disciplinar prevista no artigo 34 do Estatuto prevê que o advogado não pode estabelecer entendimento com a parte adversa – e de "entendimento" aqui devemos extrair não só o sentido de acordo ou transação, mas todo o tipo de tentativa de negociação ou coleta de dados. Para que isso ocorra, é necessária a prévia autorização do cliente e a cientificação do advogado contrário, caso haja (vide artigo 2º, parágrafo único, VIII, e, do Código de Ética).

Não existe a necessidade de que a autorização ou cientificação seja feita por escrito, porém o advogado deve precaver-se para o caso de ter de prová-las.

Alguns autores entendem que o advogado que estabelece entendimento com a parte adversa sem o consentimento de seu cliente trai a sua confiança. Entretanto, não é isso que extraímos da seguinte decisão do TED da Seccional de São Paulo:

EXERCÍCIO PROFISSIONAL – ENTENDIMENTO COM A PARTE ADVERSA – VEDAÇÃO ÉTICA. Deve o advogado abster-se de manter

contato com a parte adversa, sem autorização de seu patrono. *Tal situação vem em consonância com o determinado no Código de Ética e Disciplina e não constitui traição ao mandato recebido. Advogado que infringe norma ética deve ter sua conduta apreciada por seu órgão de classe.*
(Proc. E-2.417/01 – v.u. em 16/08/01 do parecer e ementa da Rel.ª Dr.ª Roseli Príncipe Thomé – Rev. Dr. Ricardo Garrido Júnior – Presidente Dr. Robison Baroni).

Entretanto, se as partes compõe-se diretamente, sem a intervenção de seus patronos, e, no caso, o patrono de uma delas não concorda com o acordo, não comete a infração o patrono da parte que concorda e chancela o referido acordo. Este é o entendimento do Conselho Federal da OAB:

> Ementa 049/2001/SCA. *Infração ao artigo 34, inciso VIII do Estatuto – Inocorrência. Se os entendimentos que precederam a celebração dos acordos foram estabelecidos diretamente pelas partes, diante de óbices impostos pelo patrono de uma delas, não pratica infração disciplinar o advogado da parte contrária que chancelou os referidos acordos, máxime porque ambos tinham pleno conhecimento de sues termos. Impõe-se a absolvição do representado e o arquivamento da representação.* (Recurso nº 2.294/2001/SCA-MS. Relator: Conselheiro Eloi Pinto de Andrade (AM), julgamento: 07.05.2001, por unanimidade, DJ 01.06.2001, p. 629, S1e).

Questionário

1. **Assinale a alternativa correta:**
   Segundo as regras deontológicas fundamentais do Código de Ética e Disciplina da OAB:[3]
   a) é permitido ao advogado o oferecimento de serviços profissionais que impliquem, direta ou indiretamente, inculcação ou captação de clientela;
   b) é vedado ao advogado o oferecimento de serviços profissionais que impliquem, direta ou indiretamente, inculcação ou captação de clientela, salvo para os advogados criminalistas que atuam nas delegacias de polícia;

---

3. Extraída do Exame de Ordem de abril de 2003 da OAB/CE.

c) é vedado ao advogado o oferecimento de serviços profissionais que impliquem, direta ou indiretamente, inculcação ou captação de clientela, salvo para os advogados que atuam perante a Justiça do Trabalho;
d) é vedado ao advogado o oferecimento de serviços profissionais que impliquem, direta ou indiretamente, inculcação ou captação de clientela.

2. **Cícero foi contratado por um cliente para prestar assistência jurídica durante a assinatura de diversas escrituras de doações de imóveis, de pais para filhos e netos, algumas com cláusulas de futura colação, outras com cláusulas de fideicomisso e o restante sem obrigações vinculativas. Algum tempo depois, um dos doadores faleceu, deixando outros bens para serem inventariados. Para a abertura e acompanhamento do inventário, foi contratado um outro advogado. Os herdeiros se desentenderam e houve necessidade de postulação por vias ordinárias, estando a ação competente na fase probatória. Cícero foi arrolado pela doadora como sua testemunha e intimado pelo juízo para comparecer à audiência de instrução e prestar esclarecimentos. Segundo o regramento vigente:[4]**
a) por ter sido arrolado como testemunha pela ex-cliente, Cícero deverá comparecer em audiência e prestar esclarecimentos;
b) ainda que tenha sido arrolado como testemunha pela ex-cliente, Cícero deverá comparecer em audiência e recusar-se a depor;
c) Cícero não deve comparecer à audiência, não havendo necessidade de qualquer justificativa, por estar impedido de depor como testemunha;
d) por ter havido determinação judicial, Cícero deverá comparecer e esclarecer o que for de interesse de sua ex-cliente.

---

4. Extraída do Exame de Ordem nº 110 da OAB/SP

3. O advogado Nicodemus, conhecido por atuar na área do Direito de família, foi procurado por Cesarina, casada com Túlio, para em simples consulta, responder a questionamentos sobre assuntos relativos ao relacionamento conjugal da consulente, problemas de herança e doações. Nenhuma contratação decorreu dessa consulta. Um ano depois, o mesmo advogado foi procurado por Túlio para que o defendesse em ação de separação litigiosa que lhe houvera sido proposta por Cesarina. Diante da situação, Nicodemus:[5]
   a) poderá contratar normalmente com Túlio, desde que Cesarina seja notificada da situação;
   b) deverá aguardar o decurso de pelo menos dois anos da data da consulta feita por Cesarina, para evitar a quebra do sigilo profissional;
   c) poderá contratar a defesa na separação litigiosa, sem qualquer impedimento ético, desde que Túlio seja informado da consulta anterior feita por Cesarina;
   d) deverá recusar o patrocínio, uma vez que a prestação de consulta a quem não mais seja cliente faz surgir impedimento ético para o patrocínio em litígio do mesmo conflito de interesses, independentemente do tempo decorrido.

4. Ninguém desconhece a abusiva utilização indiscriminada das denominadas Medidas Provisórias, por parte do Executivo Federal. A criação de novos impostos, taxas, contribuições através dessas MPs vem ensejando a propositura de inúmeras ações judiciais por parte da cidadania, individual ou coletivamente. Sabe-se, também, que não existe unanimidade por parte dos magistrados quanto à concessão ou não de liminares para a tutela de eventuais direitos. No sentido de proporcionar aos seus clientes satisfação positiva na proposição dessas demandas, e não encontrando vedação explícita no regramento ético, advogados pretendem a distribuição simultânea de várias demandas, de igual conteúdo, entre as mes-

---

5. Extraída do Exame de Ordem nº 110 da OAB/SP.

mas partes. De acordo com o entendimento ético-jurisprudencial:[6]
a) é direito e dever do advogado assumir toda e qualquer defesa, sem considerar sua própria opinião sobre a culpa do acusado;
b) é vedado ao advogado locupletar-se por qualquer forma, à custa do cliente ou da parte adversa;
c) a atitude é condenável e incompatível com a indispensabilidade do advogado na administração da justiça;
d) constitui infração disciplinar advogar contra literal disposição de lei.

5. **A utilização, por bacharel de direito devidamente inscrito na OAB, da expressão "Advogado do Povo", em campanha político-eleitoral:**[7]
a) deve ser analisada somente à luz das regras que regem a propaganda eleitoral;
b) é de uso comum e conseqüentemente liberada aos postulantes de cargos legislativos;
c) é publicidade impertinente e ilegal por confundir e direcionar os eleitores;
d) é publicidade violadora dos princípios éticos da moderação e discrição.

6. **O artigo 7º do Código de Ética e Disciplina da OAB estabelece vedação à inculca. Esse dispositivo está se referindo**[8]
a) ao estabelecimento de regras quanto ao dever de urbanidade;
b) ao contrato de honorários advocatícios;
c) à oferta de serviços para angariar clientes;
d) às regras da preservação do sigilo profissional.

7. **Assinale a alternativa que não constitui infração disciplinar:**
a) Advogado que faz inserir em notícia jornalística propaganda da sua atividade, fornecendo os meios para contatá-lo;

---

6. Extraída do Exame de Ordem nº 110 da OAB/SP.
7. Extraída do Exame de Ordem nº 112 da OAB/SP.
8. Extraída do Exame de Ordem nº 118 da OAB/SP.

b) Sindicato que oferece serviços advocatícios de todas as naturezas, mediante anúncio em periódicos distribuídos aos associados;
c) Advogado que quebra o sigilo profissional, em razão de grave ameaça ao direito à honra;
d) Advogado que contrata pessoa conhecida em sua comunidade para apresentar-lhe clientes, sob promessa de participação nos honorários a receber.

8. **Tício, advogado criminalista, patrocina causa de natureza cível. Como não tem muita experiência nesta área, vale-se de livros técnicos, com modelos de peças preestabelecidos, copiando, assinando e juntando tais peças em processo judicial. Ao fazê-lo, Tício:**
a) cometeu infração disciplinar por assinar escrito destinado a processo judicial que não tenha feito ou colaborado;
b) cometeu infração disciplinar, eis que, por ser advogado exclusivamente criminalista, tem impedimento ético de advogar na área cível;
c) cometeu infração disciplinar, por angariar ou captar clientes ou causas;
d) não cometeu infração disciplinar.

9. **Mévio, advogado, organiza habitualmente bingos e festas beneficientes em comunidades de sua região. Numa dessas festas, discursou a todo o público presente, explicando que a grande maioria do referido público tinha determinados direitos a serem pleiteados na justiça e, ao final, colocou seus serviços à disposição de quem tivesse interesse. Mévio:**
a) não cometeu infração disciplinar, uma vez que deixou que os interessados o procurassem;
b) cometeu infração disciplinar de valer-se de agenciador de causas, mediante participação nos honorários a receber;
c) cometeu infração disciplinar de angariar ou captar causas;
d) cometeu infração disciplinar de advogar contra literal disposição de lei.

10. **A Lei 8.906/94, em seu artigo 34, capitula as infrações disciplinares. O inciso VII determina que é infração disciplinar violar sigilo profissional, sem justa causa. Não constitui justa causa para a quebra do sigilo:**
   a) o cliente do advogado confessar-lhe que pretende matar alguém;
   b) o cliente do advogado confessar-lhe que pretende fazer publicar na imprensa alegações caluniosas e infundadas sobre alguém;
   c) o cliente do advogado confessar-lhe que, apesar de ter muito dinheiro, não pretende pagar os seus honorários advocatícios;
   d) o cliente afrontar o advogado, que se vê na necessidade de revelar segredo em defesa própria.

CAPÍTULO 6

ÚLTIMOS CASOS EM QUE SÃO APLICÁVEIS A SANÇÃO DE CENSURA

6.1 Prejudicar, por Culpa Grave, Interesse Confiado ao seu Patrocínio

O inciso IX do artigo 34 do Estatuto prevê como infração disciplinar: *prejudicar por culpa grave interesse confiado ao seu patrocínio.*

Não se pode deixar de mencionar, inicialmente, que o advogado pode se sujeitar à reparação de eventual dano causado ao cliente, no âmbito da responsabilidade civil, distinto do âmbito ético-disciplinar.

No âmbito da responsabilidade ético-disciplinar, o primeiro pressuposto para a infração a este dispositivo é prejudicar, causar prejuízo (financeiro ou não) ao cliente.

O segundo pressuposto é a culpa grave, ou seja, aquela em que há uma negligência exacerbada, superior à média de diligência normal dos profissionais, como o cometimento de erro inescusável, de desídia reiterada de flagrante desleixo e descaso.

O Conselho Federal da OAB já decidiu:

> *Ementa 121/2002/SCA. Culpa grave – Ausência. A culpa grave aproxima-se do dolo, dele se diferencia porque neste há a intenção de prejudicar e naquele não. A culpa grave decorre de erro inescusável, de desídia reiterada de flagrante desleixo e descaso. Não se enquadra em tal hipótese advogado que não adota medidas judiciais imediatas em favor do cliente, quando se trata de caso complexo, com várias alternativas de condutas profissionais e, em especial, se o atraso não implicou em perecimento de direito do constituinte. (Recurso nº 0307/2002/SCA-MS. Rel: Conselheiro Alberto de Paula Machado (PR), julgamento: 10.12.2002, por maioria, DJ 20.12.2002, p. 62, S1).*

Ementa 126/2001/SCA. Prejudica, por culpa grave, interesse confiado ao seu patrocínio, o advogado que, tendo recebido procuração do autor, não comparece à audiência de conciliação, perante o Juizado Especial Cível nem avisa o constituinte da data de sua realização, disso resultando a extinção do processo. Conduta, no caso, tanto mais grave porque o advogado não comunicou ao cliente o desfecho do processo, sonegando-lhe informação a esse respeito, quando por ele indagado sobre o andamento do processo. Infração do art. 34, IX, do Estatuto caracterizada na espécie. (Recurso nº 2.405/2001/SCA-SC. Relator: Conselheiro Paulo Roberto de Gouvêa Medina (MG), julgamento: 12.11.2001, por unanimidade, DJ 08.01.2002, p. 45, S1).

Contrato de honorários. Alegação de estratégia para justificar longo período sem propositura da ação. Ausência objetiva de prejuízo do cliente. *Ementa: Contrato de Honorário – Advogado que alega estratégia para justificar longo período sem propositura de ação – Ausência objetiva de prejuízo do cliente e de culpa grave do advogado – Improvimento do Recurso para absolver. Ante a ausência objetiva de culpa grave, e inexistência de qualquer prejuízo, sofrido por clientes por ato de advogado, em interesse confiado para patrocínio, sou pelo improvimento do recurso. Não havendo confiança, cabe ao cliente buscar outro profissional. Não se condena sem provas concretas, principalmente frente a contrato verbal rescindido unilateralmente pelo cliente, onde não restou evidenciado ter cometido infração ao disposto no artigo 34, inciso IX, do Estatuto da OAB. (Proc. 1.960/99/SCA-MS, Rel. Clemente Cavasana (SP), Ementa 047/99/SCA, julgamento: 14.06.99, por unanimidade, DJ 29.06.99, p. 73, S1).*

O pressuposto da culpa grave existe porque a obrigação que afeta o advogado é de meios e não de fins, o que vale dizer: o advogado não é responsável por, nem tem a obrigação de, ganhar todas as causas. Se assim o fosse, seria inviável exercer a advocacia contenciosa, pois o comum é uma parte ganhar e a outra perder.

Não podemos deixar de mencionar, também, que o advogado tem a sua liberdade técnica, ou seja, é ele quem deve escolher a melhor medida jurídica a ser tomada para o caso que lhe é apresentado. Assim, se o cliente, leigo ou não no assunto, quiser que ele tome alguma medida, mas o advogado houver por bem entrar com medida diversa por entender mais adequada ao caso concreto, não comete, por esse simples ato, esta infração.

O Conselho Federal entendeu, também, que a perda de prazo pelo advogado constitui a infração disciplinar aqui estudada:

AUSÊNCIA DE PREPARO DE RECURSO. INFRAÇÃO DISCIPLINAR. Ementa: Comete falta disciplinar o advogado que, regularmente notificado para preparo de recurso interposto em favor de seu constituinte, deixa escoar in albis, o prazo respectivo. Aplica-se a pena de advertência, prevista no art. 36, parágrafo único, da Lei nº 8.906/94, levando-se em conta os antecedentes do advogado, jamais punido disciplinarmente em 30 anos de exercício profissional. Recurso improvido. (Proc. nº 1.655/95/SC, Rel. Durval Júlio Ramos Neto, j. 10.10.95, v.u., DJ de 23.11.95, p. 40.372).

Nesse caso, se a responsabilidade pelo recolhimento das custas de preparo do recurso forem do cliente, deverá o advogado acautelar-se de obter provas de que cientificou o cliente da necessidade de tal recolhimento em tempo hábil, advertindo-o das conseqüências do não recolhimento (art. 8º, *in fine*, do Código de Ética e Disciplina).

Por outro lado, quando se fala em recurso, nem sempre devemos entender que a falta de interposição do mesmo configura infração, uma vez que o advogado pode entender que é incabível, ou que a interposição do mesmo é inútil ou tão-somente procrastinatória, como, por exemplo: imaginemos que, na ocasião em que o advogado interpôs a ação para o cliente havia entendimentos jurisprudenciais que tutelavam o direito pleiteado, mas, no decorrer da lide, sobreveio entendimento unificado dos tribunais superiores em sentido oposto. Estando a sentença em consonância com o referido entendimento unificado, pode o advogado entender que a interposição de recurso é inútil, uma vez que, certamente, a sentença será mantida nas instâncias superiores.

Nesses casos, em que o advogado se convence de que é incabível ou inútil a interposição do recurso, deve prevalecer o princípio da independência técnica.

6.2 Acarretar Anulação ou Nulidade Culposa do Processo

O inciso X do artigo 34 do Estatuto prevê como infração disciplinar: *acarretar, conscientemente, por ato próprio, a anulação ou a nulidade do processo em que funcione.*

Para o cometimento desta infração disciplinar é necessário, inicialmente, que o processo em que o advogado atual tenha sido invalidado. É pressuposto, ainda, que tal anulação ou nulidade tenha decorrido de ato ou omissão voluntária do próprio advogado.

Existem autores que entendem que basta o prejuízo do tempo perdido, ou o prejuízo ao regular andamento do feito, para a ocorrência da infração disciplinar, não sendo necessária a ocorrência de prejuízos à parte, entretanto, existem entendimentos contrários.

O Tribunal de Ética da Seccional do Rio de Janeiro decidiu:

Número do Processo: 012.470/98
Relator: José Paulo Pereira da Silva
PREJUDICAR O CLIENTE POR CULPA GRAVE. ACARRETAR NULIDADE DO PROCESSO. IMPROCEDÊNCIA DA REPRESENTAÇÃO.
Ementa: Representação. Imputação de Violação aos Incisos IX e X do Artigo 34 do EOAB. Não Houve Prejuízo a Parte Autora e Nem a Parte Ré. Improcedência. Arquivamento Que Se Impõe.
Órgão Julgador: 1ª Turma
Data do Julgamento: 19/11/2001

Número do Processo: 102.921/91
Relator: Maria Lúcia Teixeira da Silva
EXERCÍCIO ILEGAL DA PROFISSÃO. ACARRETAR NULIDADE DO PROCESSO.
Ementa: Processo Disciplinar. Advogado suspenso que Pratica Atos no Exercício Profissional Sujeita-se a Nova Penalidade. Censura que se Aplica por Infração Prevista no Art. 34, Incisos I e X, da Lei 8.906/94. Decisão Unânime.
Órgão Julgador: 2ª Turma
Data do Julgamento: 18/03/1996

6.3 Abandonar a Causa

O inciso XI do artigo 34 do Estatuto prevê como infração disciplinar: *abandonar a causa sem justo motivo ou antes de decorridos dez dias da comunicação da renúncia.*

O advogado pode abandonar a causa, desde que renuncie formalmente ao mandato, devendo notificar seu cliente da renúncia. Tal notificação, por cautela e para que sirva de prova de sua efetivação, deve ser feita por escrito, podendo ser uma simples carta do advogado comunicando sua renúncia, desde que colhida a assinatura de ciência de seu constituinte.

Durante os primeiros dez dias, contados da referida notificação, o advogado está obrigado por lei (artigo 5º, § 3º do Estatuto) a representar seu cliente, salvo se for substituído formalmente antes de decorrido o prazo.

Ora, e se durante os dez primeiros dias o advogado for intimado a tomar alguma providência ou manifestar-se processualmente? Neste caso, e desde que ainda não tenha sido formalmente substituído nos autos até o dia da intimação, deverá cumprir o determinado, no prazo legal ou assinalado pelo juiz. Se já houver sido substituído, o novo advogado é quem deve ser intimado, sob pena de nulidade (artigo 247 c/c os artigos 236, § 1º e 237, todos do Código de Processo Civil).

Interessante transcrever Ementa do Tribunal de Ética da Seccional do Rio de Janeiro sobre advogado substituído:

Número do Processo: 114.862/94
Relator: José Carlos Fragoso
ABANDONO DE CAUSA.
Ementa: Advogada Acusada de Abandonar a Causa, Deixando de Apresentar Alegações Finais em Processo Criminal. Comprovado que Houve Erro do Juízo, que Indevidamente Nomeou Defensor Dativo Para o Cliente da Advogada Representada, antes Mesmo da Abertura de Prazo Para as Alegações Finais. Diante Deste Fato, Compreensível foi a Atitude Da Advogada de Afastar-se do Processo, Muito Embora o Melhor Teria Sido que Indicasse ao Magistrado da Causa o Engano Havido. Arquivamento que se Determina. Decisão Unânime.
Órgão Julgador: 2ª Turma
Data do Julgamento: 16/05/1996

O artigo 12 do Código de Ética e Disciplina da OAB prevê que *o advogado não deve deixar ao abandono ou ao desamparo os feitos, sem motivo justo e comprovada ciência do constituinte.*

O abandono é mais que o desamparo, pois este envolve falta de aplicação ou de diligência com regularidade e aquele é efetivamente largar a causa. Entretanto, a sanção é a mesma, ou seja, censura, conforme o artigo 36, inciso II, do Estatuto.

Decidiu o Conselho Federal:

Ementa 101/2002/SCA. PROCESSO ÉTICO-DISCIPLINAR – ADVOGADO – AUSÊNCIA INJUSTIFICADA A AUDIÊNCIA – INFRAÇÃO ÉTICA CONFIGURADA. Advogado nomeado e intimado que deixa de comparecer a audiência, sem oportuna justificativa, comete falta ética alusiva ao desamparo do feito, prevista no art. 12 do Código de Ética e Disciplina, punida com a pena de censura, assim mantida na ausência de atenuantes. (Recurso nº 0246/2002/SCA-SP. Relator: Conselheiro Gilberto Piselo do Nascimento (RO), julgamento: 14.10.2002, por unanimidade, DJ 05.11.2002, p. 415, S1).

Se, porém, houver motivo justo e de grande importância, como o advogado contrair doença que o deixe temporariamente incapacitado, não se configura a infração, ainda que o cliente não tenha sido cientificado.

É preciso considerar o posicionamento jurisprudencial do Conselho Federal da OAB, que não considera como motivo justo o desinteresse do constituinte no andamento do processo:

PROCESSO DISCIPLINAR. FACULDADE DE INSTAURAÇÃO DE OFÍCIO.
Ementa: Legitimidade para instauração de processo disciplinar. Facultando a lei que o processo disciplinar seja instaurado de ofício, a reclamação pode ser formulada por quem contratou o advogado, ainda que para a defesa de interesse de terceiro. Abandono de causa. O fato de o advogado provar desinteresse de seu constituinte no andamento do processo não o escusa de seu dever de diligência que, descumprido, autoriza a aplicação da pena de censura, mesmo em se tratando de infração primária. Inteligência do art. 107 da Lei nº 4.215/63. (Proc. nº 1.575/94/SC, Rel. Alfredo Assis Gonçalves Neto, j. 17.10.94, v.u., DJ de 21.02.95, p. 3.410).

Mas o Conselho considera que não ocorre a infração quando o cliente deixa documentos com o advogado para análise e não lhe outorga procuração para propositura de ação, ainda mais quando a ação é temerária:

POSSE DE DOCUMENTOS POR ADVOGADO. FALTA DE OUTORGA DE PROCURAÇÃO PARA PROVIDÊNCIAS. NÃO CONFIGURAÇÃO DE NEGLIGÊNCIA NEM INÉRCIA.

Ementa: Documentos. Posse por advogado durante longo tempo não equivale a retenção. Se a parte entrega ao profissional documento para análise sem outorgar-lhe mandato expresso para providências, não pode "a posteriori" alegar negligência ou inércia na propositura das medidas judiciais aplicáveis. A retenção somente ocorreria se, notificado, houvesse negativa na entrega, o que não ocorreu no caso. Ademais, inexistindo elementos caracterizadores de culpa e/ou omissão do advogado na propositura de medida embasada em documento sob sua guarda, não há que se falar em infração disciplinar. Ao contrário. Entendendo que a lide é temerária, tem o advogado a obrigação de alertar seu constituinte. Superados os óbices ao conhecimento em face da inobservância ao disposto em norma estatutária, especialmente a do artigo 40 – das atenuantes. Conheço do recurso e lhe dou provimento para reformar a decisão "a quo", absolvendo o recorrente da imputação que lhe é feita. (Proc. 2.146/2000/SCA-SP, Rel. Angelito José Barbieri (SC), Ementa 063/2000/SCA, julgamento: 12.06.2000, por unanimidade, DJ 03.07.2000, p. 59, S1e).

6.4 Recusar-se a Prestar Assistência Jurídica

O inciso XII do artigo 34 do Estatuto prevê como infração disciplinar: *recusar-se a prestar, sem justo motivo, assistência jurídica, quando nomeado em virtude da impossibilidade da Defensoria Pública.*

Urge ressaltar que é dever do Estado prestar a assistência jurídica gratuita aos necessitados. Excepcionalmente, na impossibilidade da Defensoria Pública, o advogado pode ser nomeado para prestar tal assistência, porém não gratuitamente. O Estado tem o dever de pagar ao advogado os honorários fixados, conforme tabela aprovada pela OAB.

Normalmente, os advogados interessados nesse tipo de serviço inscrevem-se junto à OAB, que tem um convênio com a Procuradoria-Geral do Estado.

É considerada infração disciplinar a recusa imotivada do advogado à nomeação da OAB para que preste assistência jurídica.

É considerada justa recusa o fato de o "assistido" possuir sólida situação econômica, conforme decisão do Tribunal de Ética da Seccional de São Paulo:

SESSÃO DE 11 DE FEVEREIRO DE 1999
ASSISTÊNCIA JUDICIÁRIA CONVENIADA – FALTA DE RIGOR NA TRIAGEM DO ASSISTIDO – RECUSA DE PATROCÍNIO
A pujança econômica do favorecido constitui justo motivo para a recusa da assistência judiciária. Recomenda-se representação à Corregedoria da Magistratura, em face da imposição do mister a advogado que comprova a sólida situação econômica e financeira do pretenso e dissimulado "assistido". Melhor teria sido a renúncia, nos autos, alegando razões de foro íntimo e, paralelamente, comunicação à Subsecção para que observe maior rigor na triagem dos assistidos.
(Proc. E-1.812/98 – v.u. em 11/02/99 do parecer e voto do Rel. Dr. Biasi Antônio Ruggiero – Rev. Dr. Bruno Sammarco – Presidente Dr. Robison Baroni).

6.5 Publicar Desnecessária e Habitualmente Trabalhos pela Imprensa

O inciso XIII do artigo 34 do Estatuto prevê como infração disciplinar: *fazer publicar na imprensa, desnecessária e habitualmente, alegações forenses ou relativas a causas pendentes.*

Este dispositivo está intimamente ligado com a captação de clientela (comentada anteriormente no item 5.2) e com a publicidade imoderada dos serviços advocatícios, que será abordada no Capítulo 9 deste livro.

O Tribunal de Ética do Conselho Seccional da OAB de São Paulo decidiu:

SESSÃO DE 21 DE MAIO DE 1998
PUBLICIDADE – DIVULGAÇÃO DE TRABALHO JUDICIAL VITORIOSO – DEBATE DE CAUSA PELA IMPRENSA – IMODERAÇÃO
A veiculação de fatos noticiando decisões em quaisquer instâncias jurisdicionais, mesmo sobre temas de interesse geral, através da mídia falada ou escrita, com participação de advogado que patrocinou causa idêntica, caracteriza imoderação e falta de discrição, deixando patente a captação de clientela, com infringência aos arts. 28, 29 e art. 31, § 1º do CED.
(Proc. E-1.700/98 (renumeração determinada) – v.u. em 19/03/98 do parecer e voto verbal do Rel. Dr. Francisco Marcelo Ortiz Filho – Rev. Dr. José Eduardo Dias Collaço – Presidente Dr. Robison Baroni).

SESSÃO DE 17 DE JUNHO DE 1999
INCULCA – OFERTA DE SERVIÇO JURÍDICO ATRAVÉS DA IMPRENSA QUE PUBLICOU RECLAMAÇÃO DE LEITORA – AUTORIZAÇÃO PARA DIVULGAÇÃO DO ENDEREÇO A FIM DE CONTATO – INFRAÇÃO ÉTICA
Oferecer-se para servir como paladino da defesa de reclamantes, que se utilizaram de meios de divulgação, constitui publicidade indevida, inculca e captação de clientela quando a oferta se faz no mesmo local e do mesmo modo. Remessa às Turmas Disciplinares nos termos do art. 48 do CED.
(Proc. E-1.904/99 – v.u. em 17/06/99 do parecer e voto do Rel. Dr. Biasi Antônio Ruggiero – Rev. Dr. Ricardo Garrido Júnior – Presidente Dr. Robison Baroni).

O Conselho Federal da OAB entende que os advogados só devem ter participação nos meios de comunicação para fins didáticos, ilustrativos, de orientação da sociedade com relação a determinado assunto jurídico, mas, ainda assim, estão proibidos de mencionar ou debater casos concretos de causas pendentes. Outro detalhe que deve ser observado é que deve haver o interesse público e não pode haver habitualidade, para não configurar captação e prática de mercantilismo, senão vejamos:

Ementa 031/2001/OEP. A Ordem dos Advogados do Brasil disciplina a publicidade da advocacia nos seus arts. 29 a 34 do CED. As regras estabelecidas nos dispositivos citados são imprescindíveis para evitar-se a prática do mercantilismo e vulgarização da advocacia. A participação dos advogados nos meios de comunicação deve limitar-se a finalidade educativa e instrutiva. (Processo 340/2001/OEP-RS. Relator: Conselheiro Ednaldo do Nascimento Silva (RR), julgamento: 12.11.2001, por unanimidade, DJ 31.01.2002, p. 123, S1).

6.6 Deturpar Citações para Confundir ou Iludir

O inciso XIV do artigo 34 do Estatuto prevê como infração disciplinar: *deturpar o teor de dispositivo de lei, de citação doutrinária ou de julgado, bem como de depoimentos, documentos e alegações da parte contrária, para confundir o adversário ou iludir o juiz da causa.*

As citações são comuns e, muitas vezes, necessárias nas peças elaboradas pelo advogado. Entretanto, a infração é cometida se ocorrerem todas estas hipóteses juntas: o texto da citação ser deturpado, com a intenção de fazê-lo, visando a confundir o adversário ou o juiz.

A deturpação pode se dar por alterações, omissões ou inserções de texto que não constavam do original. Até mesmo a omissão, alteração de uma letra ou palavra pode mudar todo o sentido do texto, como, por exemplo, se o texto da lei disser "das alíneas *a* a *f* do parágrafo anterior" e for transcrita como "das alíneas *a* e *f* do parágrafo anterior".

Por outro lado, há que se considerar que deve ser observado o vernáculo para o exercício da advocacia, e a nossa língua portuguesa oferece uma alternativa, que aliás é universal, para quem está transcrevendo um texto, mas quer omitir uma parte dele, ou seja, a reticência. Se no local da omissão o advogado utiliza-se de pontos de reticência, colocando os três pontos – dependendo do caso entre parênteses (...) –, indicando a omissão de palavras, períodos ou até parágrafos, por certo não há que se considerar que houve a intenção de confundir o adversário ou iludir o juiz.

O Tribunal de Ética da OAB do Rio de Janeiro decidiu:

Número do Processo: 195.178/96
Relator: Dayse Martins Couto
PREJUDICAR O CLIENTE POR CULPA GRAVE. DETURPAR O TEOR DE DISPOSITIVO DE LEI.
Ementa: Tendo Restado Evidenciado Os Fatos Narrados na Exordial, Eis Que Violou o Reclamado o Art. 34, nos Seus Incisos IX e XIV, a Pena de Censura se Impõe, Convertida em Advertência, Conforme o Art. 36, Inciso I e Parágrafo Único da Lei 8.906/94. Decisão Unânime.
Órgão Julgador: 2ª Turma
Data do Julgamento: 29/06/1999

6.7 Imputar Fato Definido como Crime

O inciso XV do artigo 34 do Estatuto prevê como infração disciplinar: *fazer, em nome do constituinte, sem autorização escrita deste, imputação a terceiro de fato definido como crime.*

Temos aqui quatro pressupostos para que ocorra esta infração: I) imputar fato a terceiro; II) que tal fato seja tipificado como crime; III) que a imputação seja feita em nome do constituinte – o que se presume quando o advogado o faz em razão do patrocínio da causa, ainda que não afirme expressamente ser em nome do cliente; e IV) que não haja autorização expressa do cliente para fazê-lo.

Este inciso deve ser interpretado em conjunto com o artigo 7º, § 2º do mesmo diploma legal. Entretanto, a infração disciplinar aqui tratada não pune a calúnia, que é a imputação falsa de fato tipificado como crime, eis que a exceção da verdade não é aceita para a desqualificação da infração, conforme entendimento do Conselho Federal da OAB:

> *DEVER DE URBANIDADE. VIOLAÇÃO. IMPUTAÇÃO DE CONDUTA CRIMINOSA. INFRAÇÃO ÉTICO-DISCIPLINAR.*
> *Ementa: A imputação, em petição inicial, de conduta criminosa, à parte contrária, constitui, em tese, transgressão ético-disciplinar. Irrelevância do protesto, aqui, pela exceção da verdade, de vez que o valor tutelado é a urbanidade, exigível ainda quando* ad argumentandum *veraz a acusação feita à parte adversa. Devolução do processo à Seccional de origem, para que instaurem o processo ético-disciplinar. (Proc. nº 1.581/94/SC, Rel. Sérgio Ferraz, j. 12.06.95, D.J. de 24.07.95, p. 21.357).*

Entretanto, o Conselho Federal entende que se advogado tiver poderes específicos para tanto, não comete tal infração, senão vejamos:

> *IMPUTAÇÃO DE CRIME A TERCEIRO. PROCURAÇÃO COM PODERES ESPECIAIS PARA OFERECIMENTO DE NOTÍCIA DE CRIME CONTRA PESSOA NOMINADA.*
> *Ementa: Processo disciplinar. Recurso. Decisão por maioria: cabimento. Infração do art. 34, XV. Mandatos que autorizam a imputação da prática de crime. Infração disciplinar não configurada. 1. Se a decisão é tomada por maioria, o recurso não tem natureza especial, mas infringente, daí por que deve ser conhecido, independentemente do preenchimento dos demais requisitos do art. 75, do Estatuto. 2. Prevalece a afirmação do acórdão, ao afirmar a não-unanimidade, frente a certidão, evidentemente incorreta, que afirma o contrário, certo que o relator originário votou vencido. 3. A procuração em que o constituinte outorga poderes especiais ao advogado para oferecer notícia crime contra pessoa que nomina e qualifica, indicando, além disso, os dispositivos do Código Penal que teriam sido violados, é bastante como autorização para que impute a terceiro a prática de crime. 4. Não caracterizada, por isso, a infração disciplinar prevista no art. 34, XV, do Estatuto. (Proc. 2.140/2000/SCA-CE, Rel. Pedro Milton de Brito (BA), Ementa 060/2000/SCA, julgamento: 12.06.2000, por unanimidade, DJ 03.07.2000, p. 59, S1e).*

6.8 Deixar de Cumprir Determinação da Ordem

O inciso XVI do artigo 34 do Estatuto prevê como infração disciplinar: *deixar de cumprir, no prazo estabelecido, determinação emanada do órgão ou autoridade da Ordem, em matéria da competência desta, depois de regularmente notificado.*

São pressupostos: a determinação de órgão ou autoridade da OAB; *obrigação legal imputável ao advogado,*[1] notificação para cumprimento no prazo estabelecido pela OAB, que é de quinze dias, nos termos do artigo 69 do Estatuto.

Um exemplo muito típico desta infração é a recusa do advogado de entregar sua carteira de identidade profissional, quando tenha sido suspenso, conforme entendimento do Conselho Federal:

ADVOGADO SUSPENSO. RECUSA DE ENTREGA DA CARTEIRA PROFISSIONAL. INFRAÇÃO DISCIPLINAR.
Ementa: A recusa de entrega da carteira profissional pelo advogado que haja sido suspenso constitui infração ético-disciplinar. Recurso a que se nega provimento. (Proc. nº 1.547/94/SC, Rel. Durval. Júlio Ramos Neto, j. 12.06.95, v.u., DJ de 17.08.95, p. 24.879).

O Tribunal de Ética e Disciplina de São Paulo tem uma ementa esclarecedora:

448ª SESSÃO DE 19 DE SETEMBRO DE 2002
SUSPENSÃO DO EXERCÍCIO PROFISSIONAL – OBRIGATORIEDADE DE ENTREGA DA CARTEIRA DE ADVOGADO À ENTIDADE – UTILIZAÇÃO DE MEIOS ADMINISTRATIVOS OU JUDICIAIS EM CASO DE DESOBEDIÊNCIA
Advogado suspenso ou excluído do exercício de suas atividades profissionais está obrigado a entregar sua Carteira Profissional à Ordem dos Advogados do Brasil. Ocorrendo a desobediência, medidas administrativas ou judiciais devem ser tomadas para a efetivação desta decisão pelo Conselho Seccional. No caso de suspensão e ocorrendo a desobediência, nova infração estará sendo cometida, possibilitando a imposição de penalidade. Inteligência dos artigo 74, inciso XVI, do art. 34 e item II do art. 37 do EAOAB.
(Proc. E-2.636/02 – v.u. em 19/09/02 do parecer e ementa do Rel. Dr. Cláudio Felippe Zalaf – Rev.ª Dr.ª Maria do Carmo Whitaker – Presidente Dr. Robison Baroni).

---

1. LÔBO, Paulo Luiz Netto. *Comentários ao Estatuto da Advocacia*, p. 157.

Em sentido contrário, apesar de ser entendimento minoritário, encontramos decisão do Tribunal de Ética e Disciplina da OAB do Rio de Janeiro:

> Número do Processo: 109.144/93
> DESOBEDIÊNCIA À OAB.
> Ementa: Descumprimento de Ordem Emanada Pela OAB para que o Reclamado Entregue sua Carteira de Identidade Profissional – Arquivamento – a Exigência de Devolução da Carteira da OAB Equivale a Retirar do Advogado a Credencial de sua Identidade, por Importar em Pena de Degradação Inadmissível em Nosso Ordenamento Constitucional. Decisão Unânime.
> Órgão Julgador: 1ª Câmara
> Data do Julgamento: 09/12/1996

6.9 Praticar, o Estagiário, Ato Excedente de sua Habilitação

O último inciso do artigo 34 do Estatuto que é punível com censura (art. 36, I) é o inciso XXIX, que prevê como infração disciplinar: praticar, o estagiário, ato excedente de sua habilitação.

O artigo 1º do Estatuto estabelece quais são as atividade privativas de advocacia. O artigo 3º, § 2º do mesmo diploma legal dispõe que *o estagiário de advocacia, regularmente inscrito, pode praticar os atos previstos no artigo 1º, na forma do Regulamento Geral, em conjunto com o advogado e sob responsabilidade deste.*

Além disso, o § 1º do artigo 29 do Regulamento Geral dispõe que *o estagiário inscrito na OAB pode praticar isoladamente os seguintes atos, sob a responsabilidade do advogado:*

I – retirar e devolver autos em cartório, assinando a respectiva carga;

II – obter junto aos escrivães e chefes de secretarias certidões de peças ou autos de processos em curso ou findos;

III – assinar petições de juntada de documentos a processos judiciais ou administrativos.

O § 2º do mesmo dispositivo prevê que *para o exercício de atos extrajudiciais, o estagiário pode comparecer isoladamente, quando receber autorização ou substabelecimento do advogado.*

Dessa forma, a prática de qualquer ato pelo estagiário isoladamente, que se possa ser imputada à atividade de advocacia, diferente das acima elencadas, é considerada ato excedente de sua habilitação, configurando, portanto, a infração.

Assim decidiu o Conselho Federal:

ESTAGIÁRIO. PRÁTICA DE ATOS ISOLADAMENTE. LIMITAÇÃO AOS INDICADOS NO ART. 29, § 1º, REGULAMENTO GERAL DO EAOAB.
Ementa: Consulta. Estagiário. Prática de atos. O estagiário somente poderá praticar, isoladamente, separado do advogado, sob pena de responsabilidade deste, os atos mencionados no § 1º, art. 29, do Regulamento Geral, sendo vedado fazê-lo, sozinho, quanto aos demais atos judiciais, verbi gratia, audiência de conciliação, mesmo nos Juizados Especiais e na Justiça do Trabalho de 1ª instância, posto tratar-se de ato processual da maior relevância, a exigir do causídico experiência e perspicácia, próprias de profissional tarimbado. (Proc. 5.482/2000/ PCA-SC, Rel. José Brito de Souza (MA), Ementa 093/2000/PCA, julgamento: 06.11.2000, por unanimidade, DJ 20.11.2000, p. 604, S1e).

ADVOGADO. INDISPENSABILIDADE NA JUSTIÇA DO TRABALHO. JUS POSTULANDI DE ESTAGIÁRIO. IMPOSSIBILIDADE.
Ementa: A indispensabilidade do advogado, nos processos em curso na Justiça do Trabalho, recusada em liminar concedida pelo Supremo Tribunal Federal, na ADIn nº 1.127-8, não proporcionou aos estagiários o exercício do jus postulandi, naquela Justiça especializada, a não ser nos limites traçados pela Lei nº 8.906/94 (art. 29) e no seu Regulamento Geral. Daí não serem alcançados pelo que foi concedio às partes e não na condição de procuradores destas. (Proc. nº 4.847/96/PC, Rel. Aristóteles Atheniense, j. 13.05.96, v.u., DJ de 25.06.96, p. 23.174).

Lembramos que o âmbito ético-disciplinar é aplicável aos efetivamente inscritos na OAB. Caso o Bacharel em Direito, que já teve sua inscrição como estagiário vencida, praticar atos privativos de advocacia, estará cometendo crime de exercício ilegal de profissão, podendo até mesmo perder o requisito de idoneidade moral para a inscrição definitiva como advogado nos quadros da OAB, conforme decisão do Conselho Federal:

INIDONEIDADE MORAL. PRÁTICA ILEGAL DA PROFISSÃO.
Ementa: Inscrição definitiva: pedido de reexame após indeferimento. Bacharel com inscrição de estagiário cancelada que pratica ilegalmente a profissão de advogado, respondendo inclusive a inquéritos policiais, não atende ao requisito de idoneidade previsto no art. 8º, VI, da Lei nº 8.906/94, em vigor por ocasiao do presente recurso. Pedido de reexame a que se nega provimento. (Proc. nº 4.676/95/PC, Rel. Sônia Maria Rabello Doxsey, j. 04.09.95, v.u., DJ de 24.10.95, p. 35.977).

6.10 Violar Preceito do Código de Ética e Disciplina

Os derradeiros casos em que são aplicáveis a sanção de censura são os previstos nos incisos I e II do artigo 36 da Lei 8.906/94 (Estatuto da Advocacia), que prevêem ser infração disciplinar violar a preceito do Código de Ética e Disciplina e violar a preceito do Estatuto, quando para a infração não se tenha estabelecido sanção mais grave.

Assim, havendo violação de qualquer preceito do Código de Ética e do Estatuto, ainda que não estejam arrolados no artigo 34, é aplicada a sanção de censura.

Questionário

1. **Advogado que não pôde localizar o cliente, por ter este se mudado para lugar não sabido, sem informar ao profissional e com ele perdendo contato, e tendo sido condenado como sucumbente ao pagamento de honorários advocatícios em base elevada; não havendo previsão contratual, o advogado[2]**
   a) não é obrigado a suportar o valor do preparo de recurso;
   b) por imposição ética e legal, deve suportar o valor do preparo de recurso;
   c) terá de noticiar o fato ao juízo e requerer o sobrestamento do feito;
   d) ao propor o recurso poderá solicitar os benefícios da justiça.

---

2. Extraída do Exame de Ordem nº 111 da OAB/SP.

2. Cícero foi contratado por um cliente para prestar assistência jurídica durante a assinatura de diversas escrituras de doações de imóveis, de pais para filhos e netos, algumas com cláusulas de futura colação, outras com cláusulas de fideicomisso e o restante sem obrigações vinculativas. Algum tempo depois, um dos doadores faleceu, deixando outros bens para serem inventariados. Para a abertura e acompanhamento do inventário, foi contratado um outro advogado. Os herdeiros se desentenderam e houve necessidade de postulação por vias ordinárias, estando a ação competente na fase probatória. Cícero foi arrolado pela doadora como sua testemunha e intimado pelo juízo para comparecer à audiência de instrução e prestar esclarecimentos. Segundo o regramento vigente:[3]
   a) por ter sido arrolado como testemunha pela ex-cliente, Cícero deverá comparecer em audiência e prestar esclarecimentos;
   b) ainda que tenha sido arrolado como testemunha pela ex-cliente, Cícero deverá comparecer em audiência e recusar-se a depor;
   c) Cícero não deve comparecer à audiência, não havendo necessidade de qualquer justificativa, por estar impedido de depor como testemunha;
   d) por ter havido determinação judicial, Cícero deverá comparecer e esclarecer o que for de interesse de sua ex-cliente.

3. O denominado sistema de qualidade ISO 9000 regulamenta e registra os processos internos de produção, conjugados ao treinamento de pessoal e visa a alcançar um determinado nível de controle, qualidade, organização e demais registros. Pretendendo adotar esse sistema em cada etapa dos procedimentos de um escritório de advocacia, quanto ao acompanhamento de feitos, arquivamento de livros, documentos, informações da causa ao cliente, certa sociedade de advogados, não encontrando vedação expressa no regramento ético vigente, o escritório

---

3. Extraída do Exame de Ordem nº 110 da OAB/SP.

formulou consulta à Turma de Ética Profissional, a qual, fundamentando-se no art. 47 do Código de Ética e Disciplina, respondeu que:[4]
a) as sociedades de advogados, além de procurarem alcançar aprimoramento no que tange aos princípios éticos, devem se esforçar para adquirir o pleno domínio das novas tecnologias dos produtos jurídicos e dos serviços ofertados;
b) a implantação do sistema ISO 9000 irá contribuir para o aumento da confiabilidade dos usuários dos produtos jurídicos que mereçam o selo da "Qualidade Total";
c) a estruturação e organização dos escritórios advocatícios devem ser individualizadas, existindo parâmetros no EAOAB e no CED;
d) em face da inexistência de regramentos específicos para as sociedades de advogados, estas poderão aplicar, sem quaisquer restrições, o ISO 9000 em suas atividades jurídicas.

4. Os advogados e os escritórios de advocacia que colaboram ou permitem que colunas ou páginas sociais de jornais de pequena e média circulação, da capital e cidades do interior, publiquem reportagens sobre suas atividades, quase sempre com inclusão de fotos dos profissionais e colaboradores em plena atividade e muitas referências pessoais:[5]
a) não ferem o regramento ético, desde que exista jornalista responsável pelas colunas ou páginas sociais;
b) não ferem o regramento ético, se evitarem a inclusão de fotografias próprias e dos colaboradores;
c) ferem o regramento ético, se permitirem apenas a inclusão de fotos, sendo autorizada a descrição de suas atividades;
d) ferem o regramento ético, por falta de sobriedade, caracterizando imoderação e falta de discrição.

5. O debate, em qualquer veículo de divulgação, de causa sob patrocínio do próprio advogado ou patrocínio de colega, à luz dos regramentos éticos:[6]

---

4. Extraída do Exame de Ordem nº 110 da OAB/SP.
5. Extraída do Exame de Ordem nº 107 da OAB/SP.
6. Extraída do Exame de Ordem nº 120 da OAB/SP.

a) caracteriza infração passível de punição;
b) constitui exercício regular de direito;
c) é permitido em caráter excepcional;
d) estimula o debate para formação da opinião pública.

6. **No envio de correspondência em nome do constituinte, a afirmação de conduta penalmente tipificada da outra parte, sem a prévia apuração judicial:**[7]
   a) constitui exercício regular de um direito;
   b) é ato normal para ser evitada futura demanda;
   c) extrapola os limites da advertência, com violação do dever profissional;
   d) é permitida pelo ordenamento ético, desde que não acarrete dano.

7. **O advogado Pedro Pedreira – que já havia sido punido uma vez pela OAB/RJ –, por desinteresse e sem o conhecimento do cliente, abandonou a causa para a qual fora constituído e estava atuando. Pergunta-se: qual a pena disciplinar a ser aplicada, no caso, ao advogado Pedro Pedreira?**[8]
   a) Pena de multa;
   b) Pena de censura (com ou sem multa);
   c) Pena de suspensão do exercício da advocacia (com ou sem multa);
   d) Pena de exclusão do Quadro de Advogados da OAB/RJ.

8. **Advogado, inscrito no convênio da OAB e Procuradoria-Geral do Estado, nomeado em virtude da impossibilidade da Defensoria Pública, que se recusa a prestar assistência jurídica a assistido que possui sólida situação econômica:**
   a) pratica infração disciplinar, punível com suspensão (com ou sem multa);
   b) pratica infração disciplinar, punível com censura (com ou sem multa);
   c) não pratica infração disciplinar por se tratar de justa recusa;

---

7. Extraída do Exame de Ordem nº 118 da OAB/SP.
8. Extraída do 20º Exame da OAB/RJ (dezembro/2002).

d) não pratica infração disciplinar, porque o advogado é livre para escolher para quem deseja prestar assistência jurídica.

9. **Advogado que sofreu pena de suspensão e, não obstante ter sido notificado para entregar sua carteira de identificação profissional à OAB, deixou de fazê-lo no prazo estipulado, configurando nova infração disciplinar. Pergunta-se: qual sanção a ser aplicada ao caso?**
   a) Pena de multa;
   b) Pena de censura (com ou sem multa);
   c) Pena de suspensão do exercício da advocacia (com ou sem multa);
   d) Pena de exclusão do Quadro de Advogados da OAB.

10. **Julius, advogado, contraiu hepatite do tipo A, que é contagiosa e exige repouso absoluto. Ocorre que, enquanto Julius estava internado no hospital, devido a essa doença temporariamente incapacitante, não pôde comparecer a uma audiência, deixando seu cliente ao desamparo. Julius:**
    a) praticou infração disciplinar, porque deveria licenciar-se;
    b) praticou infração disciplinar, porque deveria renunciar;
    c) praticou infração disciplinar, porque deveria comunicar o cliente com dez dias de antecedência;
    d) não praticou infração disciplinar por se tratar de justo motivo.

CAPÍTULO 7

CASOS EM QUE SÃO APLICÁVEIS A SANÇÃO DE SUSPENSÃO

7.1 Ato Contrário à Lei ou Destinado a Fraudá-la

O inciso XVII do artigo 34 do Estatuto prevê como infração disciplinar: *prestar concurso a clientes ou a terceiros para realização de ato contrário à lei ou destinado a fraudá-la.*

Para que seja configurado o tipo é necessário que o advogado colabore: concurso, ou seja, não é necessário que o advogado pratique pessoalmente o ato, mas é necessária a intenção de colaborar para que o cliente ou o terceiro o pratique; que tal ato seja contrário à lei proibitiva ou imperativa (cogente); que traga um benefício indevido ao cliente ou terceiro.

O Tribunal de Ética e Disciplina do Conselho Seccional do Rio de Janeiro decidiu:

Número do Processo: 116.795/95
Relator: Silvio Kelner
CONCORRER PARA ATO ILEGAL OU FRAUDE À LEI.
Ementa: O Advogado não Pode, sob Qualquer Pretexto e por Mais Humana que seja a Questão, Prestar Concurso ao Cliente ou a Terceiros para a Realização de Ato Contrário à Lei. Servir de Testemunha em Registro de Nascimento Falso. Infração do Inciso XVII, do Art. 34, da Lei 8.906/94. Aplicada a Pena de Suspensão por Trinta Dias. Decisão por Maioria. Voto Divergente: Gustavo Cortes Barroso.
Órgão Julgador: Pleno do TED
Data do Julgamento: 28/08/1998

Manifestou-se, ainda, o Egrégio Conselho Federal:

Ementa 119/2002/SCA. Advogado que presta concurso a cliente ou a terceiro para realização de ato contrário à lei ou destinado a fraudá-la, comete infração ao inciso XVII, do art. 34, do Estatuto, sendo-lhe aplicável a penalidade prevista no art. 37, inciso I, do mesmo diploma legal. (Recurso nº 0261/2002/SCA-GO. Relator: Conselheiro Eloi Pinto de Andrade (AM), julgamento: 10.12.2002, por unanimidade, DJ 20.12.2002, p. 62, S1).

7.2 Solicitar ou Receber Valores para Aplicação Ilícita ou Desonesta

O inciso XVIII do artigo 34 do Estatuto prevê como infração disciplinar: *solicitar ou receber de constituinte qualquer importância para aplicação ilícita ou desonesta.*

Note-se que o tipo concretiza-se com a simples solicitação da importância, não dependendo, obrigatoriamente, do recebimento da mesma. É necessário, ainda, que tal importância tenha a finalidade de ser aplicada em objetivo ilícito, ou seja, que viola expressamente a lei, ou em objetivo desonesto, que *viola os princípios éticos de probidade e retidão de conduta.*[1]

O Conselho Seccional do Rio de Janeiro decidiu:

> *Número do Processo: 115.746/94*
> *Relator: Odilardo Alves*
> RECURSO. SOLICITAÇÃO OU RECEBIMENTO DE IMPORTÂNCIA DESTINADA A APLICAÇÃO ILÍCITA.
> *Ementa: Recurso Ordinário do Representado. Caracterizada a Prática da Infração Disciplinar Prevista no Art. 34 Inciso XVIII, da Lei 8.906/94. Pena de Suspensão por 30 Dias Cumulada com Multa de uma Anuidade. Mantença da Decisão Recurso Conhecido e Negado Provimento.*
> *Órgão Julgador: Órgão Especial*
> *Data do Julgamento: 19/10/2000*
>
> *Número do Processo: 115.746*
> *Relator: Ana Alves de Maria*
> SOLICITAÇÃO OU RECEBIMENTO DE IMPORTÂNCIA DESTINADA A APLICAÇÃO ILÍCITA.
> *Ementa: Burlar a Lei por Expedientes Impeditivos ao Direito Alheio Constitui Infração Ético-Disciplinar Caracterizada no Inciso XVIII Do Art. 34 do EOAB. Pena de Suspensão por 30 Dias Cumulada com*

---

1. LÔBO, Paulo Luiz Netto. *Comentários ao Estatuto da Advocacia,* p. 159.

Multa no Valor de uma Anuidade – Art. 39 do Mesmo Diploma Legal.
Decisão Unânime.
Órgão Julgador: 1ª Turma
Data do Julgamento: 26/10/1999

Número do Processo: 110.067/93
CAPTAÇÃO DE CLIENTELA. LOCUPLETAMENTO.
EMENTA: Captação de Clientela à Porta do Judiciário por Advogado. Solicitar e Receber do Constituinte Importância para Aplicação Ilícita. Locupletamento à Custa do Patrocinado. Suspensão por 180 Dias. Decisão Por Maioria. Voto Divergente: José Mauro Couto de Assis.
Órgão Julgador: Pleno do TED
Data do Julgamento: 16/05/1996

7.3 Receber Valores sem Autorização do Cliente

O inciso XIX do artigo 34 do Estatuto prevê como infração disciplinar: *receber valores, da parte contrária ou de terceiro, relacionados com o objeto do mandato.*

Esta infração é um complemento à infração prevista no inciso VIII do mesmo artigo 34, ou seja, *estabelecer entendimento com a parte adversa.* Entretanto, enquanto naquela infração bastava o entendimento, nesta é necessário que o advogado receba valores relacionados com o objeto do mandato sem expressa autorização do cliente.

Contudo, se o cliente outorgou, no instrumento de mandato, poderes específicos para *receber e dar quitação* não há como caracterizar-se o tipo infracional, eis que daí decorre a *expressa autorização do constituinte.*

Não havendo tal autorização expressa, caracteriza-se grave infração à ética profissional, principalmente pela quebra da confiança que o cliente fiou no seu patrono.

Por outro lado, no exercício dos referidos poderes de "receber e dar quitação", o advogado deve ser muito cauteloso e honesto, sempre efetuando a prestação de contas ao cliente, o que importa comprovar todas as despesas efetivamente realizadas, para a devolução do valor líquido não utilizado, sob pena de incorrer em outras infrações disciplinares, quais sejam, a de locupletamento e/ou de recusa de prestação de contas.

7.4 Locupletar-se

O inciso XX do artigo 34 do Estatuto prevê como infração disciplinar: *locupletar-se, por qualquer forma, à custa do cliente ou da parte adversa, por si ou interposta pessoa.*

O locupletamento, neste caso, é o enriquecimento, ilícito ou indevido, do advogado; infração esta, infelizmente, comum no exercício da advocacia, que pode se dar de várias maneiras, e, muitas vezes, cumulada com a infração prevista no inciso XXI, que veremos no próximo tópico, conforme entendimentos do Conselho Federal:

ABUSO DE MANDATO. APROPRIAÇÃO DE BENS MÓVEIS DE CLIENTE. INFRAÇÃO.
Ementa: Locupletar-se à custa do cliente, abuso de mandato. Apropriação indevida, irregular e ilegalmente de bens móveis de propriedade de cliente. Prática da infração tipificada no inciso XX, do art. 34, da Lei 8.906, de 4 de julho de 1994. Pena de suspensão, prorrogável até efetiva indenização, correspondente aos respectivos valores dos bens móveis apropriados, considerados estes na data do fato, acrescidos de juros legais e correção monetária, até a data do efetivo pagamento e preste assim contas ao cliente, consoante estabelece o art. 37, inciso I e seu parágrafo 1º, todos da Lei nº 8.906 de 04 de julho de 1994, "Estatuto da Advocacia e da Ordem dos Advogados do Brasil". (Proc. 001.822/97/SCA-PE, Rel. Edson Damasceno, j. 08.12.97, DJ 26.12.97, p. 68.249).

Ementa 123/2002/SCA. INFRAÇÃO ÉTICO-DISCIPLINAR – MATÉRIA DE ORDEM PÚBLICA – LOCUPLETAMENTO NÃO ELIDIDO COM A REPARAÇÃO DO DANO. Consumada a infração de locupletamento de numerário do cliente, imputada a advogado que deixou de ajuizar ação para a qual fora contratado, esta não é elidida com notícia da reparação do dano trazida aos autos após o julgamento no TED, conforme jurisprudência da 2ª Câmara. (Recurso nº 0310/2002/SCA-SC. Relator: Conselheiro Gilberto Piselo do Nascimento (RO), julgamento: 09.12.2002, por unanimidade, DJ 20.12.2002, p. 62, S1).

Ementa 024/2002/SCA. PROCESSO DISCIPLINAR. ALEGAÇÃO DE CERCEAMENTO DE DEFESA – INEXISTÊNCIA – LOCUPLETAMENTO

ILÍCITO NÃO CARACTERIZADO – VIOLAÇÃO AO CÓDIGO DE ÉTICA E DISCIPLINA – RECURSO CONHECIDO E PARCIALMENTE PROVIDO. Esclarecimentos prestados durante a sessão de julgamento não configura cerceamento de defesa. Resistindo o cliente, sem justo motivo, em receber do advogado quantia a que faz jus, não caracteriza locupletamento punível, respondendo o representado pela violação a regras deontológicas da profissão, em face da demora na prestação efetiva das contas, quando não comprovada a má-fé. (Recurso nº 0020/2001/SCA-SC. Relator: Conselheiro José Cruz Macedo (DF). Pedido de Vista: Conselheiro Gilberto Piselo do Nascimento (RO), julgamento: 09.05.2002, por maioria, DJ 13.06.2002, p. 468, S1).

LOCUPLETAMENTO. NÃO DEVOLUÇÃO DE QUANTIA RECEBIDA PARA AÇÃO NÃO AJUIZADA.
Ementa: Processo ético-disciplinar por infração do art. 103, XIV, da lei nº 4.215/63 (locupletamento à custa do cliente). – Comete infração de locupletamento à custa do cliente o advogado que, recebendo qualquer importância a título de custas ou de contraprestação pecuniária, não a devolve ao cliente quando restitui documentação entregue para instrução de causa que deixou, por desídia, de ajuizar. – Recurso interposto contra decisão definitiva, unânime, proferida por conselho seccional da OAB. Não conhecimento do recurso, por ausentes os pressupostos de admissibilidade a que alude o art. 75 da Lei nº 8.906/94. (Proc. 1.883/98/SCA-SP, Rel. José Carlos Sousa Silva (MA), Ementa 080/99/SCA, julgamento: 07.12.98, por maioria, DJ 26.11.99, p. 399, S1).

LOCUPLETAMENTO DO ADVOGADO. CHEQUE SEM FUNDOS. INFRAÇÃO CONFIGURADA.
Ementa: Locupletamento do advogado, às custas do cliente. Entrega, à guisa de satisfação, de cheque sem fundos: persistência da infração. Atribuição de pena mais branda, para infração da mesma espécie, em outro processo: irrelevância. Suspensão do exercício profissional, por 90 (noventa) dias. (Proc. 1.920/98/SCA-SC, Rel. Sérgio Ferraz (AC), Ementa 015/99/SCA, julgamento: 11.03.99, por unanimidade, DJ 07.05.99, p. 308, S1).

RETENÇÃO INDEVIDA DE VALOR DO CLIENTE. NEGAÇÃO DO FATO. DEVOLUÇÃO APÓS REPRESENTAÇÃO. INFRAÇÃO.
Ementa: Locupletamento à custa de cliente – Fato comprovado pela devolução de valor pelo recorrente nos autos do processo disciplinar – Infração disciplinar caracterizada. Configurada infração disciplinar de locupletamento à custa do cliente o advogado que, após representa-

ção por retenção indevida de valor, nega o fato, porém restitui ao cliente importância que entende não lhe pertencer e que estava na sua posse. Suspensão de 120 dias, nos termos do art. 34, inciso XX, c/c 37, inciso I, parágrafo 2º da Lei 8.906/94. (Proc. 001.816/97/SCA-MS, Rel. Silvio Domingues Filho, j. 08.12.97, DJ 26.12.97, p. 68249).

RETENÇÃO DE VALORES DO CLIENTE. DEVOLUÇÃO PARCIAL. LOCUPLETAMENTO.
Ementa: Retenção, por advogado, de quantia recebida em nome do cliente, sob pretexto de lhe dever este honorários. Formulação de representação, somente após isso acontecendo a prestação de contas. Devolução, mesmo então, apenas parcial do numerário indevidamente retido. Compromisso, inadimplido, de saldar o débito, configuração de locupletamento. (Proc. 001.825/97/SCA-SC, Rel. Sérgio Ferraz, j. 20.10.97, DJ 31.10.97, p. 56.152).

RETENÇÃO INDEVIDA DE VALORES. ACERTO POSTERIOR. IRRELEVÂNCIA. INFRAÇÃO DISCIPLINAR CARACTERIZADA.
Ementa: Provado o levantamento, pelo advogado, de quantias destinadas ao cliente, sem prova, contudo, de sua entrega ao destinatário, caracteriza-se o locupletamento ilícito. A propositura de ação de prestação de contas contra os clientes apenas após a instauração do processo disciplinar, e de cujo desfecho, aliás, não se dá qualquer notícia no processo, não afasta a configuração da falta. (Proc. nº 1.639/95/SC, Rel. Sérgio Ferraz, j. 13.06.95, v.u., D.J, de 14.09.95, p. 29.502).

RECEBIMENTO DE IMPORTÂNCIA DE CLIENTE. NÃO COMPARECIMENTO DESTE AO ESCRITÓRIO DO ADVOGADO. FALTA DE DEPÓSITO EM JUÍZO. LOCUPLETAMENTO.
Ementa: Se o cliente não se dirige ao escritório do advogado para haver seu crédito, deve este cuidar de depositar em juízo a importância havida, sob pena de deixar configurar-se a apropriação indevida e o conseqüente locupletamento reputado enquanto infração disciplinar autorizativa da aplicação da penalidade de suspensão. (Proc. 2.145/2000/SCA-SP, Rel. José Alvino Santos Filho (SE), Ementa 062/2000/SCA, julgamento: 12.06.2000, por unanimidade, DJ 03.07.2000, p. 59, S1e).

Entende-se, ainda, que ocorre o locupletamento quando o advogado recebe valores para intentar ação de consignação em pagamento e não o faz (ainda que o faça, se não prestar contas ao cliente, incorrerá no inciso XXI); quando o advogado cobra honorários abusivos ou obtém vantagens que excedam o contrato de honorários; quando participa de forma vantajosa dos resultados da causa, sem que esteja enquadrado na cláusula *quota litis* (cláusula que deve ser prevista no contrato de honorários, para os casos em que o advogado antecipa valores de despesas e custas processuais ao cliente) prevista no artigo 38 do Código de Ética e Disciplina.

Por outro lado, se uma determinada pessoa quiser contratar um advogado notória e sabidamente renomado, por sua experiência, por sua fama ou por se tratar de jurista conceituado em determinado campo do direito, e firmar com ele contrato de honorários em que aceite pagar um valor muito acima da média comum cobrada pelos advogados em geral, não há que se falar em locupletamento.

7.5 Recusar-se a Prestar Contas

O inciso XXI do artigo 34 do Estatuto prevê como infração disciplinar: *recusar-se, injustificadamente, a prestar contas ao cliente de quantias recebidas dele ou de terceiros por conta dele.*

O advogado é obrigado a prestar contas ao cliente sempre que receber valores ou bens deste ou de terceiro por conta dele, conforme já dito nos comentários ao inciso XIX, devendo comprovar todas as despesas efetivamente realizadas, a fim de que possa devolver tão-somente o valor líquido não utilizado.

Esta infração é punível com suspensão, que perdura até que se satisfaça a dívida, inclusive com correção monetária, nos termos do artigo 37, § 2º, do Estatuto.

Muitas vezes, esta infração é cumulada com o locupletamento, como podemos observar pelas seguintes decisões do Conselho Federal:

> *Ementa 062/2003/SCA. Locupletamento às custas do cliente. Devolução parcial dos valores indevidamente recebidos. Prestação de contas incompleta. Suspensão do advogado até a reparação integral do dano. Inteligência dos artigos 34, incisos, XIX, XX e XXI e 37, § 2º da Lei nº 8.906/94. O locupletamento as custas do cliente, seguida de incompleta prestação de contas de valores recebidos de terceiros, configura infração ao Estatuto da Advocacia, sujeitando o infrator a suspensão do exercício da advocacia até a devolução dos valores retidos, inclusive com correção monetária. (Recurso nº 0178/2002/SCA-MT. Relator Originário: Conselheiro Federal Eloi Pinto de Andrade (AM). Relatora*

para o acórdão: Conselheira Federal Rosana Chiavassa (SP), julgamento: 10.02.2002, por maioria, DJ 16.07.2003, p. 47, S1).

Ementa 064/2002/SCA. Cabe recurso em face da decisão definitiva, unânime, do Conselho Seccional que em tese contraria a ampla defesa, garantida Constitucional e Estatutariamente, mas cuja análise esbarra no mérito – inteligência do artigo 75 do Estatuto e verificados os requisitos que revestem o recurso de admissibilidade. Advogado que se apodera de dinheiro de cliente e ao invés de prestar-lhe contas resolve firmar confissão de dívida, e ainda do instrumento de confissão faz constar que existem outras obrigações próprias da prestação de serviços advocatícios contratados a serem cumpridas, não pode pretender produção de provas de que a relação cliente/advogado deixou de existir e uma nova relação jurídica foi firmada, porque no sistema jurídico prevalece a utilidade das provas. Nenhuma prova poderia ser útil para retirar a força dos termos da confissão, que sequer foi rebatida pelo recorrente, e que comprova que a relação cliente/advogado original permaneceu. Ainda que não tivesse permanecido, falta de prestação de contas e locupletamento indevido de dinheiro de cliente configuram infrações disciplinares que não suportam o disfarce de uma confissão de dívida. Recurso conhecido, a que nega provimento para manter a decisão recorrida. (Recurso nº 0157/2002/SCA-SP. Relator: Conselheiro Waldemar Pereira Júnior (GO), julgamento: 09.09.2002, por maioria, DJ 27.09.2002, p. 963, S1).

PRESTAÇÃO DE CONTAS. INOCORRÊNCIA. LOCUPLETAMENTO. PRESCRIÇÃO.
Ementa: Processo disciplinar. Prescrição. Cerceamento de defesa. Falta de prestação de contas. Locupletamento. Provado à saciedade o locupletamento, ausente a prestação de contas e inocorrentes as prescrições qüinqüenal e intercorrente, mantém-se incólume a decisão da Seccional que aplicou a pena de suspensão de 30 dias e até que preste contas, por infrações aos incisos XX e XXI do art. 34 do EAOAB. (Proc. 001.879/98/SCA-RJ, Rel. Maria Domingas Gomes Laranjeiras, j. 19.10.98, DJ 09.11.98, p. 446). Similar: (Proc. 001.898/98/SCA-RJ, Rel. Alberto de Paula Machado, j. 19.10.98, DJ 09.11.98, p. 447).

Entretanto, a falta de prestação de contas não se confunde com o locupletamento. São duas infrações distintas, senão vejamos:

Ementa 078/2002/SCA. A locupletação não se confunde com a falta de prestação de contas, que pode ser realizada inclusive mediante recibo entregue ao contratante dos serviços advocatícios. A conduta incompatível com a advocacia punível via suspensão deve levar em conta o princípio da dosimetria e a clareza da demanda por punibilidade, nos termos do EAOAB. (Recurso nº 0162/2002/SCA-DF. Relator: Conselheiro Marcos Antonio Paiva Colares (CE), julgamento: 26.09.2002, por maioria, DJ 24.10.2002, p. 479, S1).

Por outro lado, se o advogado não encontra o cliente, ou se este se recusa a receber valores que lhe são devidos, é obrigação do patrono ajuizar, em face daquele, ação de prestação de contas antes que seja representado perante à OAB, de modo a evitar a ocorrência da infração disciplinar, eis que o ajuizamento posterior à representação não elide a infração disciplinar, conforme entendimento do Conselho Federal:

Ementa 109/2001/SCA. A prestação de contas somente apresentada quando o processo administrativo já foi instaurado não elide a falta disciplinar correspondente. Desnecessária se torna, por isso, a análise contábil das contas apresentadas nessas circunstâncias, mormente quando a decisão condenatória assenta-se em outros fundamentos, por si só suficientes para justificar o acolhimento da representação, sem excluir o exame das contas, feito de forma satisfatória. Processo em que, ademais, o representado exerceu amplamente o direito de defesa, apresentando alegações e produzindo prova testemunhal e documental, e no qual o contraditório foi observado sem restrições. Locupletamento à custa do cliente, desse modo, evidenciado, caracterizando conduta incompatível com a advocacia. Infrações dos incisos XX, XXI e XXV, do Estatuto e do art. 9º do Código de Ética e Disciplina, configuradas na espécie. Recurso de que se conhece, em face da invocação dos princípios constitucionais do contraditório e da ampla defesa, mas a que, no mérito, se nega provimento. (Recurso nº 1.971/99/SCA-GO. Relator: Conselheiro Paulo Roberto de Gouvêa Medina (MG), julgamento: 12.11.2001, por unanimidade, DJ 08.01.2002, p. 44, S1).

RECUSA DE PRESTAÇÃO DE CONTAS DE VALORES RECEBIDOS. PRÁTICA REITERADA. AGRAVAMENTO DA PENALIDADE.
Ementa: Receber valores e recusar-se a prestar contas configura a infração do inciso XXI do art. 34 da Lei 8.906/94 – Suspensão do exercício da advocacia nos termos do art. 37 da Lei 8.906/94 – Prática

reiterada com comportamento prejudicial à dignidade da advocacia – Multa cumulada na forma do art. 39 da Lei 8.906/94 – Prestação de contas após a instauração do processo não elide a configuração da falta disciplinar. (Proc. 1.946/99/SCA-PR, Rel. Nadja Diógenes Palitot Y Palitot (PB), Ementa 033/99/SCA, julgamento: 17.05.99, por unanimidade, DJ 26.05.99, p. 58, S1).

Ementa 084/2002/SCA. Suspensão. Retenção de valor pelo advogado. Alegação de desinteresse do cliente. Não se justifica a retenção pelo advogado de quantia devida ao seu cliente, decorrente de ação judicial, sob o argumento de que este não manifestou interesse em receber. Os meios legais apropriados, que bem conhece o advogado, devem ser utilizados para consignar o valor pertencente ao seu cliente. (2ª Câmara Julgadora do Conselho Federal. Recurso nº 1.869/98/SCA, DJ 18.05.98, pág 357, S1.) (OAB/SC – Pleno – Acórdão nº 093/98, julgado em 06/11/1998. Decisão unânime. Processo nº 100/96. Relator Conselheiro: Milton de Queiroz Garcia).

Nesse sentido, o Conselho Seccional do Rio de Janeiro se manifestou para julgar improcedente representação formulada após depósito de quantias em autos judiciais:

Número do Processo: 004.987/97
Relator: Antônio Pereira Leitão
RECUSA DE PRESTAÇÃO DE CONTAS. IMPROCEDÊNCIA DA REPRESENTAÇÃO.
Ementa: Comprovada dificuldade do advogado em vir a prestar contas ao seu cliente, que se transferira de município, sem comunicar à junta ou ao seu patrono, circunstância essa que provocou a devolução dos AR's, expedidas pela OAB, a par da quantia já ter sido depositada nos autos judiciais e a disposição do juízo, descaracterizada se torna qualquer infração disciplinar. representação improcedente e decorrente arquivamento deste feito disciplinar. decisão unânime.
Órgão Julgador: 2ª Turma
Data do Julgamento: 10/08/1998

Não pode, ainda, o advogado compensar valores de honorários advocatícios que tem a receber, com valores que deve pagar ao cliente, sem a prévia anuência deste ou previsão em contrato de honorários:

Ementa 075/2002/SCA. Prestação de contas espontaneamente apresentada, compensando honorários advocatícios e somente contestada após dois anos, não caracteriza o comportamento previsto no inciso

XX e XXI, do EAOAB. Tácita foi a anuência à compensação. Entretanto é de se reconhecer o comportamento aético de Advogado que compensa honorários de valores recebidos de clientes sem prévia autorização ou previsão contratual. Infração ética punida com censura, transformada em advertência pela existência dos pressupostos do art. 40 do EAOAB. (Recurso nº 0136/2002/SCA-AM. Relatora: Conselheira Ana Maria de Farias (RN), julgamento: 26.09.2002, por maioria, DJ 24.10.2002, p. 479, S1).

No tocante à prescrição em infrações continuadas:

Ementa 036/2003/SCA. Ausência de prestação de contas e retenção de numerários de clientes: infrações continuadas. Regime prescricional diferenciado, no que diz respeito ao termo a quo. (Recurso nº 0076/2003/SCA-SP. Relator: Conselheiro Sergio Ferraz (AC), julgamento: 18.03.2003, por unanimidade, DJ 15.04.2003, p. 456, S1).

7.6 Reter Abusivamente ou Extraviar Autos

O inciso XXII do artigo 34 do Estatuto prevê como infração disciplinar: *reter, abusivamente, ou extraviar autos recebidos com vista ou em confiança.*

O tipo prevê duas hipóteses de infração disciplinar:

1) reter abusivamente autos recebidos com vista ou em confiança;

2) extraviar autos recebidos com vista ou em confiança.

Muito têm-se falado do direito do advogado, previsto no artigo 7º, inciso XV (*ter vista dos processos judiciais ou administrativos de qualquer natureza, em cartório ou na repartição competente, ou retirá-los pelos prazos legais*), e é constante a luta da OAB para fazer valer esse direito à classe.

Entretanto, o advogado ou estagiário que retirar autos deve devolvê-los tão logo termine o prazo, sob pena de sujeitar-se às sanções civis, processuais (arts. 195 e 196 do CPC) e disciplinares.

O advogado que causar prejuízo à parte por retenção abusiva ou extravio de autos pode ser responsabilizado pela reparação civil dos danos, sempre devendo ser comprovada a sua culpa.

A abusividade da retenção, porém, é um dos requisitos para a tipificação da infração. Para configurar o abuso do direito de retenção é necessário provar a intenção de aproveitar-se da situação ou de causar prejuízo, bem como é necessário provar o prejuízo.

Não serão consideradas abusivas as retenções decorrentes de caso fortuito, força maior ou impossibilidade superveniente.

É considerada retenção abusiva, por exemplo, quando o advogado não atende a intimação para que devolva os autos, conforme entendimento do Conselho Federal:

> *Retenção abusiva de autos. Configuração da infração quando não devolve após intimação. Proporcionalidade na aplicação da pena. (Proc. nºs 2.071/99/SCA-PR, 2.072/99/SCA-PR e 2.073/99/SCA-PR, Rel. Nereu Lima (RS), Ementa 008/2000/SCA, julgamento: 14.02.2000, por unanimidade, DJ 23.02.2000, p. 186, S1).*

No segundo caso, ou seja, no extravio de autos, também deve ser considerada a intenção de fazê-lo, acrescida da culpabilidade.

A responsabilidade pela devolução dos autos é sempre do advogado, senão vejamos:

> *RETENÇÃO ABUSIVA DE AUTOS. INADMISSIBILIDADE DE RESPONSABILIZAR EMPREGADA DO ESCRITÓRIO.*
> *Ementa: Retenção abusiva de autos: caracterização. Dolo: elemento não-essencial. Atribuição da responsabilidade a funcionária do escritório: inadmissibilidade. (Proc. 2.135/2000/SCA-PR, Rel. Sergio Ferraz (AC), Ementa 058/2000/SCA, julgamento: 12.06.2000, por unanimidade, DJ 03.07.2000, p. 59, S1e).*

> *RETENÇÃO ABUSIVA DE AUTOS. INFRAÇÃO DISCIPLINAR.*
> *Ementa: Retenção abusiva de autos não elide a responsabilidade do advogado à circunstância de terem estado os autos, segundo alegou, em poder de contador para elaboração de cálculos, tanto mais porque não houve de sua parte qualquer iniciativa no sentido de apressar a devolução nem mesmo teve ele o cuidado de comunicar o fato ao Juízo, em conseqüência do que, dois anos depois da retirada dos autos da Secretaria, veio a ser expedido contra o advogado mandado de busca e apreensão. Recurso de que se conhece, apesar do erro grosseiro verificado na interposição, atendendo ao princípio do informalismo, mas a que, no mérito, se nega provimento. (Proc. nº 1.594/94/SC, Rel. Paulo Roberto de Gouvêa Medina, j. 05.12.94, v.u., DJ de 13.12.94, p. 34.702).*

No tocante ao extravio dos autos, o Conselho Seccional do Rio de Janeiro se manifestou:

Número do Processo: 099.025/89
Relator: Antônio Pereira Leitão
RECURSO. EXTRAVIO DE AUTOS.
Ementa: O Advogado que Provoca o Extravio de Inventário, onde Existia um Testamento Particular, Cerrado e que Sobre o qual Pesavam Sérias Presunções de ser Fraudulento, não pode Alegar, sem Provas, que Entregara os Ditos Autos a Terceiros, para Tentar Escapar de Ação Disciplinar. Os Embargos Infringentes devem, por essas Razões, ser Conhecidos, Mas Desprovidos. Decisão Unânime.
Órgão Julgador: Órgão Especial
Data do Julgamento: 18/06/1998

7.7 Deixar de Pagar à OAB

O inciso XXIII do artigo 34 do Estatuto prevê como infração disciplinar: *deixar de pagar as contribuições, multas e preços e serviços devidos à OAB, depois de regularmente notificado a fazê-lo.*

Note-se que esta infração é um complemento à infração prevista no inciso XVI. Enquanto naquela seria aplicada a sanção de censura por deixar de cumprir determinação da OAB, nesta é aplicada uma sanção muito mais grave, a sanção de suspensão, por deixar de pagar à OAB.

Tanto em uma quanto em outra é necessário que haja a notificação para, após o término do prazo (15 dias), *in albis*, ser configurada a infração. (Vide comentários ao inciso XVI).

Também nesta hipótese a suspensão perdura até que o punido satisfaça integralmente a dívida, inclusive com correção monetária, nos termos do art. 37, § 2º, do Estatuto.

7.8 Inépcia Profissional

O inciso XXIV do artigo 34 do Estatuto prevê como infração disciplinar: *incidir em erros reiterados que evidenciem inépcia profissional.*

Trata-se de uma infração muito grave, uma vez que, com a proliferação dos cursos jurídicos no País, houve uma repentina explosão de Bacharéis em Direito e, conseqüentemente, de advogados no mercado de trabalho. Ocorre que alguns cursos jurídicos não ofereceram, ou não estão oferecendo, uma formação de boa qualidade aos seus acadêmicos, o que acaba por formar profissionais sem um preparo adequado para o exercício da profissão.

Então fica a pergunta: *não é para isso, testar o conhecimento do pretenso advogado, que existe o exame de ordem?*

E eu respondo: sim. No entanto, ainda que a tendência seja elaborar um Exame de Ordem cada vez mais rigoroso para evitar a aprovação de quem não tenha preparo para o exercício da profissão, não há como evitar que estes profissionais acabem sendo aprovados e passem a exercê-la.

O aluno que pensa que, passando no Exame de Ordem, poderá exercer livremente a advocacia, e nunca mais terá de prestar novos exames, está enganado. Se cometer a infração em tela, poderá sofrer a sanção de suspensão, que perdurará até que preste novas provas de habilitação, conforme o § 3º do art. 37 do Estatuto. Nesse sentido, o Egrégio Conselho Federal decidiu:

> *INÉPCIA PROFISSIONAL. NECESSIDADE DE NOVAS PROVAS DE HABILITAÇÃO.*
> *Ementa: Inépcia profissional. Aprovação em Exame de Ordem não significa declaração, para sempre, de aptidão. Evidenciada inaptidão superveniente, deverá a OAB exigir do advogado pena de suspensão do exercício e provas de suficiência. (Proc. nº 1.608/95/SC, Rel. Sérgio Ferraz, j. 04.09.95, v.u., DJ de 23.11.95, p. 40.371).*

Que fique registrada uma coisa: a culpa pela formação de má-qualidade não é só do profissional, mas também das Universidades que fazem do ensino apenas e tão-somente um "negócio lucrativo".

Todavia, o cometimento desta infração não é privilégio apenas dos recém-formados. Infelizmente, profissionais com muitos anos de profissão também acabam por cometê-la.

A reiteração dos erros é requisito essencial para a configuração desta infração. Caso contrário, qualquer erro que o advogado cometesse seria passível de tipificação. Os erros podem ser de técnica jurídica ou de linguagem.

Assim, supondo que um advogado, no curso de um processo que patrocine, cometa muitos erros em todas as suas peças, de forma a não mais serem tais erros admitidos como escusáveis, neste caso há a reiteração.

O Conselho Federal decidiu:

> *Ementa 10/2003/OEP. Inépcia Profissional.* Erros grosseiros e reiterados, que se refletem tanto no plano jurídico quanto no cometimento do uso do vernáculo, a revelam grave deficiência de formação, ajustam-se a hipótese inscrita no art. 34, inciso XXIV do EAOAB. A gravidade de tais erros, verificados na elaboração da peça inaugural e repetidos em petições intermediárias e na interposição de recursos, revela despreparo para o exercício profissional, e por isso não comporta tolerância nem admite sejam relevados. Afinal, "a condescendência com a inépcia profissional expõe a comunidade a prejuízos, além de comprometer o conceito público e a dignidade da advocacia" (Paulo Luiz Neto Lobo). De outra feita, a incontinência verbal – pelo uso de expressões ofensivas – em petições, com desprezo do dever de respeito e urbanidade a juízes e colegas advogados, reclamam a instauração de processo disciplinar para apuração da infração ética pela prática de injúria e ausência de urbanidade. Provimento do recurso para, restabelecendo a decisão do Tribunal de Ética da Seccional de Goiás, aplicar aos representados a interdição profissional, até que os recorridos prestem novas provas de habilitação. Recurso conhecido e provido. (Recurso nº 0012/2002/OEP-GO. Relator: Conselheiro José Brito de Souza (MA), julgamento: 17.03.2003, por unanimidade, DJ 24.04.2003, p. 380, S1).

Em sentido contrário, entendendo que erros em apenas um processo não são o suficiente para configurar a reiteração, sendo necessária análise em diferentes processos e por período continuado:

> *Ementa 112/2002/SCA. Inépcia profissional* exige erros reiterados para configuração, em diferentes processos e por período continuado. Análise de único processo torna insuficiente o exame. Recurso conhecido e provido. (Recurso nº 2360/2001/SCA-SP. Relator: Conselheiro Roberto Gonçalves de Freitas Filho (PI), julgamento: 09.12.2002, por unanimidade, DJ 20.12.2002, p. 61, S1).

> *Ementa 020/2002/SCA. Inépcia profissional.* Exegese do art. 34, XXIV do EOAB. Erros reiterados devem ser verificados em vários processos e em tempo razoável para configuração. Falhas eventuais na atuação profissional em processo específico não tipifica inépcia pro-

fissional. Provimento do recurso com recomendação para que os advogados freqüentem e concluam o curso de reciclagem profissional. Conduta que emerge nas petições de defesa e recurso com ausência dos deveres de respeito e urbanidade a Juiz e colegas advogados. Determinação de abertura de procedimento disciplinar para apurar possível infração ética. (Recurso nº 2439/2001/SCA-GO. Relator: Conselheiro Delosmar Domingos Mendonça Júnior (PB), julgamento: 10.12.2001, por maioria, DJ 13.06.2002, p. 467, S1).

Há, ainda, decisões que determinam a comunicação à Comissão de Ensino Jurídico da OAB para tomar providências contra o curso jurídico que formou o "mau" (sic) profissional:

INÉPCIA PROFISSIONAL. ERROS REITERADOS. INFRAÇÃO CONFIGURADA
Ementa: Inépcia profissional evidente e comprovada deve gerar a necessidade da suspensão do exercício profissional até que o representado faça novo exame de ordem, bem como o fato deve ser comunicado à Comissão de Ensino Jurídico para registro e providências que julgar cabíveis contra o Curso Jurídico que formou o mau profissional. (Proc. 1.875/98/SCA-SP, Rel. Clovis Cunha da Gama Malcher Filho (PA), Ementa 041/99/SCA, julgamento: 08.03.99, por maioria, DJ 26.05.99, p. 59, S1). (Similares: Proc. 1.953/99/SCA-BA, Rel. Nereu Lima (RS), julgamento: 17.05.99, por unanimidade, DJ 26.05.99, p. 58, S1 – Proc. 2.061/99/SCA-SP, Rel. Sergio Ferraz (AC), julgamento: 06.12.99, por unanimidade, DJ 24.12.99, p. 4, S1 – Proc. 2.032/99/SCA-SC, Rel. Rosana Chiavassa (SP), julgamento: 06.12.99, por unanimidade, DJ 24.12.99, p. 4, S1 – Recurso nº 2.113/2000/SCA. Rel. Nereu Lima (RS). Data de julgamento: 10.04.2000, por unanimidade, DJ 18.04.2000, p. 85, S1) .

Eis aqui uma decisão que dá um exemplo de erros reiterados e grosseiros:

ERROS REITERADOS E GROSSEIROS. INÉPCIA PROFISSIONAL.
Ementa: Inépcia profissional. Configura-se quando o advogado, em atos reiterados, demonstra graves deficiências de formação, a ponto de dirigir-se ao chefe do M.P. invocando poderes somente atribuídos aos Juízes e tribunais, além de usar expressões sem sentido, cometer erros grosseiros de linguagem e formular pedidos manifestamente inadequados. Suspensão do exercício profissional, até que o advogado preste novas provas de habilitação. Recurso a que se nega provimento para manter a decisão de primeiro grau. (Proc. nº 1.577/94/SC, Rel.

Paulo Roberto de Gouvêa Medina, j. 07.11.94, v.u., DJ de 14.11.94, p. 31.107).

7.9 Manter Conduta Incompatível com a Advocacia

O inciso XXV do artigo 34 do Estatuto prevê como infração disciplinar: *manter conduta incompatível com a advocacia.*

O parágrafo único do artigo 34 prevê: *inclui-se na conduta incompatível:*

a) prática reiterada de jogo de azar, não autorizado por lei;

b) incontinência pública e escandalosa;

c) embriaguez ou toxicomania habituais.

Note-se que as três alíneas do parágrafo único são exemplificativas, não encerrando a questão. O entendimento do Conselho Federal a seguir transcrito chega a ser didático:

Ementa 102/2003/SCA. 1. – DESCLASSIFICAÇÃO DA INFRAÇÃO DISCIPLINAR – NOVO ENQUADRAMENTO JURÍDICO DA CONDUTA – AUSÊNCIA DE NULIDADE. Conforme jurisprudência consolidada da Excelsa Corte (v.g. RHC 6877-RJ, Rel. Min.Celso Mello, RTJ, Vol. 142, pág. 576), a instância superior pode dar aos fatos definição jurídica diversa aquela constante do libelo acusatório. Assim, é possível durante a instrução processual, ou até mesmo na fase recursal, ocorrer novo enquadramento jurídico da conduta infracional do Representado, aplicando-se pena diversa daquela inicialmente prevista, desde que os fatos sejam os mesmos. 2 – CONDUTA INCOMPATÍVEL – Por conduta incompatível tem-se o comportamento grave do advogado, que macula a sua imagem profissional pública. O próprio Estatuto exemplifica casos de conduta incompatível: prática reiterada de jogo de azar, incontinência pública e escandalosa, embriaguez ou toxicomania habituais. A disposição estatutária sobre tal conduta (§ único, art. 34) é exemplificativa, mas as hipóteses mencionadas dão idéia do tipo de conduta de que cuida. A infração deve ser grave, com exposição pública e reiterada que macule a imagem do profissional e da própria advocacia. Não é o caso da prestação tardia de contas, pois esta infere-se na relação privada cliente-advogado e pode decorrer dos mais variados fatores, inclusive de desentendimento entre eles, como é o caso dos autos. (Recurso nº 0089/2003/SCA-SP. Relator: Conselheiro

Federal Alberto de Paula Machado (PR), julgamento: 15.09.2003, por maioria, DJ 02.10.2003, p. 516, S1).

Deve ser considerada conduta incompatível toda aquela que for prejudicial à reputação e à dignidade da advocacia.

Seguem alguns exemplos, em julgados do Conselho Federal:
- A reiterada e injustificada retirada e extravio de autos:

Ementa 088/2002/SCA. 1) A cumulação de processos análogos e a limitação no número de testemunhas são providências afetas ao órgão (e ao relator) a quem incumbe a instrução, no exercício da sua atribuição de condenação processual. 2) Praticar reiterada e injustificadamente a retirada e extravio de autos faz o advogado incurso nas pechas do artigo 2º, incisos, I a III, do Código de Ética e Disciplina, tipificando, ademais, as infrações dos incisos XXV e XXVII do artigo 34, do Estatuto. (Recurso nº 0230/2002/SCA-ES. Relator: Conselheiro Sergio Ferraz (AC), julgamento: 26.09.2002, por unanimidade, DJ 24.10.2002, p. 480, S1).

- Envolvimento sexual com cliente menor de idade:

Ementa 024/2003/SCA. Conduta incompatível com a advocacia. Basta para caracterizá-la um único episódio, conforme a sua gravidade. Como tal se considera a atitude do profissional que, designado advogado dativo para promover medida judicial no interesse de certa menor, com esta de envolve, num relacionamento espúrio, induzindo-a a ir a sua companhia a um motel e com ela praticando conjunção carnal. Circunstância no caso verificada, que não pode deixar de influir, porém, na fixação da pena: a de não ser a menor pessoa propriamente inexperiente e pela sua conduta anterior ser de admitir-se tenha contribuído, de algum modo, para o erro em que incidiu o advogado. Ausência de antecedentes disciplinares. Recurso de que se conhece e a que se dá provimento em parte, para aplicar ao recorrente pena de suspensão do exercício profissional por 03 (três) meses. (Recurso nº 0385/2002/SCA-PR. Relator: Conselheiro Paulo Roberto de Gouvêa Medina (MG), julgamento: 17.03.2003, por maioria, DJ 15.04.2003, p. 455, S1).

- Valer-se de agenciador de causas, dividindo com este, meio a meio, o resultado financeiro auferido:

Ementa 125/2002/SCA. Comete a infração contida no inciso III, IV e XXV, do art. 34, do EOAB, o advogado que se utiliza de agenciador de causas, dividindo com este, o resultado financeiro auferido, meio a meio, comprovado por demonstrativos contábeis assinados pelo advogado e o interveniente. O advogado que assim procede, mantém conduta incompatível com a advocacia. Mantida a decisão prolatada pela Seccional da OAB/São Paulo. (Recurso nº 0317/2002/SCA-SP. Relatora: Conselheira Ana Maria de Farias (RN), julgamento: 10.12.2002, por unanimidade, DJ 20.12.2002, p. 62, S1).

- Utilização de procuração de cliente falecido, quando o advogado tenha ciência do falecimento:

Ementa 122/2002/SCA. Utilização de procuração após o falecimento do outorgante – Advogado que tinha conhecimento do fato – Conduta incompatível com a advocacia. Viola a norma contida no art. 34, inciso XXV do Estatuto da Advocacia e da OAB o advogado que utiliza procuração após a morte do mandante, mormente porque o causídico tinha total conhecimento do fato. A conduta é incompatível com a advocacia e passível de punição. Pena de suspensão do exercício da advocacia por seis meses. Recurso conhecido e parcialmente provido. (Recurso nº 0309/2002/SCA-CE. Relator: Conselheiro Eloi Pinto de Andrade (AM), julgamento: 09.12.2002, por maioria, DJ 20.12.2002, p. 62, S1).

- Agir temerariamente contra a honra alheia, constantemente, em petições e entrevistas:

Ementa 095/2002/SCA. Justifica-se a suspensão preventiva (Estatuto, art. 70, § 3º) quando o advogado, agindo temerariamente, assaca contra a honra alheia, em petições e entrevistas, fazendo desse tipo de comportamento uma constante, a ponto de criar, no meio forense, fundadas preocupações com a sua conduta, sobretudo em vista das ameaças que costuma fazer a colegas e juízes. Tais atitudes denotam conduta incompatível do advogado e causam repercussão prejudicial à dignidade da advocacia. Tanto mais grave se mostra o comportamento do advogado que assim age quando, ao adotar esse estilo, no exercício da profissão, dá margem a que se questione sua aptidão profissional, em face de incidentes temerários que freqüentemente cria e de erros primários que estaria a cometer, provocando indeferimento liminar de petições que apresenta, notadamente, aos Tribunais Superiores. Recurso de que se conhece, mas ao qual se nega provimento. (Recurso nº 0206/2002/SCA-MT. Relator: Conselheiro Paulo Roberto de Gouvêa Medina (MG), julgamento: 14.10.2002, por unanimidade, DJ 05.11.2002, p. 414, S1).

7.10 Reincidência em Infração Disciplinar

A suspensão é aplicada, também, para os casos de reincidência em infração disciplinar, conforme preceitua o artigo 37, inciso II, do Estatuto:

Art. 37. *A suspensão é aplicável nos casos de:*
I – infrações definidas nos incisos XVII a XXV do art. 34;
II – reincidência em infração disciplinar.

Assim, mesmo que o infrator tenha cometido infração punível com censura, deverá ser aplicada a pena de suspensão, se for reincidente em infração disciplinar, ainda que a segunda infração cometida não tenha a mesma tipificação da primeira, lembrando que a reincidência também é considerada agravante.

Destarte:

- se o advogado cometeu a primeira e a segunda infrações puníveis com censura, na reincidência, sofrerá a sanção de suspensão;
- se cometeu a primeira punível com censura e a segunda, com suspensão, sofrerá a sanção de suspensão na reincidência;
- se cometeu a primeira punível com suspensão e a segunda, com censura, sofrerá a sanção de suspensão na reincidência;
- e se cometeu a primeira e a segunda puníveis com suspensão, sofrerá a sanção de suspensão.

O Conselho Seccional do Rio de Janeiro decidiu:

Número do Processo: 203.041/96
Relator: Célio Salles Barbieri
CAPTAÇÃO DE CLIENTELA.
Ementa: Propaganda Imoderada Importando em Captação de Clientela. Honorários Descometidos. Reincidência em Infrações Disciplinares. Suspensão por 60 (Sessenta) Dias, na Forma do Inciso II do Artigo 37 do Estatuto da Ordem. Decisão por Maioria. Voto Vencido: Bruno Emílio dos Santos.
Órgão Julgador: 3ª Turma
Data do Julgamento: 27/08/1998

Número do Processo: 112.104/94
Relator: Augusto Alves Moreira
ABANDONO DE CAUSA. PREJUDICAR O CLIENTE POR CULPA GRAVE.
Ementa: ADVOGADO LEGITIMAMENTE CONSTITUÍDO QUE NÃO OFERECE CONTESTAÇÃO E NÃO PETICIONA A TEMPO, NEM COMPARECE A AUDIÊNCIA. INFRINGE OS INCISOS IX E XI DO ART. 34, DA LEI 8.906/94, SUJEITANDO-SE A PENA DE CENSURA CONFORME PRECEITUA O INCISO I DO ART. 36 DA REFERIDA LEI. CONSTATADA A SUA REINCIDÊNCIA, APLICA-SE A PENA DE SUSPENSÃO POR 30 (TRINTA) DIAS, NOS TERMOS DO INCISO II, DO ART. 37 DA JÁ CITADA LEI. DECISÃO UNÂNIME.
Órgão Julgador: 3ª Turma
Data do Julgamento: 25/11/1996

Decisão do Conselho Federal:

Ementa 060/2001/SCA. Estando presente nos autos informação sobre condenação anterior do advogado em processo disciplinar junto à Seccional, já apenando-lhe com a suspensão por infração diversa, não pode a mesma instância deixar de aplicar a regra do inciso II, do art. 37, do EOAB, diante da flagrante reincidência na prática de infração disciplinar, independente de que tenha a decisão pretérita transitado em julgado. Decidir de modo diverso, seria descumprir a normação do inciso II daquele artigo, bem como inviabilizar uma possível, necessária e futura adoção da fórmula prescrita no inciso I, do art. 38, sempre do Estatuto da Advocacia. (Recurso nº 2.203/2000/SCA-SC. Relator: Conselheiro Alberto de Paula Machado (PR). Relator para o acórdão: José Alvino Santos Filho (SE), julgamento: 12.12.2001, por maioria, DJ 14.08.2001, p. 1169, S1e).

Questionário

1. **Indique a variante errada ensejadora da sanção de suspensão do exercício profissional, quando o advogado pratica pela primeira vez uma das ações abaixo contempladas:**[2]
    a) Prestar concurso a cliente ou a terceiro para realização de ato contrário à lei;
    b) Acarretar conscientemente por ato próprio, a anulação ou a nulidade do processo em que atue;

---

2. Extraída do Exame de Ordem nº 118 da OAB/SP.

c) solicitar ou receber do cliente importância para qualquer aplicação desonesta;
d) Receber valor de terceiro relacionado com o objeto do mandato, sem expressa autorização do constituinte.

2. **Constituem infração disciplinar: deturpar o teor de dispositivo de lei, de citação doutrinária ou de julgado, bem como de depoimentos, documentos e alegações da parte contrária, para confundir o adversário ou iludir o juiz da causa, e recusar-se, injustificadamente, a prestar contas ao cliente de quantias recebidas dele ou de terceiros por conta dele. As penas correspondentes a tais atos são, respectivamente:**[3]
   a) as de suspensão e censura;
   b) as de suspensão e exclusão;
   c) as de suspensão e multa;
   d) as de censura e suspensão.

3. **Qual dos procedimentos abaixo não constitui uma infração disciplinar típica do advogado:**[4]
   a) Pedir dinheiro ao cliente para dar ao escrevente do processo, para que este consiga com o juiz uma sentença favorável;
   b) Mandar publicar na imprensa, freqüentemente, os seus arrazoados forenses;
   c) Recusar-se a prestar contas do mandato ao cliente, porque este se recusa a pagar-lhe os honorários contratados;
   d) Estabelecer entendimento com o advogado adversário em processo que patrocinam, sem o conhecimento prévio dos respectivos clientes.

4. **O que é permitido, expressamente, pelo Código de Ética e Disciplina da OAB?**
   a) Que o crédito de honorários advocatícios autoriza o saque de duplicata de prestação de serviços pelo Advogado;
   b) Que, em defesa própria, quando se veja afrontado pelo cliente, o Advogado pode utilizar as confidências feitas por ele, cliente, mesmo sem autorização do mesmo, porém sempre restrito ao interesse da causa;

---

3. Extraída do Exame de Ordem nº 120 da OAB/SP.
4. Extraída do Exame de Ordem de março de 2003 da OAB/RJ.

c) Que o Advogado cobre honorários sob a forma de participação em bens particulares de clientes, comprovadamente sem condições pecuniárias, sem contrato escrito de honorários;
d) Que o Advogado pode debater, em veículo de divulgação, causa sob seu patrocínio.

5. **O advogado Pedro Pedreira – que já havia sido punido uma vez pela OAB/RJ –, por desinteresse e sem o conhecimento do cliente, abandonou a causa para a qual fora constituído e estava atuando. Pergunta-se: qual a pena disciplinar a ser aplicada, no caso, ao advogado Pedro Pedreira?**[5]
   a) Pena de multa;
   b) Pena de censura (com ou sem multa);
   c) Pena de suspensão do exercício da advocacia (com ou sem multa);
   d) Pena de exclusão do Quadro de Advogados da OAB/RJ.

6. **A participação do advogado em bens particulares de cliente, comprovadamente sem condições pecuniárias:**[6]
   a) é de livre estipulação entre cliente/advogado, desde que contratada por escrito;
   b) enseja manifestação e autorização do Tribunal de Ética Profissional;
   c) encontra-se dentro dos parâmetros do contrato *quota litis*;
   d) é tolerada em caráter excepcional e desde que contratada por escrito.

7. **O advogado que tenha sofrido penalidade – sanção disciplinar – pode requerer ao Conselho da OAB:**[7]
   a) reabilitação, após um ano do cumprimento da penalidade;
   b) remissão, após dois anos do cumprimento da penalidade;
   c) recondução, após um ano do cumprimento da penalidade;
   d) revisão da pena, após dois anos do cumprimento da penalidade.

---

5. Extraída do Exame de Ordem de dezembro de 2002 da OAB/RJ.
6. Extraída do Exame de Ordem nº 121 da OAB/SP.
7. Extraída do Exame de Ordem nº 07/2002 da OAB/CE.

8. **Julgue os itens a seguir:**[8]
   I – Exercem atividade de advocacia, sujeitando-se ao regime desta Lei, além do regime próprio a que se subordinem, os integrantes da Advocacia Geral da União, da Procuradoria da Fazenda Nacional, da Defensoria Pública e das Procuradorias e Consultorias Jurídicas dos Estados, do Distrito Federal, dos Municípios e das respectivas entidades de administração indireta e fundacional.
   II – Não há hierarquia nem subordinação entre advogados, magistrados e membros do Ministério Público, devendo todos tratar-se com consideração e respeito recíprocos.
   III – Não se inclui na atividade privativa da advocacia a impetração de mandado de segurança em qualquer instância ou Tribunal.
   IV – Os atos e contratos constitutivos de pessoas jurídicas, sob pena de nulidade, só podem ser admitidos a registro, nos órgãos competentes, quando visados por advogados.
   A conclusão é no sentido de que:
   a) mostra-se correta apenas a afirmação do item I;
   b) são corretas todas as afirmações;
   c) mostram-se corretas as afirmações dos itens I, II e III;
   d) são corretas apenas as afirmações dos itens I, II e IV.

9. **Assinale a opção incorreta:**[9]
   a) O impedimento determina a proibição total, e a incompatibilidade, a proibição parcial do exercício da advocacia;
   b) A incompatibilidade determina a proibição total, e o impedimento, a proibição parcial do exercício da advocacia;
   c) A advocacia é incompatível, mesmo em causa própria, para os ocupantes de funções de direção e gerência em instituições financeiras, inclusive privadas;

---

8. Extraída do Exame de Ordem nº 4/2002 da OAB/CE.
9. Extraída do Exame de Ordem nº 4/2002 da OAB/CE.

d) São impedidos de exercer a advocacia os servidores da administração direta, indireta e fundacional, contra a Fazenda Pública que os remunere ou à qual seja vinculada a entidade empregadora.

10. **Assinale a alternativa CORRETA, segundo o Estatuto e o Código de Ética e Disciplina da OAB.**[10]
    a) Aplica-se a prescrição a todo processo disciplinar paralisado por mais de três anos, pendente de despacho ou julgamento, podendo ser arquivado somente quando a parte assim o requerer;
    b) As sanções devem constar dos assentamentos do inscrito, após o trânsito em julgado da decisão;
    c) As sanções disciplinares consistem em censura, suspensão, exclusão, desagravo e multa;
    d) O advogado apenado por duas vezes com suspensão poderá ser excluído dos quadros da OAB.

---

10. Extaída do Exame de Ordem de abril/2003 da OAB/SC.

CAPÍTULO 8

CASOS EM QUE SÃO APLICÁVEIS A SANÇÃO DE EXCLUSÃO

Inicialmente, é preciso notar que, diferentemente das outras sanções, esta não é aplicada pelo Tribunal de Ética e Disciplina, uma vez que a sua aplicação é de competência exclusiva do Conselho Seccional, conforme parágrafo único do artigo 38, o qual prevê que: Para a aplicação da sanção disciplinar de exclusão é necessária a manifestação favorável de dois terços dos membros do Conselho Seccional competente.

Assim, mister se faz lembrar o que já foi dito a respeito da sanção disciplinar de exclusão:

O Conselho Seccional é o órgão competente para a aplicação da pena de exclusão de inscrito, conforme ementa do Conselho Seccional, senão vejamos:

PENA DE EXCLUSÃO. COMPETÊNCIA EXCLUSIVA DO CONSELHO SECCIONAL. Pena de exclusão. Competência. A competência para aplicação da pena de exclusão é privativa do Conselho Seccional, nos precisos termos do parágrafo único, do artigo 38 da Lei 8.906/94. Decisões de Conselho Subseccional e do Tribunal de Ética em tais casos servem, apenas, como mero indicativo ao julgamento do Conselho Seccional, não possuindo eficácia decisória. (Proc. 001.861/98/SCA-SC, Rel. Roberto Gonçalves de Freitas Filho, j. 08.06.98, DJ 01.07.98, p. 222.)

É necessário *quorum* de presença de dois terços dos conselheiros (artigo 108 do Regulamento Geral), devendo haver manifestação favorável à exclusão de, no mínimo, esse *quorum* de dois terços, ou seja, se comparecerem apenas dois terços dos membros do Conselho Seccional, todos deverão ser favoráveis, confirmando a decisão do Tribunal de Ética e Disciplina.

O Conselho Federal da OAB tem entendido dessa forma:

Ementa 010/2002/SCA. Inatingido o quorum de 2/3, para aplicação da pena de exclusão, o órgão julgador deve fazer incidir a penalidade que entender cabível, salvo a que obstada pelo número insuficiente de votos. (Recurso nº 2.410/2001/SCA-MS. Relator: Conselheiro Sergio Ferraz (AC), julgamento: 18.02.2002, por unanimidade, DJ 12.03.2002, p. 543, S1).

Ementa 012/2001/OEP-GO. Procedimento ético-disciplinar – Julgamento do Conselho Seccional que não atinge o quorum qualificado para aplicar a pena de exclusão (Estatuto da EOAB, art. 38, parágrafo único), não implica, necessariamente absolvição do representado, tendo em vista a sua capitulação anterior em ilícitos previsto estatutariamente – Devolução dos autos ao Tribunal de Ética e Disciplina para novo julgamento, vedada a repetição da aplicação da pena de exclusão, respeitando-se expressa previsão regimental da Seccional. (Processo 302/2001/OEP-GO. Relatora: Conselheira Rosa Júlia Plá Coêlho (CE). Revisor: Conselheiro Marcelo Henriques Ribeiro de Oliveira (DF), julgamento: 04.06.2001, por maioria, DJ 08.06.2001, p. 724, S1e).

A exclusão do inscrito do quadro da OAB na Seccional onde mantiver uma de suas inscrições é valida para todo o território nacional, não podendo o apenado com exclusão manter inscrição em outra Seccional, conforme ementa do Conselho Federal:

Ementa 024/2002/PCA. 1. Exclusão de advogado na OAB/SP. Extensão à inscrição suplementar na OAB/MT. 2. O pedido revisional deve dirigir-se à OAB/SP, e não à OAB/MT, que apenas cumpriu determinação do Conselho Federal. 3. Recurso não provido. (Recurso nº 5.575/2001/PCA-MT. Relator: Conselheiro Marcelo Guimarães da Rocha e Silva (SP). Redistribuição: Conselheiro Roberto Ferreira Rosas (AC). Revisor: Conselheiro Edgard Luiz Cavalcanti de Albuquerque (PR), julgamento: 18.03.2002, por unanimidade, DJ 24.05.2002, p. 344, S1).

8.1 Aplicação, por Três Vezes, de Suspensão

Assim como a censura e a suspensão têm suas exceções, que fogem aos incisos do artigo 34 do Estatuto (art. 36, II e III, e art. 37, II), a aplicação da sanção de exclusão não é diferente. O inciso I do artigo 38 prevê a aplicação da exclusão nos casos de: *aplicação, por três vezes, de exclusão.*

Assim como a reincidência em infração disciplinar acarreta a aplicação da sanção de suspensão, a aplicação desta, por três vezes, acarreta a aplicação da sanção de exclusão.

Entretanto, nesse caso, a exclusão não é automática, como na hipótese da reincidência; é necessário que seja aberto um procedimento de exclusão, no qual o Tribunal de Ética e Disciplina deve recorrer de ofício ao Conselho Seccional, independentemente do recurso voluntário.

Havia um entendimento do Conselho Federal, hoje já superado, de que a aplicação da pena de exclusão se dava a advogado que tinha sofrido três penas de suspensão, quando não praticou ele nos autos de processo de ética e disciplina as infrações previstas no inciso II do artigo 38 da Lei 8.906/94, entendendo que a pena de exclusão era aplicada automaticamente após o trânsito em julgado de suspensão.

Hoje, o entendimento majoritário é de que há a necessidade de instauração de processo específico para a exclusão, senão vejamos:

> *1042. Exclusão. Exigência de três suspensões anteriores. Exigência de instauração de processo disciplinar para exclusão, com ampla defesa. 1. Exclusão – Três suspensões – Inexistência de dupla punição. A jurisprudência do Conselho Federal, em obediência ao princípio de ampla defesa e do devido processo legal, tem entendido que para a aplicação da pena de exclusão pela hipótese contemplada no inciso I, do artigo 38 da Lei 8.906/94, há necessidade de um processo específico. Assim, somente após trânsito em julgado da terceira pena de suspensão é que se instaura um quarto processo disciplinar para a aplicação da pena de exclusão, assegurando-se ao Representado, também nesse processo, amplo direito de defesa. Com isto, não está o Conselho Federal aplicando dupla punição, mas sim assegurando que, em processo específico de exclusão, tenha o advogado Representado amplo direito de defesa. (Proc. 2.152/2000/SCA-MS, Rel. Alberto de Paula Machado (PR), Ementa 071/2000/SCA, julgamento: 07.08.2000, por unanimidade, DJ 22.08.2000, p. 358, S1e).*

Entende, ainda, aquela Egrégia Casa, que o processo disciplinar de exclusão deve ter um caráter revisional a respeito da validade e eficácia das penas suspensivas, para que não seja aplicada a exclusão, se tiver havido nulidade absoluta em processo que aplicou sanção de suspensão:

PROCESSO DISCIPLINAR PARA EXCLUSÃO. CARÁTER REVISIONAL DAS PENALIDADES SUSPENSIVAS.

Ementa: O campo de defesa nos processos disciplinares instaurados com base no artigo 38, I, do Estatuto da OAB, visando, portanto a exclusão de advogado apenado com suspensão por três vezes, apesar de estreito e por isso mesmo, comporta implícito caráter revisional a respeito da validade e eficácia das penas suspensivas, quando caracterizada nulidade processual absoluta e consumada prescrição legal, questões de ordem pública, que podem e devem ser pronunciadas pelo órgão julgador, seja "ex officio", seja a requerimento da parte, inclusive em sede recursal, com a cassação da decisão de exclusão recorrida e conseqüentemente arquivamento do processo, seja por força dos princípios de ampla defesa e do contraditório, de economia processual, seja pelo do princípio da utilidade do recurso. A aplicação de pena de suspensão pelos mesmos e únicos atos e fatos já conhecidos e julgados em processo disciplinar anterior caracteriza punição "bis in idem", sendo absolutamente nula de pleno direito. Igualmente eivada de nulidade absoluta a decisão que aplicou a pena de suspensão em processo no qual já se consumara anteriormente à decisão a prescrição intercorrente. (Proc. 2.003/99/SCA-SP, Rel. Sergio Ferraz (AC), Revisor Ivan Szeligowski Ramos (MT), Ementa 023/2000/SCA, julgamento: 13.03.2000, por unanimidade, DJ 20.03.2000, p. 100, S1).

8.2 Falsa Prova de Requisitos para a Inscrição

O inciso XXVI do artigo 34 do Estatuto prevê como infração disciplinar: *fazer falsa prova de qualquer dos requisitos para inscrição na OAB.*

Inicialmente, devemos saber quais são os requisitos para a inscrição, que estão previstos no artigo 8º e seguintes da Lei 8.906/94:

TÍTULO I – DA ADVOCACIA
CAPÍTULO III – DA INSCRIÇÃO
Art. 8º – *Para inscrição como advogado é necessário:*
I – capacidade civil;
II – diploma ou certidão de graduação em Direito, obtido em instituição de ensino oficialmente autorizada e credenciada;
III – título de eleitor e quitação do serviço militar, se brasileiro;
IV – aprovação em Exame de Ordem;
V – não exercer atividade incompatível com a advocacia;
VI – idoneidade moral;

VII – prestar compromisso perante o Conselho.
§ 1º O Exame de Ordem é regulamentado em provimento do Conselho Federal da OAB.
§ 2º O estrangeiro ou brasileiro, quando não graduado em direito no Brasil, deve fazer prova do título de graduação, obtido em instituição estrangeira, devidamente revalidado, além de atender aos demais requisitos previstos neste artigo.
§ 3º A inidoneidade moral, suscitada por qualquer pessoa, deve ser declarada mediante decisão que obtenha no mínimo dois terços dos votos de todos os membros do Conselho competente, em procedimento que observe os termos do processo disciplinar.
§ 4º Não atende ao requisito de idoneidade moral aquele que tiver sido condenado por crime infamante, salvo reabilitação judicial.
Art. 9º Para inscrição como estagiário é necessário:
I – preencher os requisitos mencionados nos incisos I, III, V, VI e VII do Art. 8º;
II – ter sido admitido em estágio profissional de advocacia.
§ 1º O estágio profissional de advocacia, com duração de dois anos, realizado nos últimos anos do curso jurídico, pode ser mantido pelas respectivas instituições de ensino superior, pelos Conselhos da OAB, ou por setores, órgãos jurídicos e escritórios de advocacia credenciados pela OAB, sendo obrigatório o estudo deste Estatuto e do Código de Ética e Disciplina.
§ 2º A inscrição de estagiário é feita no Conselho Seccional em cujo território se localize seu curso jurídico.
§ 3º O aluno de curso jurídico que exerça atividade incompatível com a advocacia pode freqüentar o estágio ministrado pela respectiva instituição de ensino superior, para fins de aprendizagem, vedada a inscrição na OAB.
§ 4º O estágio profissional poderá ser cumprido por bacharel em Direito que queira se inscrever na Ordem.
Art. 10. A inscrição principal do advogado deve ser feita no Conselho Seccional em cujo território pretende estabelecer o seu domicílio profissional, na forma do Regulamento Geral.
§ 1º Considera-se domicílio profissional a sede principal da atividade de advocacia, prevalecendo, na dúvida, o domicílio da pessoa física do advogado.
§ 2º Além da principal, o advogado deve promover a inscrição suplementar nos Conselhos Seccionais em cujos territórios passar a exercer habitualmente a profissão, considerando-se habitualidade a intervenção judicial que exceder de cinco causas por ano.

§ 3º No caso de mudança efetiva de domicílio profissional para outra unidade federativa, deve o advogado requerer a transferência de sua inscrição para o Conselho Seccional correspondente.

§ 4º O Conselho Seccional deve suspender o pedido de transferência ou de inscrição suplementar, ao verificar a existência de vício ou ilegalidade na inscrição principal, contra ela representando ao Conselho Federal.

Art. 11. *Cancela-se a inscrição do profissional que:*
I – assim o requerer;
II – sofrer penalidade de exclusão;
III – falecer;
IV – passsar a exercer, em caráter definitivo, atividade incompatível com a advocacia;
V – perder qualquer um dos requisitos necessários para inscrição.

§ 1º Ocorrendo uma das hipóteses dos incisos II, III e IV, o cancelamento deve ser promovido, de ofício, pelo Conselho competente ou em virtude de comunicação por qualquer pessoa.

§ 2º Na hipótese de novo pedido de inscrição – que não restaura o número de inscrição anterior – deve o interessado fazer prova dos requisitos dos incisos I, V, VI e VII do art. 8º.

§ 3º Na hipótese do inciso II deste artigo, o novo pedido de inscrição também deve ser acompanhado de provas de reabilitação.

Como vimos no supracitado artigo 11, a inscrição é cancelada, dentre outras hipóteses, quando o profissional sofrer a penalidade de exclusão ou perder qualquer um dos requisitos necessários para a inscrição.

Portanto, uma das questões que devem ser observadas é o domicílio profissional para que seja efetuada a inscrição principal. Há casos em que o candidato presta exame de ordem em Seccional diversa, por achar que é mais fácil ser aprovado, mas, nesses casos, a inscrição pode ser indeferida, ou até mesmo cancelada, conforme entendimento do Conselho Federal:

Ementa 022/2002/PCA. – Inscrição. Domicílio – Nos termos do art. 10 e seu § 1º, do Estatuto da Advocacia e da OAB, a inscrição principal deve ser feita no Conselho Seccional em cujo território pretende o advogado estabelecer o seu domicílio profissional, seja, a sede principal da atividade advocatícia. Carece desse pressuposto o postulante que faz, no ato da inscrição, declarações inexatas, umas, e inverazes, outras, sem comprovar possuir domicílio no Estado. O domicílio profissional, conquanto de livre escolha do interessado, não pode servir de biombo para fraudar a lei. A sua imprescindibilidade resulta do fato de que vincula o advogado à jurisdição do respectivo Conselho, para fins de fiscalização, eleição, pagamento de contribuições obrigatórias, controle disciplinar, cadastro e assentamentos (Paulo Luiz Neto Lobo). Inscrição indeferida. Recurso conhecido mas improvido. (Recurso nº 5.623/2001/PCA-MG. Relator: Conselheiro Federal Brito de Souza (MA), julgamento: 18.03.2002, por unanimidade, DJ 10.05.2002, p. 715, S1)

708. CANCELAMENTO DE INSCRIÇÃO OBTIDA MEDIANTE FRAUDE. COMPETÊNCIA DA PRIMEIRA CÂMARA DO CONSELHO FEDERAL PARA PROCESSAR E JULGAR A EXCLUSÃO. ENTENDIMENTO DOS ARTS. 34 E 38 DO EAOAB. Recurso que combate decisão de cancelamento de inscrição obtida na Seccional do Acre mediante documentação falsa e fraude processual administrativa – Alegação de incompetência da Primeira Câmara do Conselho Federal para processar e julgar a exclusão da advogada com fundamento no artigo 34 e incisos e 38 do Estatuto da OAB. Recurso improvido – Cancelamento de inscrição – Comprovada a falsidade documental e fraude processual, na obtenção da inscrição originária – Cancela a inscrição, tornando-a sem efeito – A decisão de cancelamento tem natureza jurídica declaratória de inexistência. Difere da exclusão pelos atos descritos no artigo 34 e incisos e artigo 38 do EOAB. (Proc. 276/1999/OEP, Rel. Ivair Martins dos Santos Diniz (TO), Ementa 06/2000/OEP, julgamento: 10.04.2000, por unanimidade, DJ 14.04.2000, p. 210, S1).

Equivale à produção de falsa prova para inscrição, a omissão de fatos impeditivos para o exercício da advocacia, senão vejamos:

266. INSCRIÇÃO. OMISSÃO DE FATOS IMPEDITIVOS. FALSA PROVA. INFRAÇÃO DISCIPLINAR. Omissão de informação de fatos impeditivos equivale à produção de falsa prova dos requisitos para inscrição na OAB, impedindo-a. Feita a inscrição nestas circunstâncias, impõe a exclusão do inscrito, o que pode ser feito a qualquer tempo. (Proc. nº 1.675/95/SC, Rel. Irineu Codato, j. 12.02.96, v.u., DJ de 24.04.96, p. 12.937).

Ementa 116/2002/SCA. INSCRIÇÃO – FALSA PROVA – MATÉRIA DISCIPLINAR. 1) Incide em falta disciplinar aquele que, mediante a falsa declaração de que não exerce atividade incompatível com a advocacia, obtém inscrição nos quadros da OAB. 2) Tal conduta encontra previsão expressa no inciso XXVI do artigo 34 da Lei 8.906/94, que capitula como infração disciplinar: 'fazer falsa prova de qualquer dos re-

quisitos para inscrição na OAB'. 3) Trata-se de infração grave, punida com a exclusão dos quadros da OAB, conforme inciso II, do artigo 38 da Lei 8.906/94. (Recurso nº 0137/2002/SCA-AM. Relator: Conselheiro Francisco de Lacerda Neto (DF), julgamento: 09.09.2002, por maioria, DJ 20.12.2002, p. 61, S1).

Desta forma, sofre pena de exclusão o profissional que fizer falsa prova de qualquer dos requisitos previstos no artigo 8º supracitado.

8.3 Tornar-se Moralmente Inidôneo

O inciso XXVII do artigo 34 do Estatuto prevê como infração disciplinar: *tornar-se moralmente inidôneo para o exercício da advocacia.*

O § 3º do artigo 8º, transcrito anteriormente, dá conta de que a inidoneidade moral pode ser suscitada por qualquer pessoa, e deve ser *declarada mediante decisão que obtenha no mínimo dois terços dos votos de todos os membros do Conselho competente, em procedimento que observe os termos do processo disciplinar.*

Assim, para suscitar a inidoneidade moral, deve ser instaurado procedimento de ofício ou mediante representação de qualquer autoridade ou pessoa interessada, vedado o anonimato.

A idoneidade moral não é exigível somente no ato da inscrição. Deve seguir o advogado durante toda a sua vida profissional.

O § 4º, também do artigo 8º, dispõe que *não atende ao requisito de idoneidade moral aquele que tiver sido condenado por crime infamante, salvo reabilitação judicial.* Vejamos entendimentos do Conselho Federal:

> *Ementa 111/2001/SCA. Não pode o advogado sobrepor-se à norma jurídica, nem tampouco deixar de estabelecer liame entre o decoro e sua atividade profissional. A condenação por crime infamante de forma reiterada repercute na imagem do advogado e da profissão, sendo a exclusão dos quadros da OAB meio saneador em favor da classe e principalmente da sociedade. (Recurso nº 2.341/2001/SCA-RS. Relator: Conselheiro Marcos Antônio Paiva Colares (CE), julgamento: 12.11.2001, por maioria, DJ 08.01.2002, p. 44, S1).*
>
> *571. ADVOGADO. CONDENAÇÃO CRIMINAL. APROPRIAÇÃO DE QUANTIAS DE CLIENTE. CONDUTA INFAMANTE. EXCLUSÃO. Advo-*

gado que, por duas vezes, é penalmente condenado, com trânsito em julgado, por se apropriar de quantias de seus clientes, a eles somente repassando parte do numerário e com cheques sem fundos. Caráter infamante da conduta, não obstante a ausência de nota expressa a tal qualificação, nas sentenças. Evidência da ausência do requisito de idoneidade moral, para que se mantenha a inscrição. Aplicação da pena de exclusão, com fulcro no artigo 8º e seu parágrafo 4º do Estatuto. (Proc. 001.843/97/SCA-RS, Rel. Sérgio Ferraz, j. 09.03.98, DJ 26.03.98, p. 249).

Ementa 096/2003/SCA. Advogado que, de forma reiterada, angaria causas e capta clientela, mediante agenciadores, geralmente pessoas pobres desviadas da Defensoria Pública delas recebendo honorários e não prestando os serviços acordados mantém conduta incompatível em razão desse comportamento o que o torna moralmente inidôneo para o exercício da advocacia, ensejando a aplicação da pena máxima de exclusão dos quadros da Ordem dos Advogados do Brasil. Acrescente-se, ainda, que o referido advogado foi condenado por crime infamante e responde a inúmeros processos criminais e éticos. A variada gama de infrações éticas e a sua reiterada conduta incompatível com a dignidade da profissão impõem a sua exclusão dos quadros da OAB nos termos do que dispõe o Estatuto Profissional da categoria. Recurso que se nega provimento. (Recurso nº 0395/2002/SCA-CE. Recorrente: R.P.G. (Advogado: Ronaldo Pereira Gondim OAB/CE 3095). Recorridos: Conselho Seccional da OAB/Ceará e Delegado titular do 13º DP. Relator: Conselheiro Federal Francisco de Lacerda Neto (DF), julgamento: 15.09.2003, por unanimidade, DJ 02.10.2003, p. 516, S1).

Ementa 055/2002/PCA. INIDONEIDADE MORAL – Configura inidoneidade moral para efeitos de inscrição como advogado nos quadros da OAB, a exoneração de cargo de Delegado de Polícia, a bem do serviço público. (Recurso nº 5559/2001/PCA-SP. Relator: Conselheira Ana Maria Morais (GO), julgamento: 12.08.2002, por unanimidade, DJ 18.10.2002, p. 687, S1).

INSCRIÇÃO. BACHAREL ACUSADO DE HOMICÍDIO CONTRA MENOR NA CONDIÇÃO DE POLICIAL. INIDONEIDADE. DECISÃO DA OAB INDEPENDENTE DA CONCLUSÃO DO PROCESSO CRIMINAL.
Ementa: Pedido de inscrição originária – Bacharel acusado de homicídio praticado contra menor no exercício de sua condição de Policial Militar, com fortes indícios de tortura – Provimento do incidente de inidoneidade moral – Indeferimento da inscrição – A decisão do Conselho da OAB, por seu processo próprio, de natureza administra-

tiva, independe da conclusão do processo criminal. É de ser acolhido o incidente de inidoneidade moral, quando há fortes indícios da prática de homicídio e tortura pelo postulante à inscrição originária. Conduta atentatória e incompatível com o exercício da advocacia que, mesmo à mingua de sentença condenatória, contamina de modo infamante a classe dos advogados, devendo ser indeferido o pedido de inscrição originária, por falta do requisito de idoneidade moral do bacharel postulante. O incidente de inidoneidade, suscitado no âmbito das Seccionais, de cunho administrativo, tem um processo próprio vinculado, sendo irrelevante para o seu provimento o resultado do procedimento criminal. (Proc. 5.422/99/PCA-MS, Rel. Jair Baldez Morales (RS), Ementa 008/2000/PCA, Julgamento: 14.02.2000, por unanimidade, DJ 21.02.2000, p. 21, S1).

Em sentido contrário à exclusão, por crime de uso e porte de maconha:

PORTE DE MACONHA – NÃO CONFIGURAÇÃO DE CRIME INFAMANTE
Ementa 011/2002/SCA. Exclusão dos quadros da OAB por omitir, em processo de inscrição, ter sido penalmente condenado em crimes de uso e porte de maconha. Requisito de idoneidade moral. O novo Estatuto da OAB (Lei 8.906/94) somente considera inidôneo, para fins de inscrição, aquele que tiver sido condenado por crime infamante. Inteligência do § 4º do art. 8º, do Estatuto. Não sendo infamante o crime, não há de se falar em exclusão por inidoneidade. (Recurso nº 2.397/2001/SCA-SC. Relator: Conselheiro Clóvis Barbosa de Melo (SE), julgamento: 18.03.2002, por unanimidade, DJ 25.03.2002, p. 552, S1).

8.4 Praticar Crime Infamante

O inciso XXVIII do artigo 34 do Estatuto prevê como infração disciplinar: *praticar crime infamante*.

O que é crime infamante, afinal? Não existe na legislação penal qualificações suficientes para alcançar o termo "crime infamante".

Crime infamante é todo aquele que acarreta para seu autor a má fama, a perda da honra e da dignidade. A princípio, todo o crime hediondo é considerado infamante, entretanto, não é só esse tipo de crime, uma vez que, quando o crime é cometido por advogado, que tem o dever de defender as instituições e a ordem jurídica, outros crimes podem ser considerados infamantes.

"Não é a gravidade do crime que o qualifica como infamante (...), mas a repercussão inevitável à dignidade da advocacia. O estelionato (por exemplo, a emissão reiterada de cheques sem fundos) será infamante para o advogado; o crime de homicídio (muito mais grave) poderá não o ser".[1]

Temos mais alguns exemplos de crime infamante, além dos citados para configurar a inidoneidade moral, segundo o Conselho Federal:

* Falso testemunho produzido por advogado:

> *Ementa 118/2002/SCA. Cerceamento de defesa. Ausência diante da notificação realizada para a sessão de julgamento, apresentação de contra-razões finais com pleno desenvolvimento de teses defensivas e pronunciamentos sobre documentos e indeferimento de diligências impertinentes e irrelevantes. Crime Infamante (art. 34, XXVIII – EOAB). Conceito indeterminado. O falso testemunho produzido por advogado é atentado à atividade jurisdicional, sendo caracterizado como tal, notadamente quando tem repercussão na comunidade. (Recurso nº 0183/2002/SCA-SC. Relator: Conselheiro Delosmar Domingos Mendonça Júnior (PB), julgamento: 10.12.2002, por unanimidade, DJ 20.12.2002, p. 61/62, S1).*

* Estelionato e falsificação documental:

> *INSCRIÇÃO. CRIME INFAMANTE. EXTINÇÃO DA PUNIBILIDADE POR PRESCRIÇÃO. NÃO AFASTAMENTO DE EXISTÊNCIA DE FATO TIPIFICADO COMO CRIME.*
> *Ementa: Inscrição. Crime infamante. I. A extinção da punibilidade da prescrição da pretensão punitiva não afasta a existência do fato tipificado como crime. II. É infamante, e atentatório à dignidade da advocacia, o crime de estelionato e de falsificação documental, impedindo a inscrição do interessado nos quadros da OAB. III. A Lei nº 8.906/94 (art. 8º, § 4º), perfilhando o princípio do sistema judiciário brasileiro de inadmissibilidade de conseqüência perpétua da pena, prevê a possibilidade da inscrição, se o interessado obtiver a reabilitação judicial. (Proc. nº 4.591/94/PC, Rel. Paulo Luiz Netto Lôbo, j. 05.12.94, v.u., DJ de 08.12.94, p. 34.059).*

---

1. LÔBO, Paulo Luiz Netto. *Comentários ao Estatuto da Advocacia*, p. 167.

- Mandante de crime de homicídio:

BACHAREL CONDENADO COMO MANDANTE DE CRIME DE HOMICÍDIO. INIDONEIDADE. LIVRAMENTO CONDICIONAL. OMISSÃO.
Ementa: Inscrição nos quadros da OAB de pessoa condenada como mandante de crime de homicídio – Crime infamante que caracteriza falta de idoneidade moral (EAOAB, art. 8º, § 4º) – Circunstância omitida por ocasião do pedido de inscrição – Fraude – Cancelamento da inscrição (EAOAB, art. 11, V). Cancela-se a inscrição de advogado que omitiu no ato da inscrição o fato de estar condenado, por sentença transitada em julgado, como mandante de crime de homicídio, mesmo encontrando-se sob livramento condicional, ex vi do art. 11, V, do EAOAB, uma vez que este não suspende os efeitos da condenação, mas apenas a execução da pena privativa de liberdade. (Proc. 005.035/97/PCA-MG, Rel. Marcos Bernardes de Mello, j. 14.09.98, DJ 19.11.98, p. 72).

- Extorsão:

INSCRIÇÃO. INIDONEIDADE MORAL. INDEFERIMENTO.
Ementa: Inscrição nos quadros da OAB. Indeferimento de inscrição por ausência de idoneidade moral. Condenação criminal e demissão a bem do serviço público por crime de extorsão. A decisão que indefere a inscrição de bacharel condenado por crime considerado infamante e demitido a bem do serviço público deve ser mantida, preservando-se a dignidade da Advocacia. Inteligência do art. 8º, § 4º, do EAOAB. Recurso a que se nega provimento. (Proc. 5.301/98/PCA-SP, Rel. Roberto Dias de Campos (MT), Ementa 010/99/PCA, julgamento: 08.02.99, por unanimidade, DJ 17.02.99, p. 198, S1).

- Apropriação indébita:

Ementa 01/2003/OEP. PENA DE EXCLUSÃO – ADMISSIBILIDADE – CRIME INFAMANTE – AUSÊNCIA DE IDONEIDADE MORAL – INFRAÇÃO CONFIGURADA. Advogado que pratica delitos entre outros apropriação indébita, com condenações, não reabilitado e condutas indignas, configura a prática de crime de caráter infamante, prevista no artigo 34, XXVIII, da Lei 8.906/94. Aplicação da pena de exclusão do quadro da OAB (artigo 38, II da citada lei). (Recurso 0009/ 2002/OEP-SP. Relator: Conselheiro Afeife Mohamad Hajj (MS), julgamento: 10.02.2003, por unanimidade, DJ 17.02.2003, p. 539, S1).

Em sentido contrário:

Ementa 019/2002/2002/SCA. Exclusão – duas hipóteses taxativas do artigo 38 do EAOAB – tendo o recorrente praticado crime de apropriação indébita, se esse crime serviu de suporte para a tipificação da infração disciplinar nos termos do inciso XX do artigo 34, que o levou a ser suspenso por 180 dias, essa mesma apropriação indébita não pode ter a tipificação modificada para o inciso XXVIII do artigo 34 (crime infamante) a aplicação da exclusão, ou seja, "in casu" a mesma apropriação indébita pode restar em suspensão e depois em exclusão apenas na hipótese do inciso I do artigo 38 (reincidência por três vezes em infrações puníveis com suspensão) e não na hipótese do inciso II desse dispositivo, sob pena de se ferir todos os princípios que informam a processualística disciplinar, com subsídio na penal, inclusive infração à coisa julgada, ao contraditório, à legalidade e à instrumentalidade. Ainda, o crime de deixar, sem justa causa, de prover a subsistência de filhos menores não pode ser qualificado como crime infamante, porque, a princípio, não resta em lesão à classe, mais ainda quando o recorrente foi julgado revel, e, se julgado revel, os efeitos da ação penal sobre a cível e a administrativa não podem ser tidas como incontestes, no que concerne à prova. Recurso conhecido e provido. (Recurso nº 2438/2001/SCA-SP. Relator: Conselheiro José Cruz Macedo (DF). Pedido de vista: Conselheiro Waldemar Pereira Júnior (GO), julgamento: 09.05.2002, por maioria, DJ 13.06.2002, p. 467, S1).

8.5 Como Ficam os Processos em que Atue Advogado Suspenso ou Excluído?

O artigo 42 da Lei 8.906/94 prevê: *Fica impedido de exercer o mandato o profissional a quem forem aplicadas as sanções disciplinares de suspensão ou exclusão.*

Por outro lado, o cliente não pode ser punido por ato disciplinar cometido por seu patrono, não sendo verdadeiro argumento de culpa *in eligendo.*

Dessa forma, o juiz (ou autoridade – para os casos de processo administrativo) deve suspender o processo e marcar prazo razoável para sanar o defeito de irregularidade da representação processual das partes, de acordo com o artigo 13 do Código de Processo Civil.

Somente no caso de a parte não cumprir a determinação judicial a que se refere o artigo 13 do diploma processual é que esta pode ser prejudicada.

Questionário

1. **I – A única possibilidade de quebra do sigilo profissional da advocacia ocorre quando houver grave ameaça ao direito à vida e à honra, e somente se em processo de competência originária do Supremo Tribunal Federal.**
   II – O fundamento para imposição do sigilo profissional ao advogado decorre da ordem pública que lhe assegura a inviolabilidade no exercício da profissão.
   III – A falta de correição no linguajar jurídico, em que pese não caracterizar infração ética, implica ofensa à dignidade da justiça.
   IV – A incidência em erros reiterados que evidenciem inépcia profissional do advogado poderá determinar a sua suspensão dos quadros da OAB até que preste novas provas de habilitação em Exame de Ordem.[2]
   a) Corretos os quatro enunciados;
   b) Incorretos os quatro enunciados;
   c) Apenas dois enunciados estão corretos;
   d) Estão corretos os enunciados I, II e III.

2. **Para a aplicação da sanção disciplinar de exclusão ao advogado faltoso, é necessária a manifestação favorável de:** [3]
   a) dois terços dos membros do Conselho Seccional competente;
   b) da maioria dos membros do Conselho Seccional competente;
   c) dois terços dos membros do Tribunal de Ética e Disciplina competente;
   d) da maioria dos membros do Tribunal de Ética e Disciplina competente.

---

2. Extraída do Exame de Ordem nº 01/2003 da OAB/MT.
3. Extraída do Exame de Ordem nº 121 da OAB/SP.

3. **Assinale a incorreta:**[4]
   a) O advogado que mantém sociedade profissional fora das normas e preceitos estabelecidos no Estatuto da Advocacia está sujeito à pena de censura;
   b) O advogado que abandonar a causa sem justo motivo ou antes de decorridos dez dias da comunicação da renúncia pratica infração disciplinar grave, punível com pena de suspensão;
   c) O advogado que fizer falsa prova de qualquer dos requisitos para inscrição na OAB está sujeito à pena de exclusão;
   d) O advogado que se recusar, injustificadamente, a prestar contas ao cliente de quantias recebidas dele ou de terceiros por conta dele comete infração disciplinar, punível com pena de suspensão.

4. **O advogado Rafael Martins, regularmente inscrito na OAB/RJ, foi eleito e empossado Prefeito do Município de Petrópolis-RJ. Pergunta-se: como fica a situação daquele advogado junto à OAB/RJ e no exercício da advocacia?**[5]
   a) Terá sua inscrição na OAB/RJ cancelada e, conseqüentemente, não poderá mais exercer a advocacia;
   b) Será licenciado pela OAB/RJ e, conseqüentemente, não poderá exercer a advocacia durante o tempo em que for Prefeito do Município de Petrópolis;
   c) Continuará inscrito na OAB/RJ e exercendo a advocacia, ficando, porém, impedido de advogar contra a Fazenda Pública que o remunera;
   d) Continuará inscrito na OAB/RJ e exercendo a advocacia normalmente, sem qualquer restrição.

5. **Assinale a alternativa correta. O advogado que foi punido com a pena de suspensão do exercício profissional ficará:**[6]
   a) impedido de exercer o mandato;
   b) poderá concluir os serviços em andamento, com autorização da OAB;

---

4. Extraída do Exame de Ordem 03/2002 da OAB/MT.
5. Extraída do Exame de Ordem de agosto/2003 da OAB/RJ.
6. Extraída do Exame de Ordem de agosto/2003 da OAB/PR.

c) poderá concluir os serviços em andamento, mas não necessita de autorização da OAB;
   d) nenhuma das alternativas anteriores é correta.

6. **Assinale a alternativa correta:**[7]
   a) A inadimplência de anuidades, após regular intimação para pagamento, configura infração disciplinar, mesmo se o inscrito na OAB jamais tiver exercido a advocacia;
   b) A pena de exclusão do advogado dos quadros da OAB somente poderá ser decidida pela unanimidade dos membros do Conselho Seccional competente;
   c) Somente considera-se conduta incompatível com a advocacia aquela praticada pelo advogado no exercício da profissão;
   d) O abandono da causa após dez dias da comunicação da renúncia ao cliente configura-se como infração disciplinar passível de censura.

7. **Assinale a alternativa correta:**[8]
   a) Não constitui infração disciplinar contratar terceiros para obter causas ou clientela;
   b) A infração de "retenção abusiva de autos" depende de prévia intimação ao advogado que receber os autos com carga, e que esta intimação não tenha sido atendida pelo advogado;
   c) O advogado que faz imputação de um crime a terceiros sem autorização do seu cliente, mas em defesa dos direitos deste, não comete qualquer infração disciplinar;
   d) Mesmo suspenso por decisão já passada em julgado, os atos praticados pelo advogado sempre serão válidos, para não prejudicar o cliente.

8. **Assinale a alternativa correta:**[9]
   a) Qualquer pessoa pode assumir a direção jurídica de uma empresa ou órgão público, desde que tenha apoio jurídico de advogados;

---

7. Extraída do Exame de Ordem de agosto/2003 da OAB/PR.
8. Extraída do Exame de Ordem de agosto/2003 da OAB/PR.
9. Extraída do Exame de Ordem de agosto/2003 da OAB/PR.

b) Qualquer pessoa do povo pode impetrar mandado de segurança contra ato de autoridade, lesivo de direito líquido e certo;
c) Somente advogado devidamente inscrito na Ordem dos Advogados do Brasil pode impetrar habeas corpus;
d) Qualquer pessoa pode impetrar habeas corpus, ainda que perante o Supremo Tribunal Federal.

9. **Formado normalmente na Faculdade de Direito, o advogado P.A.A. ocupava na Administração Pública cargo que o tornava incompatível com o exercício profissional. Ocorre que ao se inscrever na Ordem, o mesmo falseou o fato, razão pela qual sua inscrição foi deferida. Algum tempo depois, a OAB toma conhecimento da falsa prova e faz instaurar processo disciplinar. Assim, qual é a sanção disciplinar cabível?**[10]
a) Exclusão, desde que apoiada por dois terços do Conselho;
b) Censura cumulada com suspensão de até um ano;
c) Censura;
d) Multa correspondente ao décuplo da anuidade, cumulada com suspensão de até um ano.

10. **Marque a alternativa INCORRETA. Cancela-se a inscrição do profissional que:**[11]
a) assim o requerer;
b) falecer;
c) sofrer penalidade de exclusão;
d) sofrer doença mental considerada curável.

---

10. Extraída do Exame de Ordem de março/2002 da OAB/MG.
11. Extraída do Exame de Ordem de março/2001 da OAB/MG.

CAPÍTULO 9

RELAÇÕES COM O CLIENTE

9.1 Relações com o Cliente

Esta matéria está regulada no Capítulo II do Título I do Código de Ética e Disciplina da OAB, em seus artigos 8º a 24.

> *TÍTULO I – DA ÉTICA DO ADVOGADO*
> *CAPÍTULO II – DAS RELAÇÕES COM O CLIENTE*
> **Art. 8º** *O advogado deve informar o cliente, de forma clara e inequívoca, quanto a eventuais riscos da sua pretensão, e das conseqüências que poderão advir da demanda.*

O advogado tem o dever de informar, por exemplo, que o cliente está sujeito a pagar as verbas da sucumbência para o caso de perder a demanda.

Há entendimento, ainda, da Turma Deontológica do Tribunal de Ética e Disciplina da OAB/SP, no sentido de que o advogado responde pelo Código de Defesa do Consumidor, no caso de falta ou deficiência de informação:

> *426ª SESSÃO DE 14 DE SETEMBRO DE 2000*
> *RELAÇÕES ADVOGADO-CLIENTE – HONORÁRIOS – RISCOS DA DEMANDA*
> *É dever do advogado "informar ao cliente de forma clara e inequívoca, quanto a eventuais riscos da sua pretensão e das conseqüências que poderão advir da demanda" (art. 8º do CED). Ademais, pelo Código de Defesa do Consumidor (art. 14), o profissional liberal responde pela deficiência de informações sobre os riscos da ação. Não sendo contratados honorários, em caso de desistência de ação ou impedimento de agir, na hipótese de acordo entre litigantes, não pode o advogado pleiteá-los em ação própria, por falta de justa causa.*

(Proc. E-2.211/00 – v.u. em 14/09/00 do parecer e voto do Rel. Dr. Carlos Aurélio Mota de Souza – Rev. Dr. José Roberto Bottino – Presidente Dr. Robison Baroni).

O Conselho Federal já se manifestou sobre a obrigação do advogado em alertar o seu constituinte, se entender que a lide é temerária:

POSSE DE DOCUMENTOS POR ADVOGADO. FALTA DE OUTORGA DE PROCURAÇÃO PARA PROVIDÊNCIAS. NÃO CONFIGURAÇÃO DE NEGLIGÊNCIA NEM INÉRCIA.
Ementa: Documentos. Posse por advogado durante longo tempo não equivale a retenção. Se a parte entrega ao profissional documento para análise sem outorgar-lhe mandato expresso para providências, não pode "a posteriori" alegar negligência ou inércia na propositura das medidas judiciais aplicáveis. A retenção somente ocorreria se, notificado, houvesse negativa na entrega, o que não ocorreu no caso. Ademais, inexistindo elementos caracterizadores de culpa e/ou omissão do advogado na propositura de medida embasada em documento sob sua guarda, não há que se falar em infração disciplinar. Ao contrário. Entendendo que a lide é temerária, tem o advogado a obrigação de alertar seu constituinte. Superados os óbices ao conhecimento em face da inobservância ao disposto em norma estatutária, especialmente a do artigo 40 – das atenuantes. Conheço do recurso e lhe dou provimento para reformar a decisão "a quo", absolvendo o recorrente da imputação que lhe é feita. (Proc. 2.146/2000/SCA-SP, Rel. Angelito José Barbieri (SC), Ementa 063/2000/SCA, julgamento: 12.06.2000, por unanimidade, DJ 03.07.2000, p. 59, S1e).

Em sentido contrário:

Ementa 055/2001/SCA. 1. Prejudica, por culpa grave, interesse confiado ao seu patrocínio advogado que recebe procuração e deixa de ingressar com a ação judicial para qual foi contratado, ainda mais quando a sua desídia acarreta a incidência da prescrição extintiva dos direitos do seu cliente. 2. Não socorre o advogado a alegação de que o cliente não lhe entregou toda a documentação necessária à propositura da ação. 3. Deve o advogado, nesta hipótese, notificar formalmente o seu cliente para apresentação dos documentos faltantes ou, até mesmo, renunciar formalmente o mandato, se for o caso. 4. A inércia do advogado é injustificável, especialmente porque tem ele conhecimento das conseqüências danosas proveniente do decurso do tempo, que pode ser fatal à pretensão do seu cliente. (Recurso nº 2304/2001/SCA-MT. Re-

lator: Conselheiro Alberto de Paula Machado (PR), julgamento: 07.05.2001, por unanimidade, DJ 01.06.2001, p. 629, S1e).

O artigo 9º do Código de Ética dispõe: *A conclusão ou desistência da causa, com ou sem a extinção do mandato, obriga o advogado à devolução de bens, valores e documentos recebidos no exercício do mandato, e à pormenorizada prestação de contas, não excluindo outras prestações solicitadas, pelo cliente, a qualquer momento.*

Este artigo é um *plus* do inciso XXI do artigo 34 do Estatuto, que prevê pena de suspensão para a infração de recusa à prestação de contas. Este artigo 9º dá conta de que, não só o advogado é obrigado a prestar contas, como também é obrigado a devolver os bens e os documentos recebidos no exercício do mandato.

De qualquer maneira, a parte final deixa claro que o cliente pode solicitar do advogado outras prestações, a qualquer momento.

O Conselho Federal entende que, basta a inércia do advogado em cumprir o mandato ou disponibilizar valores ao cliente, para configurar a infração:

> *RECUSA DE PRESTAR CONTAS. CONFIGURAÇÃO PELA INÉRCIA PARA DISPONIBILIZAR VALOR AO CLIENTE. CIRCUNSTÂNCIA ATENUANTE. EFEITOS.*
> *Circunstância atenuante. Efeitos* – *a pretensão do recorrente de que a ação atenuante resulte em conversão ou comutação da pena disciplinar, não encontra supedâneo na regra do art. 40, da Lei da Advocacia, pois a espécie de infração atribuída não comporta outra espécie de sanção que não seja a suspensão imposta. Recusa de prestação de contas. Configuração* – *por recusa não se pode entender exclusivamente a negativa do advogado diante da provocação do interessado para que preste contas do* quantum *havido em seu nome* – *sua inércia em envidar esforços para cumprir o mandato ou disponibilizar a importância recebida em favor do cliente,* mutatis mutandis, *equiparam-se à recusa propriamente dita. (Proc. 1.926/98/SCA-SC, Rel. José Alvino Santos Filho (SE), Ementa 005/99/SCA, julgamento: 08.03.99, por unanimidade, DJ 17.03.98, p. 206, S1). Similares: Proc. 1.928/99/SCA-BA, Rel. Angelito José Barbieri (SC), julgamento: 08.03.99, por unanimidade, DJ 17.03.98, p. 206, S1* – *Proc. 1.916/98/SCA-SP, Rel. Ercílio Bezerra de Castro Filho (TO), julgamento: 07.12.98, por unanimidade, DJ 24.12.98, p. 18, S1).*

O artigo 10 do Código de Ética dispõe: *Concluída a causa ou arquivado o processo, presumem-se o cumprimento e a cessação do mandato.*

Por exemplo, se um inventário que já esteja arquivado já tenha sentença transitada em julgado e do mesmo se tenha extraído Formal de Partilha, presume-se que a causa já foi concluída e o mandato já foi cumprido, cessando os seus efeitos. Assim, se outro advogado precisar ajuizar uma sobrepartilha do mesmo inventário, pode aceitar procuração do constituinte, sem infringir o artigo 11.

O artigo 11 dispõe: *O advogado não deve aceitar procuração de quem já tenha patrono constituído, sem prévio conhecimento deste, salvo por motivo justo ou para adoção de medidas judiciais urgentes e inadiáveis.*

Manifestou-se o Conselho Federal:

PROCURAÇÃO. PROCURADOR CONSTITUÍDO NO PROCESSO. DESNECESSIDADE DE MEDIDAS URGENTES OU INADIÁVEIS. INFRAÇÃO.
Ementa: Atravessamento de procuração em processo em andamento sem substabelecimento ou conhecimento do patrono constituído. Inexistência de motivo justo ou necessidade de adoção de medidas judiciais urgentes ou inadiáveis. Infrigência do art. 11 do Código de Ética e Disciplina da OAB e aplicação da penalidade de censura prevista no art. 36, II, do Estatuto da OAB, mas que deve ser convertida em advertência quando presente circunstância atenuante, a teor do disposto no parágrafo único do mesmo artigo, dentre elas as provas carreadas aos outros de que o réu é primário, possui bons antecedentes e não agiu com má-fé. Recurso conhecido e provido parcialmente. (Proc. 001.849/98/SCA-SC, Rel. Clóvis Cunha da GamaMalcher Filho, j. 11.05.98, DJ 18.05.98, p. 357).

Quanto ao artigo 12, que prevê que *o advogado não deve deixar ao abandono ou ao desamparo os feitos, sem motivo justo e comprovada ciência do constituinte*; e o artigo 13, que prevê que a *renúncia ao patrocínio implica omissão do motivo e a continuidade da responsabilidade profissional do advogado ou escritório de advocacia, durante o prazo estabelecido em lei; não exclui, todavia, a responsabilidade pelos danos causados dolosa ou culposamente aos clientes ou a terceiros*; vide comentários, nesta obra, ao inciso XI do artigo 34 do Estatuto (item 6.3 – Abandonar a causa).

O artigo 14 do Código de Ética tutela o direito dos advogados de receberem verbas honorárias, prevendo que a *revogação do mandato judicial por vontade do cliente não o desobriga do pagamento das verbas honorárias contratadas, bem como não retira o direito do advogado de receber o quanto lhe seja devido em eventual verba honorária de sucumbência, calculada proporcionalmente, em face do serviço efetivamente prestado.*

Ainda que o cliente contrate uma sociedade de advogados, o mandato deverá ser outorgado individualmente aos advogados que a integrem, para que seja exercido no interesse desse cliente, conforme artigo 15 do CED.

O mandato não se extingue pelo decurso de tempo. Entretanto, é necessário que permaneça a confiança recíproca entre o outorgante e o seu patrono. Caso o advogado perca a confiança no cliente ou sentir que o cliente perdeu a confiança profissional, é eticamente aconselhável que renuncie ao mandato.

O artigo 17 do CED. dispõe sobre uma questão que é óbvia (ou pelo menos deveria ser): *Os advogados integrantes da mesma sociedade profissional, ou reunidos em caráter permanente para cooperação recíproca, não podem representar em juízo clientes com interesses opostos.*

Já o artigo 18 diz: *Sobrevindo conflitos de interesse entre seus constituintes, e não estando acordes os interessados, com a devida prudência e discernimento, optará o advogado por um dos mandatos, renunciando aos demais, resguardado o sigilo profissional.*

Assim, se o advogado representa, por exemplo, vários herdeiros em um inventário, e sobrevêm conflito entre eles, aquele deverá optar por um dos mandatos, com a devida prudência e discernimento, devendo sempre resguardar o sigilo profissional.

Os artigos subseqüentes dispensam comentários:

Art. 19. *O advogado, ao postular em nome de terceiros, contra ex-cliente ou ex-empregador, judicial e extrajudicialmente, deve resguardar o segredo profissional e as informações reservadas ou privilegiadas que lhe tenham sido confiadas.*
Art. 20. *O advogado deve abster-se de patrocinar causa contrária à ética, à moral ou à validade de ato jurídico em que tenha colaborado, orientado ou conhecido em consulta; da mesma forma, deve declinar seu impedimento ético quando tenha sido convidado pela outra parte, se esta lhe houver revelado segredos ou obtido seu parecer.*

Art. 21. *É direito e dever do advogado assumir a defesa criminal, sem considerar sua própria opinião sobre a culpa do acusado.*
Art. 22. *O advogado não é obrigado a aceitar a imposição de seu cliente que pretenda ver com ele atuando outros advogados, nem aceitar a indicação de outro profissional para com ele trabalhar no processo.*
Art. 23. *É defeso ao advogado funcionar no mesmo processo, simultaneamente, como patrono e preposto do empregador ou cliente.*
Art. 24. *O substabelecimento do mandato, com reserva de poderes, é ato pessoal do advogado da causa.*
§ 1º O substabelecimento do mandato sem reservas de poderes exige o prévio e inequívoco conhecimento do cliente.
§ 2º O substabelecido com reserva de poderes deve ajustar antecipadamente seus honorários com o substabelecente.

9.2 Honorários Profissionais

Os honorários profissionais estão normatizados nos artigos 22 a 26 do Estatuto e artigos 35 a 43 do Código de Ética e Disciplina da OAB, senão vejamos:

ESTATUTO DA ADVOCACIA
TÍTULO I – DA ADVOCACIA
CAPÍTULO VI – DOS HONORÁRIOS ADVOCATÍCIOS
Art. 22. *A prestação de serviço profissional assegura aos inscritos na OAB o direito aos honorários convencionados, aos fixados por arbitramento judicial e aos de sucumbência.*
§ 1º O advogado, quando indicado para patrocinar causa de juridicamente necessitado, no caso de impossibilidade da Defensoria Pública no local da prestação de serviço, tem direito aos honorários fixados pelo juiz, segundo tabela organizada pelo Conselho Seccional da OAB, e pagos pelo Estado.
§ 2º Na falta de estipulação ou de acordo, os honorários são fixados por arbitramento judicial, em remuneração compatível com o trabalho e o valor econômico da questão, não podendo ser inferiores aos estabelecidos na tabela organizada pelo Conselho Seccional da OAB.
§ 3º Salvo estipulação em contrário, um terço dos honorários é devido no início do serviço, outro terço até a decisão de primeira instância e o restante no final.
§ 4º Se o advogado fizer juntar aos autos o seu contrato de honorários antes de expedir-se o mandado de levantamento ou precatório, o juiz deve determinar que lhe sejam pagos diretamente, por dedução da

quantia a ser recebida pelo constituinte, salvo se este provar que já os pagou.

§ 5º O disposto neste artigo não se aplica quando se tratar de mandato outorgado por advogado para defesa em processo oriundo de ato ou omissão praticada no exercício da pro-fissão.

Art. 23. Os honorários incluídos na condenação, por arbitramento ou sucumbência, pertencem ao advogado, tendo este direito autônomo para executar a sentença nesta parte, podendo requerer que o precatório, quando necessário, seja expedido em seu favor.

Art. 24. A decisão judicial que fixar ou arbitrar honorários e o contrato escrito que os estipular são títulos executivos e constituem crédito privilegiado na falência, concordata, concurso de credores, insolvência civil e liquidação extrajudicial.

§ 1º A execução dos honorários pode ser promovida nos mesmos autos da ação em que tenha atuado o advogado, se assim lhe convier.

§ 2º Na hipótese de falecimento ou incapacidade civil do advogado, os honorários de sucumbência, proporcionais ao trabalho realizado, são recebidos por seus sucessores ou representantes legais.

§ 3º É nula qualquer disposição, cláusula, regulamento ou convenção individual ou coletiva que retire do advogado o direito ao recebimento dos honorários de sucumbência.

§ 4º O acordo feito pelo cliente do advogado e a parte contrária, salvo aquiescência do profissional, não lhe prejudica os honorários, quer os convencionados, quer os concedidos por sentença.

Art. 25. Prescreve em cinco anos a ação de cobrança de honorários de advogado, contado o prazo:

I – do vencimento do contrato, se houver;
II – do trânsito em julgado da decisão que os fixar;
III – da ultimação do serviço extrajudicial;
IV – da desistência ou transação;
V – da renúncia ou revogação do mandato.

Art. 26. O advogado substabelecido, com reserva de poderes, não pode cobrar honorários sem a intervenção daquele que lhe conferiu o substabelecimento.

O Código de Ética dispõe o seguinte:

TÍTULO I – DA ÉTICA DO ADVOGADO
CAPÍTULO V – DOS HONORÁRIOS PROFISSIONAIS
Art. 35. *Os honorários advocatícios e sua eventual correção, bem como sua majoração decorrente do aumento dos atos judiciais que advierem como necessários, devem ser previstos em contrato escrito, qualquer que seja o objeto e o meio da prestação do serviço profissio-*

nal, contendo todas as especificações e forma de pagamento, inclusive no caso de acordo.

§ 1º Os honorários da sucumbência não excluem os contratados, porém devem ser levados em conta no acerto final com o cliente ou constituinte, tendo sempre presente o que foi ajustado na aceitação da causa.

§ 2º A compensação ou o desconto dos honorários contratados e de valores que devam ser entregues ao constituinte ou cliente só podem ocorrer se houver prévia autorização ou previsão contratual.

§ 3º A forma e as condições de resgate dos encargos gerais, judiciais e extrajudiciais, inclusive eventual remuneração de outro profissional, advogado ou não, para desempenho de serviço auxiliar ou complementar técnico e especializado, ou com incumbência pertinente fora da Comarca, devem integrar as condições gerais do contrato.

Art. 36. Os honorários profissionais devem ser fixados com moderação, atendidos os elementos seguintes:

I – a relevância, o vulto, a complexidade e a dificuldade das questões versadas;

II – o trabalho e o tempo necessários;

III – a possibilidade de ficar o advogado impedido de intervir em outros casos, ou de se desavir com outros clientes ou terceiros;

IV – o valor da causa, a condição econômica do cliente e o proveito para ele resultante do serviço profissional;

V – o caráter da intervenção, conforme se trate de serviço a cliente avulso, habitual ou permanente;

VI – o lugar da prestação dos serviços, fora ou não do domicílio do advogado;

VII – a competência e o renome do profissional;

VIII – a praxe do foro sobre trabalhos análogos.

Art. 37. Em face da imprevisibilidade do prazo de tramitação da demanda, devem ser delimitados os serviços profissionais a se prestarem nos procedimentos preliminares, judiciais ou conciliatórios, a fim de que outras medidas, solicitadas ou necessárias, incidentais ou não, diretas ou indiretas, decorrentes da causa, possam ter novos honorários estimados, e da mesma forma receber do constituinte ou cliente a concordância hábil.

Art. 38. Na hipótese da adoção de cláusula quota litis, os honorários devem ser necessariamente representados por pecúnia e, quando acrescidos dos de honorários da sucumbência, não podem ser superiores às vantagens advindas em favor do constituinte ou do cliente.

Parágrafo único. A participação do advogado em bens particulares de cliente, comprovadamente sem condições pecuniárias, só é tolerada em caráter excepcional, e desde que contratada por escrito.

Art. 39. *A celebração de convênios para prestação de serviços jurídicos com redução dos valores estabelecidos na Tabela de Honorários implica captação de clientes ou causa, salvo se as condições peculiares da necessidade e dos carentes puderem ser demonstradas com a devida antecedência ao respectivo Tribunal de Ética e Disciplina, que deve analisar a sua oportunidade.*

Art. 40. *Os honorários advocatícios devidos ou fixados em tabelas no regime da assistência judiciária não podem ser alterados no quantum estabelecido; mas a verba honorária decorrente da sucumbência pertence ao advogado.*

Art. 41. *O advogado deve evitar o aviltamento de valores dos serviços profissionais, não os fixando de forma irrisória ou inferior ao mínimo fixado pela Tabela de Honorários, salvo motivo plenamente justificável.*

Art. 42. *O crédito por honorários advocatícios, seja do advogado autônomo, seja de sociedade de advogados, não autoriza o saque de duplicatas ou qualquer outro título de crédito de natureza mercantil, exceto a emissão de fatura, desde que constitua exigência do constituinte ou assistido, decorrente de contrato escrito, vedada a tiragem de protesto.*

Art. 43. *Havendo necessidade de arbitramento e cobrança judicial dos honorários advocatícios, deve o advogado renunciar ao patrocínio da causa, fazendo-se representar por um colega.*

9.3 Sigilo Profissional

O sigilo profissional está normatizado no Capítulo III do Título I do Código de Ética, artigos 25 a 27.

TÍTULO I – DA ÉTICA DO ADVOGADO
CAPÍTULO III – DO SIGILO PROFISSIONAL
Art. 25. *O sigilo profissional é inerente à profissão, impondo-se o seu respeito, salvo grave ameaça ao direito à vida, à honra, ou quando o advogado se veja afrontado pelo próprio cliente e, em defesa própria, tenha que revelar segredo, porém sempre restrito ao interesse da causa.*

Art. 26. *O advogado deve guardar sigilo, mesmo em depoimento judicial, sobre o que saiba em razão de seu ofício, cabendo-lhe recusar-se a depor como testemunha em processo no qual funcionou ou deva funcionar, ou sobre fato relacionado com pessoa de quem seja ou tenha sido advogado, mesmo que autorizado ou solicitado pelo constituinte.*

Art. 27. *As confidências feitas ao advogado pelo cliente podem ser utilizadas nos limites da necessidade da defesa, desde que autorizado aquele pelo constituinte.*
Parágrafo único. Presumem-se confidenciais as comunicações epistolares entre advogado e cliente, as quais não podem ser reveladas a terceiros.

Conforme dito anteriormente, quando tratamos da infração ético-disciplinar prevista no artigo 34, VII, do Estatuto, o dever de guardar sigilo profissional é condição *sine qua non* para o exercício da advocacia e fundamenta-se no princípio da confiança entre o advogado e o cliente.

Não é necessário que haja uma relação contratual entre advogado e cliente, ou outorga de mandato deste para aquele, tampouco que o advogado represente o cliente em processo judicial, basta a simples consulta, para que o advogado tenha o dever de guardar o sigilo profissional sobre o que saiba em razão de seu ofício.

Remetemos o leitor ao item "5.5 – Quebrar o Sigilo Profissional".

9.4 Publicidade – O que Pode e o que Não Pode

A publicidade do advogado está prevista no Título I do Código de Ética, Capítulo IV – da Publicidade.

O anúncio dos serviços profissionais do advogado deve ser feito com discrição e moderação, com finalidade exclusivamente informativa, vedada a divulgação em conjunto com outra atividade.

O anúncio **DEVE** mencionar: o nome completo e o nº de inscrição na OAB do advogado ou dos advogados anunciantes.

PODE mencionar:
- Títulos ou qualificações profissionais, relativos à profissão de advogado, conferidos por universidades ou instituições de ensino superior, reconhecidas;
- Especializações técnico-científicas, que são os ramos do Direito, assim entendidos pelos doutrinadores ou legalmente reconhecidos;
- Associações culturais e científicas de que faça parte;
- Endereços;

- Horário de expediente;
- Meios de comunicação.

É VEDADO:
- Veiculação pelo rádio;
- Veiculação por televisão;
- Denominação de fantasia;
- Referências a valores de serviços;
- Tabelas;
- Gratuidade ou forma de pagamento;
- Tamanho, qualidade e estrutura da sede profissional;
- Expressões que possam iludir ou confundir o público;
- Informações de serviços jurídicos suscetíveis de implicar, direta ou indiretamente, captação de causas ou clientes;
- Uso de símbolos oficiais e dos que sejam utilizados pela OAB;
- Divulgar ou deixar que seja divulgada lista de clientes e demandas;
- Mencionar, direta ou indiretamente:
  - Cargo;
  - Função Pública;
  - Relação de emprego;
  - Patrocínio que tenha exercido;
  - Expressões passíveis de captar clientela;
- Não deve conter:
  - Fotografias,
  - Ilustrações,
  - Cores,
  - Figuras,
  - Desenhos,
  - Logotipos,
  - Marcas ou
  - Símbolos, incompatíveis com a sobriedade da advocacia.

Considera-se imoderado o anúncio profissional do advogado:

- Mediante remessa de correspondência a uma coletividade, exceto para comunicar a clientes e colegas a instalação ou mudança de endereço;
- A indicação expressa de seu nome e escritório em partes externas do veículo;
- A inserção de seu nome em anúncio relativo a outras atividades não advocatícias, faça delas parte ou não.

O anúncio sob a forma de placas, na sede profissional ou na residência do advogado, deve observar discrição quanto ao conteúdo, forma e dimensões, vedada a utilização de outdoor ou equivalente.

É bom lembrar:

A ADVOCACIA É SEMPRE INCOMPATÍVEL COM A MERCANTILIZAÇÃO!

Toda vez que o advogado for convidado a participar de programa de rádio ou televisão, para manifestação profissional, deve visar a objetivos exclusivamente ilustrativos, educacionais e instrutivos, sem propósito de promoção pessoal

O artigo 33 do Código de Ética dispõe:

Art. 33. O advogado deve abster-se de:
I – responder com habitualidade consulta sobre matéria jurídica, nos meios de comunicação social, com intuito de promover-se profissionalmente;
II – debater, em qualquer veículo de divulgação, causa sob seu patrocínio ou patrocínio de colega;
III – abordar tema de modo a comprometer a dignidade da profissão e da instituição que o congrega;
IV – divulgar ou deixar que seja divulgada a lista de clientes e demandas;
V – insinuar-se para reportagens e declarações públicas.

Além dos artigos 28 a 34 do Código de Ética, o **Provimento 94/2000** do Conselho Federal, dispõe sobre a publicidade, a propaganda e a informação da advocacia, que, devido à sua extrema importância para o assunto, peço vênia para transcrever:

PROVIMENTO 95/2000
Dispõe sobre a publicidade, a propaganda e a informação da advocacia
O Conselho Federal da Ordem dos Advogados do Brasil, no uso das atribuições que lhe são conferidas pelo art. 54, V, da Lei nº 8.906, de 4

de julho de 1994, considerando as normas sobre publicidade, propaganda e informação da advocacia, esparsas no Código de Ética e Disciplina, no Provimento nº 75, de 1992, em resoluções e em acentos dos Tribunais de Ética e Disciplina dos diversos Conselhos Seccionais; considerando a necessidade de ordená-las de forma sistemática e de especificar adequadamente sua compreensão; considerando, finalmente, a decisão tomada no processo 4.585/2000 COP,
RESOLVE:
Art. 1º É permitida a publicidade informativa do advogado e da sociedade de advogados, contanto que se limite a levar ao conhecimento do público em geral, ou da clientela, em particular, dados objetivos e verdadeiros a respeito dos serviços de advocacia que se propõe a prestar, observadas as normas do Código de Ética e Disciplina e as deste Provimento.
Art. 2º Entende-se por publicidade informativa:
a) a identificação pessoal e curricular do advogado ou da sociedade de advogados;
b) o número da inscrição do advogado ou do registro da sociedade;
c) o endereço do escritório principal e das filiais, telefones, fax e endereços eletrônicos;
d) as áreas ou matérias jurídicas de exercício preferencial;
e) o diploma de bacharel em direito, títulos acadêmicos e qualificações profissionais obtidos em estabelecimentos reconhecidos, relativos à profissão de advogado (art. 29, §§ 1º e 2º, do Código de Ética e Disciplina);
f) a indicação das associações culturais e científicas de que faça parte o advogado ou a sociedade de advogados;
g) os nomes dos advogados integrados ao escritório;
h) o horário de atendimento ao público;
i) os idiomas falados ou escritos.
Art. 3º São meios lícitos de publicidade da advocacia:
a) a utilização de cartões de visita e de apresentação do escritório, contendo, exclusivamente, informações objetivas;
b) a placa identificativa do escritório, afixada no local onde se encontra instalado;
c) o anúncio do escritório em listas de telefone e análogas;
d) a comunicação de mudança de endereço e de alteração de outros dados de identificação do escritório nos diversos meios de comunicação escrita, assim como por meio de mala-direta aos colegas e aos clientes cadastrados;
e) a menção da condição de advogado e, se for o caso, do ramo de atuação, em anuários profissionais, nacionais ou estrangeiros;

f) a divulgação das informações objetivas, relativas ao advogado ou à sociedade de advogados, com modicidade, nos meios de comunicação escrita e eletrônica.

§ 1º A publicidade deve ser realizada com discrição e moderação, observado o disposto nos arts. 28, 30 e 31 do Código de Ética e Disciplina.

§ 2º As malas-diretas e os cartões de apresentação só podem ser fornecidos a colegas, clientes ou a pessoas que os solicitem ou os autorizem previamente.

§ 3º Os anúncios de publicidade de serviços de advocacia devem sempre indicar o nome do advogado ou da sociedade de advogados com o respectivo número de inscrição ou de registro; devem, também, ser redigidos em português ou, se em outro idioma, fazer-se acompanhar da respectiva tradução.

Art. 4º Não são permitidos ao advogado em qualquer publicidade relativa à advocacia:

a) menção a clientes ou a assuntos profissionais e a demandas sob seu patrocínio;
b) referência, direta ou indireta, a qualquer cargo, função pública ou relação de emprego e patrocínio que tenha exercido;
c) emprego de orações ou expressões persuasivas, de auto-engrandecimento ou de comparação;
d) divulgação de valores dos serviços, sua gratuidade ou forma de pagamento;
e) oferta de serviços em relação a casos concretos e qualquer convocação para postulação de interesses nas vias judiciais ou administrativas;
f) veiculação do exercício da advocacia em conjunto com outra atividade;
g) informações sobre as dimensões, qualidades ou estrutura do escritório;
h) informações errôneas ou enganosas;
i) promessa de resultados ou indução do resultado com dispensa de pagamento de honorários;
j) menção a título acadêmico não reconhecido;
k) emprego de fotografias e ilustrações, marcas ou símbolos incompatíveis com a sobriedade da advocacia;
l) utilização de meios promocionais típicos de atividade mercantil.

Art. 5º São admitidos como veículos de informação publicitária da advocacia:

a) Internet, fax, correio eletrônico e outros meios de comunicação semelhantes;

b) *revistas, folhetos, jornais, boletins e qualquer outro tipo de imprensa escrita;*
c) *placa de identificação do escritório;*
d) *papéis de petições, de recados e de cartas, envelopes e pastas.*
Parágrafo único. As páginas mantidas nos meios eletrônicos de comunicação podem fornecer informações a respeito de eventos, de conferências e outras de conteúdo jurídico, úteis à orientação geral, contanto que estas últimas não envolvam casos concretos nem mencionem clientes.
Art. 6º *Não são admitidos como veículos de publicidade da advocacia:*
a) *rádio e televisão;*
b) *painéis de propaganda, anúncios luminosos e quaisquer outros meios de publicidade em vias públicas;*
c) *cartas circulares e panfletos distribuídos ao público;*
d) *oferta de serviços mediante intermediários.*
Art. 7º *A participação do advogado em programas de rádio, de televisão e de qualquer outro meio de comunicação, inclusive eletrônica, deve limitar-se a entrevistas ou a exposições sobre assuntos jurídicos de interesse geral, visando a objetivos exclusivamente ilustrativos, educacionais e instrutivos para esclarecimento dos destinatários.*
Art. 8º *Em suas manifestações públicas, estranhas ao exercício da advocacia, entrevistas ou exposições, deve o advogado abster-se de:*
a) *analisar casos concretos, salvo quando argüido sobre questões em que esteja envolvido como advogado constituído, como assessor jurídico ou parecerista, cumprindo-lhe, nesta hipótese, evitar observações que possam implicar a quebra ou violação do sigilo profissional;*
b) *responder, com habitualidade, a consultas sobre matéria jurídica por qualquer meio de comunicação, inclusive naqueles disponibilizados por serviços telefônicos ou de informática;*
c) *debater causa sob seu patrocínio ou sob patrocínio de outro advogado;*
d) *comportar-se de modo a realizar promoção pessoal;*
e) *insinuar-se para reportagens e declarações públicas;*
f) *abordar tema de modo a comprometer a dignidade da profissão e da instituição que o congrega.*
Art. 9º *Ficam revogados o Provimento nº 75, de 14 de dezembro de 1992, e as demais disposições em contrário.*
Art. 10. *Este Provimento entra em vigor na data de sua publicação.*

9.5 Dever de Urbanidade

O Título VI, Capítulo I, do Código de Ética e Disciplina da OAB trata do dever de urbanidade, ou seja:

> **Art. 44.** Deve o advogado tratar o público, os colegas, as autoridades e os funcionários do Juízo com respeito, discrição e independência, exigindo igual tratamento e zelando pelas prerrogativas a que tem direito.
> **Art. 45.** Impõe-se ao advogado lhaneza, emprego de linguagem escorreita e polida, esmero e disciplina na execução dos serviços.
> **Art. 46.** O advogado, na condição de defensor nomeado, conveniado ou dativo, deve comportar-se com zelo, empenhando-se para que o cliente se sinta amparado e tenha a expectativa de regular desenvolvimento da demanda.

O Tribunal de Ética e Disciplina I da OAB/SP se manifestou nesse sentido, em decisões publicadas no site respectivo:

> *423ª SESSÃO DE 15 DE JUNHO DE 2000*
> *PATROCÍNIO – URBANIDADE NO EXERCÍCIO PROFISSIONAL*
> *Dever de urbanidade, lhaneza, respeito ao trabalho do ex-adverso são postulados guindados como valores a serem observados pelos advogados. A confiança, a lealdade, a benevolência, devem constituir a disposição habitual para com o colega. Deve o advogado tratar os colegas com respeito e discrição empregando o uso de linguagem escorreita e polida na execução dos serviços (arts. 44 e 45 do CED). A interposição de recurso sobre a fixação sucumbencial do valor da verba honorária não constitui infração ética, desde que respeitados os valores éticos contidos nos artigos apontados. (Proc. E-2.140/00 – v.u. em 15/06/00 do parecer e ementa do Rel. Dr. Luiz Antônio Gambelli – Rev.ª Dr.ª Maria Cristina Zucchi – Presidente Dr. Robison Baroni).*

> *SESSÃO DE 24 DE JULHO DE 1997*
> *RECURSO DE EMBARGOS DE DECLARAÇÃO – INEXISTÊNCIA DE DÚVIDA DEONTOLÓGICA – NECESSIDADE DE LINGUAGEM ESCORREITA – DEVER DE URBANIDADE*
> *A nova petição da consulente, recebida como embargos, prejudicou-a ainda mais. Reafirmou a sua incapacidade de por-se alerta para os próprios erros cometidos na primeira petição, neles imprudentemente se reincidindo. Aceito o pedido de desistência da consulta, que nada está a consultar, mas, insisto na remessa de traslado integral deste processo para a seção disciplinar competente, acompanhado inclusive, para melhor comprovação, das cópias em que são assinaladas as*

agressões vernaculares. (Proc. E-1.536 – v.u. em 24/07/97 – Rel. Dr. Elias Farah – Rev. Dr. Geraldo José Guimarães da Silva – Presidente Dr. Robison Baroni).

Questionário

1. **Qual a alternativa correta:**[1]
   a) O crédito por honorários advocatícios, seja de advogado autônomo, seja de sociedade de advogados, não autoriza o saque de duplicatas ou qualquer outro título de crédito de natureza mercantil;
   b) O crédito por honorários, seja de advogado autônomo, seja de sociedade de advogados, autoriza o saque de duplicatas como forma de garantir o pagamento;
   c) O crédito por honorários, apenas de sociedade de advogados, autoriza o saque de duplicatas como forma de garantir o pagamento;
   d) O crédito por honorários advocatícios sempre deve ser garantidos por meio de títulos de crédito de natureza mercantil para formalizar o que foi contratado e evitar discussões no ato da cobrança.

2. **Tendo ocorrido desentendimento entre o advogado e seu cliente, este, sem ter procedido ao acerto de honorários, solicitou que aquele desistisse do mandato, sem reservas, e lavrasse o substabelecimento sem declinar o nome do novo profissional para a causa. À luz da ética, este advogado deverá:**[2]
   a) não outorgar o substabelecimento em branco, mas renunciar ao mandato, reservando-se o direito de cobrança dos honorários;
   b) outorgar o substabelecimento, ainda que em branco, e comunicar ao juízo da causa, reservando-se o direito de cobrança dos honorários;
   c) não outorgar o substabelecimento em branco até que os honorários sejam adimplidos;

---

1. Extraída do Exame de Ordem nº 74 da OAB/MS.
2. Extraída do Exame de Ordem nº 01/2003 da OAB/MT.

d) outorgar o substabelecimento, ainda que em branco, e levar a efeito a competente reserva de poderes para fazer jus aos honorários.

3. **Quanto à publicidade dos serviços do advogado, é correto:**[3]
   a) não anunciar seus serviços de modo algum;
   b) apenas anunciar quando sua atividade for em conjunto com outra profissão;
   c) fazer com moderação, com finalidade exclusivamente informativa;
   d) anunciar, desde que tenha o seu nome completo, sua inscrição na OAB, e a sua tabela de honorários para evitar reclamação quanto ao valor de seus serviços.

4. **Na hipótese de adoção da denominada cláusula *quota litis*, os honorários advocatícios devem ser, necessariamente, representados por pecúnia, ficando o profissional obrigado a:**[4]
   a) não reivindicar o valor dos honorários de sucumbência;
   b) cobrar o valor dos honorários em parcelas mensais;
   c) cobrar 1/3 do valor dos honorários por ocasião da inicial, 1/3 após a sentença de primeiro grau e 1/3 por ocasião do término da causa;
   d) suportar todas as despesas da demanda.

5. **Cícero foi contratado por um cliente para prestar assistência jurídica durante a assinatura de diversas escrituras de doações de imóveis, de pais para filhos e netos, algumas com cláusulas de futura colação, outras com cláusulas de fideicomisso e o restante sem obrigações vinculativas. Algum tempo depois, um dos doadores faleceu, deixando outros bens para serem inventariados. Para a abertura e acompanhamento do inventário, foi contratado um outro advogado. Os herdeiros se desentenderam e houve necessidade de postulação pela vias ordinárias, estando a ação competente na fase probatória. Cícero foi arro-**

---

3. Extraída do Exame de Ordem nº 75 da OAB/MS.
4. Extraída do Exame de Ordem nº 110 da OAB/SP.

lado pela doadora como sua testemunha e intimado pelo juízo para comparecer à audiência de instrução e prestar esclarecimentos. Segundo o regramento vigente:[5]
a) por ter sido arrolado como testemunha pela ex-cliente, Cícero deverá comparecer em audiência e prestar esclarecimentos;
b) ainda que tenha sido arrolado como testemunha pela ex-cliente, Cícero deverá comparecer em audiência e recusar-se a depor;
c) Cícero não deve comparecer à audiência, não havendo necessidade de qualquer justificativa, por estar impedido de depor como testemunha;
d) por ter havido determinação judicial, Cícero deverá comparecer e esclarecer o que for de interesse de sua ex-cliente.

6. **Havendo o advogado ajuizado ação de separação litigiosa, convertida em consensual, e posteriormente atendido a solicitação de ambas as partes para pedido de homologação de reconciliação não efetivada, por desinteligência entre elas:[6]**
a) não mais poderá aceitar o patrocínio da causa;
b) encontra-se impedido de aceitar a causa de seu cliente originário;
c) não se encontra impedido de aceitar a causa de seu cliente originário;
d) poderá optar pelo patrocínio de qualquer uma das partes.

7. **Assinale a alternativa correta:[7]**
   Segundo as regras deontológicas fundamentais do Código de Ética e Disciplina da OAB:
a) é permitido ao advogado o oferecimento de serviços profissionais que impliquem, direta ou indiretamente, inculcação ou captação de clientela;

---
5. Extraída do Exame de Ordem nº 110 da OAB/SP.
6. Extraída do Exame de Ordem nº 111 da OAB/SP.
7. Extraída do Exame de Ordem nº 04/2003 da OAB/CE.

b) é vedado ao advogado o oferecimento de serviços profissionais que impliquem, direta ou indiretamente, inculcação ou captação de clientela, salvo para os advogados criminalistas que atuam nas delegacias de polícia;
c) é vedado ao advogado o oferecimento de serviços profissionais que impliquem, direta ou indiretamente, inculcação ou captação de clientela, salvo para os advogados que atuam perante a Justiça do Trabalho;
d) é vedado ao advogado o oferecimento de serviços profissionais que impliquem, direta ou indiretamente, inculcação ou captação de clientela.

8. **Assinale a alternativa incorreta:**[8]
   a) O advogado não é obrigado a aceitar a imposição de seu cliente que pretenda ver com ele atuando outros advogados, nem aceitar a indicação de outro profissional para com ele trabalhar no processo;
   b) O substabelecimento do mandato sem reservas de poderes não exige o prévio e inequívoco conhecimento do cliente;
   c) O substabelecimento do mandato sem reservas de poderes exige o prévio e inequívoco conhecimento do cliente;
   d) O substabelecimento do mandato com reservas de poderes não exige o prévio e inequívoco conhecimento do cliente.

9. **Sobre publicidade, assinale a opção verdadeira:**[9]
   a) Quando a advocacia é praticada em conjunto com outra atividade, como, por exemplo, administração de imóveis, pode o advogado anunciar seus serviços profissionais em conjunto com outra atividade, desde que com discrição e moderação;
   b) Quando divulgar ou deixar que seja divulgada a lista de clientes e demandas, deve o advogado solicitar previamente a autorização de seus clientes;
   c) O anúncio de advogado não deve mencionar, direta ou indiretamente, qualquer cargo, função pública ou relação de emprego e patrocínio que tenha exercido, passível de captar clientela;

---

8. Extraída do Exame de Ordem nº 04/2003 da OAB/CE.
9. Extraída do Exame de Ordem nº 07/2002 da OAB/CE.

d) O advogado pode debater causa sobre seu patrocínio em veículos de divulgação, desde que omita o nome de seu constituinte.

10. **Joaquim de Jesus, advogado, enviou a diversas pessoas, físicas e jurídicas, aleatoriamente, mala direta oferecendo seus serviços profissionais para discussão judicial da inconstitucionalidade da CPMF; remeteu ainda instrumento de procuração** *ad judicia*, **proposta de honorários e relação de documentos que seriam necessários para a propositura da ação. Perante a OAB, a atitude do advogado é entendida como:**[10]
    a) de defensor da cidadania e dos direitos da pessoa;
    b) regular exercício de atividade profissional;
    c) captação de clientela;
    d) regular, pois o advogado é inviolável por seus atos e manifestações no exercício da profissão.

---

10. Extraída do Exame de Ordem nº 08/1999 da OAB/CE.

CAPÍTULO 10

TRIBUNAL DE ÉTICA E DISCIPLINA

10.1 Composição

A composição dos Tribunais de Ética e Disciplina é definida pelos Conselhos Seccionais, em seus Regimentos Internos, que definirão, ainda, o número de integrantes e assessores, o modo de eleição e o seu funcionamento.

A composição do Tribunal de Ética e Disciplina da Seccional de São Paulo, por exemplo, está prevista nos artigos 134 a 136 do Regimento Interno da OAB-SP, qual seja:

- um Conselheiro Presidente;
- um Conselheiro Corregedor;
- 14 Presidentes de Turmas, conselheiros ou não;
- 210 membros vogais efetivos;
- 70 membros vogais suplentes;
- 1 Ouvidor.

Cada Turma será composta de um Presidente de Turma; quinze membros titulares e cinco membros suplentes.

Para o caso de haver, em algum Conselho Seccional, Turma Especializada para o atendimento de consulta, deverá ser denominada Turma de Ética Profissional ou Turma Deontológica e as demais Turmas serão as denominadas Turmas Disciplinares.

Os membros da Turma de Ética Profissional são escolhidos pelo Conselho Seccional entre advogados de ilibada reputação e reconhecido saber jurídico, com mais de dez anos de inscrição e efetivo exercício profissional, com a mesma composição descrita no parágrafo anterior.

O Presidente dessa Turma Deontológica deve ser indicado pelo Conselho Seccional, na sua primeira sessão ordinária, com todos os requisitos para ser membro da Turma; entretanto, é exigida inscrição com mais de 15 anos de efetivo exercício profissional, notório saber jurídico, bem como que já tenha sido integrante dessa Turma por, pelo menos, dois ou mais mandatos, alternados ou não.

No mínimo 3/5 dos membros da composição anterior da Turma de Ética Profissional deve ser reconduzido pelo Conselho Seccional, com o objetivo de preservar a orientação interpretativa dos julgados, a fim de que os novos integrantes possam usufruir da experiência acumulada pelos membros remanescentes.

A eleição dos membros do Tribunal de Ética e Disciplina, inclusive seus Presidentes e os Presidentes das Turmas Disciplinares, será na primeira sessão ordinária após a posse do Conselho Seccional, dentre os integrantes desta ou advogados de notável reputação ético-profissional, que tenham mais de cinco anos de inscrição; e o mandato terá duração detrês anos, coincidindo com o mandato dos Conselheiros Seccionais.

Os membros, ou o membro do Tribunal de Ética e Disciplina perderá seu mandato antes de seu término caso ocorra uma das hipóteses previstas no artigo 66 do Estatuto, ou seja, quando:

I. ocorrer qualquer hipótese de cancelamento de inscrição ou de licenciamento do profissional;

II. o titular sofrer condenação disciplinar;

III. o titular faltar, sem motivo justificado, a três reuniões ordinárias consecutivas de cada órgão deliberativo do Conselho ou da diretoria da Subseção ou da Caixa de Assistência dos Advogados, não podendo ser reconduzido no mesmo período de mandato.

Em qualquer uma dessas hipóteses, cabe ao Conselho Seccional escolher o substituto, caso não haja suplente.

Os assessores dos Tribunais de Ética e Disciplina deverão ser indicados, nomeados e demitidos pelo seu Presidente, que fará a escolha dentre os advogados de reconhecida capacidade, ilibada reputação e efetiva atuação profissional.

10.2 Competência

O Título II, Capítulo I, do Código de Ética, artigos 49 e 50, trata exatamente "Da Competência do Tribunal de Ética e Disciplina":

> **Art. 49.** *O Tribunal de Ética e Disciplina é competente para orientar e aconselhar sobre ética profissional, respondendo às consultas em tese, e julgar os processos disciplinares.*
> *Parágrafo único. O Tribunal reunir-se-á mensalmente ou em menor período, se necessário, e todas as sessões serão plenárias.*
> **Art. 50.** *Compete também ao Tribunal de Ética e Disciplina:*
> *I – instaurar, de ofício, processo competente sobre ato ou matéria que considere passível de configurar, em tese, infração a princípio ou norma de ética profissional;*
> *II – organizar, promover e desenvolver cursos, palestras, seminários e discussões a respeito de ética profissional, inclusive junto aos Cursos Jurídicos, visando à formação da consciência dos futuros profissionais para os problemas fundamentais da Ética;*
> *III – expedir provisões ou resoluções sobre o modo de proceder em casos previstos nos regulamentos e costumes do foro;*
> *IV – mediar e conciliar nas questões que envolvam:*
> *a) dúvidas e pendências entre advogados;*
> *b) partilha de honorários contratados em conjunto ou mediante substabelecimento, ou decorrente de sucumbência;*
> *c) controvérsias surgidas quando da dissolução de sociedade de advogados.*

Quanto à mediação e conciliações em representações de advogado contra advogado, em questões que envolvam ética profissional, o Provimento nº 83/96 dispõe:

> **Art. 1º** *Os processos de representação, de advogado contra advogado, envolvendo questões de ética profissional, serão encaminhados pelo Conselho Seccional diretamente ao Tribunal de Ética e Disciplina que:*
> *I – notificará o representado para apresentar defesa prévia;*
> *II – buscará conciliar os litigantes;*
> *III – caso não requerida a produção de provas, ou se fundamentadamente considerada esta desnecessária pelo Tribunal, procederá ao julgamento uma vez não atingida a conciliação.*

Art. 2º *Verificando o Tribunal de Ética e Disciplina a necessidade de instrução probatória, encaminhará o processo ao Conselho Seccional, para os fins dos artigos 51 e 52 do Código de Ética e Disciplina.*

As Subseções podem manter uma Comissão de Ética e Disciplina, que deverá ser integrada por, pelo menos, três advogados de ilibada reputação e com mais de três anos de atuação profissional, nomeados pelo Presidente da Subseção. Esses integrantes terão a função de Instrutores, competindo-lhes:

I. o exame preliminar das representações disciplinares;

II. presidir a instrução das representações disciplinares e dos processos em que elas se convertam;

III. a tentativa de conciliação entre representante e representado;

IV. a manifestação a respeito dos pressupostos de admissibilidade do processo disciplinar.

10.3 Processos na OAB

O artigo 68 do Estatuto estabeleceu como regra geral a aplicação subsidiariamente ao processo disciplinar das regras da legislação processual penal comum e, aos demais processos, das regras gerais do procedimento administrativo comum e da legislação processual civil, nessa ordem.

Como já observado anteriormente, quando falamos dos incisos XVI e XXIII do artigo 34, o artigo 69 estabelece que todos os prazos necessários à manifestação de advogados, estagiários e terceiros, nos processos em geral da OAB, são de quinze dias, inclusive para interposição de recursos.

O artigo 69 estabelece, também, que:

- Nos casos de comunicação por ofício reservado, ou de notificação pessoal, o prazo se conta a partir do dia útil imediato ao da notificação do recebimento.

- Nos casos de publicação na imprensa oficial do ato ou da decisão, o prazo inicia-se no primeiro dia útil seguinte.

10.4 Procedimento Disciplinar

O Capítulo II do Título III do Estatuto, artigos 70 a 74, trata "Do Processo Disciplinar":

Art. 70. *O poder de punir disciplinarmente os inscritos na OAB compete exclusivamente ao Conselho Seccional em cuja base territorial tenha ocorrido a infração, salvo se a falta for cometida perante o Conselho Federal.*
§ 1º Cabe ao Tribunal de Ética e Disciplina, do Conselho Seccional competente, julgar os processos disciplinares, instruídos pelas Subseções ou por relatores do próprio Conselho.
§ 2º A decisão condenatória irrecorrível deve ser imediatamente comunicada ao Conselho Seccional onde o representado tenha inscrição principal, para constar dos respectivos assentamentos.
§ 3º O Tribunal de Ética e Disciplina do Conselho onde o acusado tenha inscrição principal pode suspendê-lo preventivamente, em caso de repercussão prejudicial à dignidade da advocacia, depois de ouvi-lo em sessão especial para a qual deve ser notificado a comparecer, salvo se não atender à notificação. Neste caso, o processo disciplinar deve ser concluído no prazo máximo de noventa dias.
Art. 71. *A jurisdição disciplinar não exclui a comum e, quando o fato constituir crime ou contravenção, deve ser comunicado às autoridades competentes.*
Art. 72. *O processo disciplinar instaura-se de ofício ou mediante representação de qualquer autoridade ou pessoa interessada.*
§ 1º O Código de Ética e Disciplina estabelece os critérios de admissibilidade da representação e os procedimentos disciplinares.
§ 2º O processo disciplinar tramita em sigilo, até o seu término, só tendo acesso às suas informações as partes, seus defensores e a autoridade judiciária competente.
Art. 73. *Recebida a representação, o Presidente deve designar relator, a quem compete a instrução do processo e o oferecimento de parecer preliminar a ser submetido ao Tribunal de Ética e Disciplina.*
§ 1º Ao representado deve ser assegurado amplo direito de defesa, podendo acompanhar o processo em todos os termos, pessoalmente ou por intermédio de procurador, oferecendo defesa prévia após ser notificado, razões finais após a instrução e defesa oral perante o Tribunal de Ética e Disciplina, por ocasião do julgamento.
§ 2º Se, após a defesa prévia, o relator se manifestar pelo indeferimento liminar da representação, este deve ser decidido pelo Presidente do Conselho Seccional, para determinar seu arquivamento.

§ 3º O prazo para defesa prévia pode ser prorrogado por motivo relevante, a juízo do relator.
§ 4º Se o representado não for encontrado, ou for revel, o Presidente do Conselho ou da Subseção deve designar-lhe defensor dativo.
§ 5º É também permitida a revisão do processo disciplinar, por erro de julgamento ou por condenação baseada em falsa prova.
Art. 74. *O Conselho Seccional pode adotar as medidas administrativas e judiciais pertinentes, objetivando a que o profissional suspenso ou excluído devolva os documentos de identificação.*

Destacamos que deve ser observado o § 3º do artigo 70 acima transcrito, com relação à suspensão preventiva do advogado.

O Conselho Federal editou, no ano de 2000, um "Manual de Procedimentos do Processo Ético-Disciplinar", voltado especificamente para os funcionários e integrantes dos Tribunais de Ética.

Há, ainda, em tramitação no Conselho Federal da OAB um projeto de Provimento a ser expedido, regulando os procedimentos de apuração e apenação dos inscritos na OAB que infringirem qualquer princípio ou regra ética estabelecidos pela Lei 8.906/94 (EOAB), Regulamento Geral, Código de Ética e Disciplina, Provimentos, Regimentos Internos, Resoluções e Decisões dos Tribunais de Ética e Disciplina da OAB. Tal Provimento será denominado CÓDIGO DE PROCESSO ÉTICO-DISCIPLINAR, que, dentre outras coisas, disporá sobre os Procedimentos.

O Capítulo II, do Título II, arts. 51 a 61, do Código de Ética estabelece:

Art. 51. *O processo disciplinar instaura-se de ofício ou mediante representação dos interessados, que não pode ser anônima.*
§ 1º Recebida a representação, o Presidente do Conselho Seccional ou da Subseção, quando esta dispuser de Conselho, designa relator um de seus integrantes, para presidir a instrução processual.
§ 2º O relator pode propor ao Presidente do Conselho Seccional ou da Subseção o arquivamento da representação, quando estiver desconstituída dos pressupostos de admissibilidade.
§ 3º A representação contra membros do Conselho Federal e Presidentes dos Conselhos Seccionais é processada e julgada pelo Conselho Federal.
Art. 52. *Compete ao relator do processo disciplinar determinar a notificação dos interessados para esclarecimentos, ou do representado para a defesa prévia, em qualquer caso no prazo de 15 (quinze) dias.*

§ 1º Se o representado não for encontrado ou for revel, o Presidente do Conselho ou da Subseção deve designar-lhe defensor dativo.

§ 2º Oferecidos a defesa prévia, que deve estar acompanhada de todos os documentos, e o rol de testemunhas, até o máximo de cinco, é proferido o despacho saneador e, ressalvada a hipótese do 2º do artigo 73 do Estatuto, designada a audiência para oitiva do interessado e do representado e das testemunhas, devendo o interessado, o representado ou seu defensor incumbir-se do comparecimento de suas testemunhas, na data e hora marcadas.

§ 3º O relator pode determinar a realização de diligências que julgar convenientes.

§ 4º Concluída a instrução, será aberto o prazo sucessivo de 15 (quinze) dias para a apresentação de razões finais pelo interessado e pelo representado, após a juntada da última intimação.

§ 5º Extinto o prazo das razões finais, o relator profere parecer preliminar, a ser submetido ao Tribunal.

Art. 53. O Presidente do Tribunal, após o recebimento do processo devidamente instruído, designa relator para proferir o voto.

§ 1º O processo é inserido automaticamente na pauta da primeira sessão de julgamento, após o prazo de 20 (vinte) dias de seu recebimento pelo Tribunal, salvo se o relator determinar diligências.

§ 2º O representado é intimado pela Secretaria do Tribunal para a defesa oral na sessão, com 15 (quinze) dias de antecedência.

§ 3º A defesa oral é produzida na sessão de julgamento perante o Tribunal, após o voto do relator, no prazo de 15 (quinze) minutos, pelo representado ou por seu advogado.

Art. 54. Ocorrendo a hipótese do art. 70, § 3º, do Estatuto, na sessão especial designada pelo Presidente do Tribunal, são facultadas ao representado ou ao seu defensor a apresentação de defesa, a produção de prova e a sustentação oral, restritas, entretanto, à questão do cabimento, ou não, da suspensão preventiva.

Art. 55. O expediente submetido à apreciação do Tribunal é autuado pela Secretaria, registrado em livro próprio e distribuído às Seções ou Turmas julgadoras, quando houver.

Art. 56. As consultas formuladas recebem autuação em apartado, e a esse processo são designados relator e revisor, pelo Presidente.

§ 1º O relator e o revisor têm prazo de 10 (dez) dias, cada um, para elaboração de seus pareceres, apresentando-os na primeira sessão seguinte, para julgamento.

§ 2º Qualquer dos membros pode pedir vista do processo pelo prazo de uma sessão e desde que a matéria não seja urgente, caso em que o exame deve ser procedido durante a mesma sessão. Sendo vários os pedidos, a Secretaria providencia a distribuição do prazo, proporcionalmente, entre os interessados.

§ 3º Durante o julgamento e para dirimir dúvidas, o relator e o revisor, nessa ordem, têm preferência na manifestação.

§ 4º O relator permitirá aos interessados produzir provas, alegações e arrazoados, respeitado o rito sumário atribuído por este Código.

§ 5º Após o julgamento, os autos vão ao relator designado ou ao membro que tiver parecer vencedor para lavratura de acórdão, contendo ementa a ser publicada no órgão oficial do Conselho Seccional.

Art. 57. Aplica-se ao funcionamento das sessões do Tribunal o procedimento adotado no Regimento Interno do Conselho Seccional.

Art. 58. Comprovado que os interessados no processo nele tenham intervindo de modo temerário, com sentido de emulação ou procrastinação, tal fato caracteriza falta de ética passível de punição.

Art. 59. Considerada a natureza da infração ética cometida, o Tribunal pode suspender temporariamente a aplicação das penas de advertência e censura impostas, desde que o infrator primário, dentro do prazo de 120 (cento e vinte) dias, passe a frequentar e conclua, comprovadamente, curso, simpósio, seminário ou atividade equivalente, sobre Ética Profissional do Advogado, realizado por entidade de notória idoneidade.

Art. 60. Os recursos contra decisões do Tribunal de Ética e Disciplina, ao Conselho Seccional, regem-se pelas disposições do Estatuto, do Regulamento Geral e do Regimento Interno do Conselho Seccional.

Parágrafo único. O Tribunal dará conhecimento de todas as suas decisões ao Conselho Seccional, para que determine periodicamente a publicação de seus julgados.

Art. 61. Cabe revisão do processo disciplinar, na forma prescrita no art. 73, inciso § 5º, do Estatuto.

10.5 Recursos

O Capítulo III do Título III do Código de Ética, artigos 75 a 77, dispõe sobre os Recursos:

Art. 75. Cabe recurso ao Conselho Federal de todas as decisões definitivas proferidas pelo Conselho Seccional, quando não tenham sido unânimes ou, sendo unânimes, contrariem esta Lei, decisão do Conselho Federal ou de outro Conselho Seccional e, ainda, o Regulamento Geral, o Código de Ética e Disciplina e os Provimentos.

Parágrafo único. Além dos interessados, o Presidente do Conselho Seccional é legitimado a interpor o recurso referido neste artigo.

Art. 76. *Cabe recurso ao Conselho Seccional de todas as decisões proferidas por seu Presidente, pelo Tribunal de Ética e Disciplina, ou pela diretoria da Subseção ou da Caixa de Assistência dos Advogados.*
Art. 77. *Todos os recursos têm efeito suspensivo, exceto quando tratarem de eleições (arts. 63 e seguintes), de suspensão preventiva decidida pelo Tribunal de Ética e Disciplina, e de cancelamento da inscrição obtida com falsa prova.*
Parágrafo único. O Regulamento Geral disciplina o cabimento de recursos específicos, no âmbito de cada órgão julgador.

O Conselho Federal manifestou-se:

RECURSO. CABIMENTO. REQUISITOS.
Ementa: Cancelamento de inscrição. Incompatibilidade. Cabimento de recurso. 1. O cabimento do recurso está sujeito aos requisitos do art. 75 do Estatuto da Advocacia, a saber, quando não for unânime a decisão recorrida, há de o recorrente demonstrar a contrariedade ao Estatuto, ou à decisão do Conselho Federal, ou à decisão de outro Conselho Seccional, ou ao Regulamento Geral, ao Código de Ética e Disciplina, ou aos Provimentos. 2. O cancelamento não pode prescindir das garantias do devido processo legal e da ampla defesa. A decisão do Conselho, mesmo de ofício, é imprescindível para ressalva de direitos, não podendo a diretoria substituí-lo. 3. O auditor, que assume prerrogativas de juiz de terceira entrância e é substituto legal do Conselheiro, é membro do Tribunal de Contas e como tal alcançado pela incompatibilidade do art. 28, II, do Estatuto. 4. A incompatibilidade perdura enquanto o bacharel em direito permanecer titular do cargo, mesmo que afastado de seu exercício, conforme a inteligência do § 1º do art. 28 do Estatuto. 5. O cancelamento não é prejudicado pela superveniência da aposentadoria do ocupante do cargo incompatível, porque tem natureza declarativa de inexistência e eficácia ex tunc, desde a investidura, não podendo convalidar a inscrição irregular. Cabe ao interessado requerer nova inscrição, recebendo novo número, conforme determina o art. 11 do Estatuto. (Proc. nº 4.783/95/PC, Rel. Paulo Luiz Netto Lôbo, j. 12.02.96, v.u., DJ de 19.03.96, p. 7.861).

Ementa 009/2002/SCA. Processo disciplinar. Declaração de inidoneidade. Instauração, contra inscrita, de vários procedimentos criminais. Condenação com trânsito em julgado. Eliminação do quadro de advogados. Perda do requisito constante do artigo 48, incisos VI e VII, do Estatuto revogado – Lei 4.215/63. Recurso recebido e processado, por satisfeitas as condições de admissibilidade previstas no Estatuto em vigor, artigo 75. Alegação de prescrição, como matéria prefacial e de mérito. Comprovação, pela Recorrente, do arquivamento dos procedimentos criminais e da reforma da decisão condenatória, em sede de revisão criminal, por não constituir o fato infração penal – art. 386, inciso III, do Código de Processo Penal. Decisão recorrida carente de fundamentação. Inaceitável a tese sustentada no voto condutor pela inadmissão do instituto da prescrição nos processos disciplinares da OAB. No âmbito da Corporação dos advogados, todos os julgamentos estão subordinados ao devido processo legal, observadas as garantias constitucionais, assegurados o contraditório e a ampla defesa, com os meios e recursos a ela inerentes – CF, art. 5º, LIV e LV. Apenamento injusto por descomprovadas as infrações que resultaram na aplicação da pena de exclusão. Prescrição. Consagrado princípio de hermenêutica dispõe que o direito material é o da data do fato. Recurso provido. Decorrido o qüinqüênio previsto na Lei 6.838 de 29.10.1990, extingue-se a punibilidade, declarando-se ipso iure *extinto o processo. Decisão unânime. (Recurso nº 2.321/2001/SCA-SP. Relator: Conselheiro Luiz Antonio de Souza Basílio (ES), julgamento: 04.06.2001, por unanimidade, DJ 12.03.2002, p. 543, S1).*

Questionário

1. **Qual a alternativa errada:**[1]
   a) O Tribunal de Ética e Disciplina é competente para orientar e aconselhar sobre ética profissional, respondendo às consultas em tese, e julgar os processos disciplinares;
   b) O Tribunal de Ética não é competente para orientar e aconselhar sobre ética profissional porque é nesse colegiado que são julgadas as representações disciplinares;
   c) Compete também ao Tribunal de Ética e Disciplina instaurar de ofício processo ético contra advogado que infringir norma ética profissional;
   d) Compete também ao Tribunal de Ética e Disciplina organizar, promover e desenvolver cursos, palestras, seminários e discussões a respeito de ética profissional, inclusive junto aos cursos jurídicos.

2. **Assinale a alternativa CORRETA. O processo ético disciplinar no âmbito da OAB:**[2]

---

1. Extraída do Exame de Ordem nº 74 da OAB/MS.
2. Extraída do Exame de Ordem nº 1/2000 da OAB/BA.

a) instaura-se após denúncia formulada pelo Representante do Ministério Público;
b) depende, sempre, de representação dos interessados;
c) depende, sempre, de representação dos interessados, admitindo-se o anonimato do representante;
d) instaura-se de ofício ou mediante representação dos interessados, sendo vedada a apresentação de representação anônima.

3. **Marque a alternativa CORRETA: As sanções disciplinares decorrentes de violação das normas que presidem a atividade da advocacia competem:**[3]
   a) ao Tribunal de Ética e Disciplina como órgão de única e última instância;
   b) ao Tribunal de Ética e Disciplina, cabendo recurso de suas decisões diretamente para o Conselho Federal;
   c) ao Tribunal de Ética e Disciplina, cabendo recurso de suas decisões diretamente para o pleno do Conselho Seccional;
   d) ao Tribunal de Ética e Disciplina, cabendo recurso de suas decisões diretamente para as Câmaras do Conselho Seccional.

4. **No processo disciplinar, a quem compete determinar a notificação dos interessados para esclarecimentos ou mesmo do representado para a defesa prévia?**[4]
   a) Ao Conselho Seccional;
   b) Ao Tribunal de Ética e Disciplina;
   c) Ao Secretário da OAB, quando não for o Relator;
   d) Ao Relator.

5. **As decisões proferidas pelos Presidentes dos Conselhos Seccionais serão passíveis de recurso ao:**[5]
   a) Conselho Federal;
   b) Conselho Seccional;
   c) Colégio de Presidentes;
   d) Tribunal de Ética e Disciplina.

---

3. Extraída do Exame de Ordem nº 1/2000 da OAB/BA.
4. Extraída do Exame de Ordem nº 75 da OAB/MS.
5. Extraída do Exame de Ordem nº 121 da OAB/SP.

6. **Os casos omissos no Estatuto da Advocacia e a Ordem dos Advogados do Brasil, Lei 8.906/94, serão resolvidos:**
   a) pelo Conselho Federal;
   b) pela Conferência Nacional da OAB;
   c) pelo Poder Executivo;
   d) pelo Congresso Nacional.

7. **Qual das atribuições abaixo é do conhecimento do Tribunal de Ética:[6]**
   a) intervir nos Conselhos Seccionais, onde e quando constatar grave violação do Estatuto, Código de Ética ou do Regulamento Geral;
   b) determinar, com exclusividade, critérios para o traje dos advogados, no exercício profissional;
   c) promover a seguridade complementar para os advogados inscritos;
   d) mediar e conciliar questões que envolvam partilha de honorários contratados em conjunto ou mediante substabelecimento, ou decorrente de sucumbência.

8. **Assinale a alternativa correta:[7]**
   a) É do Conselho Federal da OAB a competência para definir a composição e funcionamento dos Tribunais de Ética e Disciplina, e a escolha de seus membros;
   b) A competência do Tribunal de Ética e Disciplina abrange, dentre outras, julgar processos para a exclusão de advogado dos quadros da OAB;
   c) O Tribunal de Ética e Disciplina é competente para a suspensão preventiva de advogado, em caso de repercussão prejudicial à dignidade da advocacia;
   d) O Tribunal de Ética e Disciplina é competente para orientar e aconselhar sobre ética profissional, respondendo a todas as consultas, inclusive sobre casos concretos.

9. **Nas questões abaixo sobre procedimento disciplinar, é INCORRETO:[8]**

---

6. Extraída do Exame de Ordem 02/2003 da OAB/MT.
7. Extraída do Exame de Ordem de agosto/2003 da OAB/PR.
8. Extraída do Exame de Ordem de agosto/2001 da OAB/MG.

a) No procedimento disciplinar, o Presidente do Tribunal de Ética, após o recebimento do processo devidamente instruído, designa relator para proferir o voto;
b) O processo é inserido automaticamente na pauta da primeira sessão de julgamento, após o prazo de 20 (vinte) dias de seu recebimento pelo Tribunal, salvo se o relator determinar diligências;
c) O representado é intimado pela Secretaria do Tribunal para defesa oral da sessão, com 15 (quinze) dia de antecedência;
d) A defesa oral é produzida na sessão de julgamento perante o Tribunal, antes do voto do relator, no prazo de 20 (vinte) minutos, pelo representado ou por seu advogado.

10. **Os recursos contra questões decididas pela diretoria da Caixa de Assistência dos Advogados devem ser julgados, privativamente:**[9]
    a) pelo Conselho Seccional ao qual esteja ligada a entidade;
    b) pelo Conselho Federal;
    c) pelo Tribunal de Ética e Disciplina da respectiva Seccional;
    d) pela própria diretoria da Caixa de Assistência dos Advogados.

---

9. Extraída do Exame de Ordem nº 107 da OAB/SP.

CAPÍTULO 11

DA ORDEM DOS ADVOGADOS DO BRASIL

11.1 Fins e Organização

Os fins e organização da Ordem dos Advogados do Brasil estão previstos no Capítulo I do Título II da Lei 8.906/94 (EOAB):

> **TÍTULO II – DA ORDEM DOS ADVOGADOS DO BRASIL**
> **CAPÍTULO I – DOS FINS E DA ORGANIZAÇÃO**
> **Art. 44.** *A Ordem dos Advogados do Brasil – OAB, serviço público, dotada de personalidade jurídica e forma federativa, tem por finalidade:*
> *I – defender a Constituição, a ordem jurídica do Estado democrático de direito, os direitos humanos, a justiça social, e pugnar pela boa aplicação das leis, pela rápida administração da justiça e pelo aperfeiçoamento da cultura e das instituições jurídicas;*
> *II – promover, com exclusividade, a representação, a defesa, a seleção e a disciplina dos advogados em toda a República Federativa do Brasil.*
> *§ 1º A OAB não mantém com órgãos da Administração Pública qualquer vínculo funcional ou hierárquico.*
> *§ 2º O uso da sigla "OAB" é privativo da Ordem dos Advogados do Brasil.*
> **Art. 45.** *São órgãos da OAB:*
> *I – o Conselho Federal;*
> *II – os Conselhos Seccionais;*
> *III – as Subseções;*
> *IV – as Caixas de Assistência dos Advogados.*
> *§ 1º O Conselho Federal, dotado de personalidade jurídica própria, com sede na capital da República, é o órgão supremo da OAB.*
> *§ 2º Os Conselhos Seccionais, dotados de personalidade jurídica própria, têm jurisdição sobre os respectivos territórios dos Estados-membros, do Distrito Federal e dos Territórios.*

§ 3º As Subseções são partes autônomas do Conselho Seccional, na forma desta Lei e de seu ato constitutivo.

§ 4º As Caixas de Assistência dos Advogados, dotadas de personalidade jurídica própria, são criadas pelos Conselhos Seccionais, quando estes contarem com mais de mil e quinhentos inscritos.

§ 5º A OAB, por constituir serviço público, goza de imunidade tributária total em relação ao seus bens, rendas e serviços.

§ 6º Os atos conclusivos dos órgãos da OAB, salvo quando reservados ou de administração interna, devem ser publicados na imprensa oficial ou afixados no fórum, na íntegra ou em resumo.

Art. 46. *Compete à OAB fixar e cobrar, de seus inscritos, contribuições, preços de serviços e multas.*

Parágrafo único – Constitui título executivo extrajudicial a certidão passada pela diretoria do Conselho competente, relativa a credito previsto neste artigo.

Art. 47. *O pagamento da contribuição anual à OAB isenta os inscritos nos seus quadros do pagamento obrigatório da contribuição sindical.*

Art. 48. *O cargo de conselheiro ou de membro de diretoria de órgão da OAB é de exercício gratuito e obrigatório, considerado serviço público relevante, inclusive para fins de disponibilidade e aposentadoria.*

Art. 49. *Os Presidentes dos Conselhos e das Subseções da OAB têm legitimidade para agir, judicial e extrajudicialmente, contra qualquer pessoa que infringir as disposições ou os fins desta Lei.*

Parágrafo único – As autoridades mencionadas no caput deste artigo têm, ainda, legitimidade para intervir, inclusive como assistentes, nos inquéritos e processos em que sejam indiciados, acusados ou ofendidos os inscritos na OAB.

Art. 50. *Para os fins desta Lei, os Presidentes dos Conselhos da OAB e das Subseções podem requisitar cópias de peças de autos e documentos a qualquer tribunal, magistrado, cartório e* **órgão*** *da Administração Pública direta, indireta e fundacional.*

11.2 Do Conselho Federal

11.2.1 Composição do Conselho Federal

O Conselho Federal tem sua estrutura e funcionamento definidos no Regulamento Geral da OAB.

---

* ADIn n 1.127-8. A eficácia da expressão destacada foi suspensa pelo STF, em medida liminar.

O Conselho Federal é composto de:
- Conselheiros Federais, integrantes das delegações de cada unidade federativa = três Conselheiros Federais por delegação
- Ex-Presidentes do Conselho Federal, que são membros vitalícios, apenas com **direito a voz nas sessões**.

Nas sessões do Conselho Federal, os Presidentes dos Conselhos Seccionais têm lugar reservado junto à delegação respectiva, e **somente direito a voz**.

O voto é tomado por delegação, e não pode ser exercido nas matérias de interesse da unidade que represente.

11.2.2 Composição da Diretoria do Conselho Federal

O Conselho Federal é composto de:
- um Presidente
- um Vice-Presidente
- um Secretário-Geral
- um Secretário-Geral Adjunto
- um Tesoureiro

As Diretorias dos Conselhos Seccionais e das Subseções têm composição idêntica e atribuições equivalentes às do Conselho Federal, na forma do Regimento Interno de cada Conselho Seccional.

Nas deliberações do Conselho Federal, os membros da Diretoria votam como membros de suas delegações, cabendo ao Presidente, apenas, o voto de qualidade e o direito de embargar a decisão, se esta não for unânime.

11.2.3 Competência do Conselho Federal

A competência do Conselho Federal está definida no artigo 54 do EOAB:

> **Art. 54.** *Compete ao Conselho Federal:*
> *I – dar cumprimento efetivo às finalidades da OAB;*
> *II – representar, em juízo ou fora dele, os interesses coletivos ou individuais dos advogados;*
> *III – velar pela dignidade, independência, prerrogativas e valorização da advocacia;*

IV – *representar, com exclusividade, os advogados brasileiros nos órgãos e eventos internacionais da advocacia;*
V – *editar e alterar o Regulamento Geral, o Código de Ética e Disciplina, e os Provimentos que julgar necessários;*
VI – *adotar medidas para assegurar o regular funcionamento dos Conselhos Seccionais;*
VII – *intervir nos Conselhos Seccionais, onde e quando constatar grave violação desta Lei ou do Regulamento Geral;*
VIII – *cassar ou modificar, de ofício ou mediante representação, qualquer ato, de órgão ou autoridade da OAB, contrário a esta Lei, ao Regulamento Geral, ao Código de Ética e Disciplina, e aos Provimentos, ouvida a autoridade ou o órgão em causa;*
IX – *julgar, em grau de recurso, as questões decididas pelos Conselhos Seccionais, nos casos previstos neste Estatuto e no Regulamento Geral;*
X – *dispor sobre a identificação dos inscritos na OAB e sobre os respectivos símbolos privativos;*
XI – *apreciar o relatório anual e deliberar sobre o balanço e as contas de sua diretoria;*
XII – *homologar ou mandar suprir relatório anual, o balanço e as contas dos Conselhos Seccionais;*
XIII – *elaborar as listas constitucionalmente previstas, para o preenchimento dos cargos nos tribunais judiciários de âmbito nacional ou interestadual, com advogados que estejam em pleno exercício da profissão, vedada a inclusão de nome de membro do próprio Conselho ou de outro órgão da OAB;*
XIV – *ajuizar ação direta de inconstitucionalidade de normas legais e atos normativos, ação civil pública, mandado de segurança coletivo, mandado de injunção e demais ações cuja legitimação lhe seja outorgada por lei;*
XV – *colaborar com o aperfeiçoamento dos cursos jurídicos, e opinar, previamente, nos pedidos apresentados aos órgãos competentes para criação, reconhecimento ou credenciamento desses cursos;*
XVI – *autorizar, pela maioria absoluta das delegações, a oneração ou alienação de seus bens imóveis;*
XVII – *participar de concursos públicos, nos casos previstos na Constituição e na lei, em todas as suas fases, quando tiverem abrangência nacional ou interestadual;*
XVIII – *resolver os casos omissos neste Estatuto.*
Parágrafo único. A intervenção referida no inciso VII deste artigo depende de prévia aprovação por dois terços das delegações, garantido o amplo direito de defesa do Conselho Seccional respectivo, nomeando-se diretoria provisória para o prazo que se fixar.

Desta forma, o Capítulo II do Título II da Lei 8.906/94 trata "Do Conselho Federal":

TÍTULO II – DA ORDEM DOS ADVOGADOS DO BRASIL
CAPÍTULO II – DO CONSELHO FEDERAL
Art. 51. *O Conselho Federal compõe-se:*
I – dos conselheiros federais, integrantes das delegações de cada unidade federativa;
II – dos seus ex-presidentes, na qualidade de membros honorários vitalícios.
§ 1º Cada delegação é formada por três conselheiros federais.
§ 2º Os ex-presidentes têm direito apenas a voz nas sessões.
Art. 52. *Os presidentes dos Conselhos Seccionais, nas sessões do Conselho Federal, têm lugar reservado junto à delegação respectiva e direito somente a voz.*
Art. 53. *O Conselho Federal tem sua estrutura e funcionamento definidos no Regulamento Geral da OAB.*
§ 1º O Presidente, nas deliberações do Conselho, tem apenas o voto de qualidade.
§ 2º O voto é tomado por delegação, e não pode ser exercido nas matérias de interesse da unidade que represente.
Art. 54. *... (vide transcrição acima)*
Art. 55. *A Diretoria do Conselho Federal é composta de um Presidente, de um Vice-Presidente, de um Secretário-Geral, de um Secretário-Geral Adjunto e de um Tesoureiro.*
§ 1º O Presidente exerce a representação nacional e internacional da OAB, competindo-lhe convocar o Conselho Federal, presidi-lo, representá-lo ativa e passivamente, em juízo ou fora dele, promover-lhe a administração patrimonial e dar execução às suas decisões.
§ 2º O Regulamento Geral define as atribuições dos membros da Diretoria e a ordem de substituição em caso de vacância, licença, falta ou impedimento.
§ 3º Nas deliberações do Conselho Federal, os membros da Diretoria votam como membros de suas delegações, cabendo ao Presidente, apenas, o voto de qualidade e o direito de embargar a decisão, se esta não for unânime.

11.3 Dos Conselhos Seccionais

O Capítulo III do Título II da Lei 8.906/94 trata "Do Conselho Seccional".

11.3.1 Composição dos Conselhos Seccionais

O Conselho Seccional compõe-se de conselheiros em número proporcional ao de seus inscritos.

Têm direito a **VOZ** em suas sessões:
- seus Ex-Presidentes, que são membros honorários vitalícios. **(Apenas os empossados antes de 05.07.94 têm direito a voz e voto)**;
- o Presidente do Instituto dos Advogados, que é membro honorário;
- o Presidente do Conselho Federal;
- os Conselheiros Federais da respectiva delegação;
- o Presidente da Caixa de Assistência dos Advogados;
- os Presidentes das Subseções.

O Conselho Seccional deve exercer e observar, no respectivo território, as competências, vedações e funções atribuídas ao Conselho Federal, no que couber e no âmbito de sua competência material e territorial, e as normas gerais estabelecidas na Lei 8.906/94, no Regulamento Geral, no Código de Ética e Disciplina e nos Provimentos.

11.3.2 Composição da Diretoria dos Conselhos Seccionais

Segundo o artigo 59 do Estatuto, as Diretorias dos Conselhos Seccionais têm composição idêntica e atribuições equivalentes às do Conselho Federal, na forma do Regimento Interno de cada Conselho Seccional.

No caso do Conselho Seccional de São Paulo (artigos 46 a 124, do Regimento Interno da OAB/SP), o Conselho e a Diretoria são auxiliados e assessorados por Comissões Permanentes e Temporárias ou Especiais.

O artigo 58 do referido Regimento Interno (da OAB/SP) enumera as Comissões Permanentes, quais sejam:
- Comissão de Seleção;
- Comissão de Direitos e Prerrogativas;
- Comissão de Estágio e Exame de Ordem;
- Comissão de Orçamento e Contas;
- Comissão de Obras e Patrimônio;

- Comissão da Mulher Advogada;
- Comissão de Direitos Humanos;
- Comissão de Legislação, Doutrina e Jurisprudência;
- Comissão do Advogado Público;
- Comissão do Advogado Assalariado;
- Comissão de Seguridade Social;
- Comissão do Meio Ambiente;
- Comissão das Sociedades de Advogados;
- Comissão de Defesa do Consumidor.

Além das Comissões acima mencionadas, encontramos várias outras 31 Comissões no site da OAB/SP (www.oabsp.org.br), tais como:

- Comissão de Acompanhamento Legislativo;
- Comissão de Administração Pública;
- Comissão de Análise da Lei Estadual 11.331;
- Comissão de Aposentadoria de Advogados;
- Comissão de Assistência Judiciária;
- Comissão de Assuntos Institucionais;
- Comissão de Bioética e Biodireito;
- Comissão de Cidadania e Ação Social;
- Comissão de Cultura e Eventos;
- Comissão de Defesa da Advocacia;
- Comissão de Defesa da Concorrência;
- Comissão de Direito Autoral;
- Comissão de Direito Internacional;
- Comissão de Direitos do Contribuinte;
- Comissão de Direitos e Defesa dos Interesses Jurídicos de Deficientes;
- Comissão de EAJI – Estatuto da Assistência Jurídica Integral;
- Comissão Eleitoral;
- Comissão de Ensino Jurídico;
- Comissão de Esportes e Lazer;

- Comissão de Exercício Profissional;
- Comissão de Informática Jurídica;
- Comissão da Lei de Falências;
- Comissão de Negros e Assuntos Antidiscriminatórios;
- Comissão OAB vai à Escola;
- Comissão de Precatórios;
- Comissão de Privatizações de Serviços Públicos;
- Comissão Processante;
- Comissão de Propriedade Industrial;
- Comissão de Questões Agrárias;
- Reforma do Poder Judiciário;
- Comissão de Situação Carcerária dos Advogados Presos.

11.3.3 Competência dos Conselhos Seccionais

Os artigos 57 e 58 do Estatuto tratam da competência do Conselho Seccional:

Art. 57. *O Conselho Seccional exerce e observa, no respectivo território, as competências, vedações e funções atribuídas ao Conselho Federal, no que couber e no âmbito de sua competência material e territorial, e as normas gerais estabelecidas nesta Lei, no Regulamento Geral, no Código de Ética e Disciplina, e nos Provimentos.*
Art. 58. *Compete privativamente ao Conselho Seccional:*
I – editar seu Regimento Interno e Resoluções;
II – criar as Subseções e a Caixa de Assistência dos Advogados;
III – julgar, em grau de recurso, as questões decididas por seu Presidente, por sua diretoria, pelo Tribunal de Ética e Disciplina, pelas diretorias das Subseções e da Caixa de Assistência dos Advogados;
IV – fiscalizar a aplicação da receita, apreciar o relatório anual e deliberar sobre o balanço e as contas de sua diretoria, das diretorias das Subseções e da Caixa de Assistência dos Advogados;
V – fixar a tabela de honorários, válida para todo o território estadual;
VI – realizar o Exame de Ordem;
VII – decidir os pedidos de inscrição nos quadros de advogados e estagiários;
VIII – manter cadastro de seus inscritos;
IX – fixar, alterar e receber contribuições obrigatórias, preços de serviços e multas;

X – participar da elaboração dos concursos públicos, em todas suas fases, nos casos previstos na Constituição e nas leis, no âmbito do seu território;
XI – determinar, com exclusividade, critérios para o traje dos advogados, no exercício profissional;
XII – aprovar e modificar seu orçamento anual;
XIII – definir a composição e o funcionamento do Tribunal de Ética e Disciplina, e escolher seus membros;
XIV – eleger as listas, constitucionalmente previstas, para preenchimento dos cargos nos tribunais judiciários, no âmbito de sua competência e na forma do Provimento do Conselho Federal, vedada a inclusão de membros do próprio Conselho e de qualquer órgão da OAB;
XV – intervir nas Subseções e na Caixa de Assistência dos Advogados;
XVI – desempenhar outras atribuições previstas no Regulamento Geral.

11.4 Das Subseções

A Subseção pode ser criada pelo Conselho Seccional, que fixa:

- área territorial (um ou mais municípios, ou parte de município, inclusive da Capital de Estado, com no mínimo 15 advogados, nela profissionalmente domiciliados – este número pode ser aumentado pelo Regimento Interno da Seccional);
- limites de competência;
- autonomia.

A Subseção é administrada por uma diretoria, com atribuições e composição equivalentes às da Diretoria do Conselho Seccional.

Havendo mais de 100 advogados (esse número pode ser aumentado pelo Regimento Interno da Seccional), a Subseção pode ser integrada por um Conselho, em número de membros fixado pelo Conselho Seccional.

Cabe ao Conselho Seccional:

- fixar em seu orçamento dotações específicas destinadas à manutenção das Subseções;
- mediante voto de 2/3 de seus membros, intervir (ou não) nas Subseções, onde constatar grave violação da Lei 8.906/94 ou do Regimento Interno do respectivo Conselho Seccional.

11.4.1 Competência das Subseções

A competência da Subseção está prevista no artigo 61 do Estatuto:

Art. 61. *Compete à Subseção, no âmbito de seu território:*
I – dar cumprimento efetivo às finalidades da OAB;
II – velar pela dignidade, independência e valorização da advocacia, e fazer valer as prerrogativas do advogado;
III – representar a OAB perante os poderes constituídos;
IV – desempenhar as atribuições previstas no Regulamento Geral ou por delegação de competência do Conselho Seccional.
Parágrafo único. Ao Conselho da Subseção, quando houver, compete exercer as funções e atribuições do Conselho Seccional, na forma do Regimento Interno deste, e ainda:
a) editar seu Regimento Interno, a ser referendado pelo Conselho Seccional;
b) editar resoluções, no âmbito de sua competência;
c) instaurar e instruir processos disciplinares, para julgamento pelo Tribunal de Ética e Disciplina;
d) receber pedido de inscrição nos quadros de advogado e estagiário, instruindo e emitindo parecer prévio, para decisão do Conselho Seccional.

A TÍTULO DE CURIOSIDADE, NO TOCANTE AOS CURSOS DE ENSINO JURÍDICO:

Instrução Normativa 5, de 11.11.2003.
Dispõe sobre a tramitação dos processos de autorização e reconhecimento de cursos jurídicos, e dá outras providências.
A Comissão de Ensino Jurídico do Conselho Federal da Ordem dos Advogados do Brasil, no uso das atribuições que lhe são conferidas pelo art. 83 do Regulamento Geral do Estatuto da Advocacia e da Ordem dos Advogados do Brasil, tendo em vista o que dispõem o art. 28 do Decreto 3.860/2001 e o parágrafo único do referido art. 83 do Regulamento Geral do EAOAB,
RESOLVE:
Art. 1º *Os processos de autorização e reconhecimento de cursos jurídicos serão instruídos, no âmbito da Comissão de Ensino Jurídico do Conselho Federal, com os dados transmitidos pelo Sistema SAPIENS da SESU/MEC e com a manifestação do Conselho Seccional em cuja área de atuação situar-se a instituição de ensino superior interessada.*
Parágrafo único. Quando se tratar de cursos propostos por instituições sujeitas à jurisdição de Conselhos Estaduais de Educação, formar-se-á

processo no Conselho Federal, a partir do protocolamento do respectivo projeto.

Art. 2º A manifestação do Conselho Seccional será emitida pela respectiva Comissão de Ensino Jurídico ou, na sua falta, segundo o que dispuserem as normas regulamentares ou regimentais pertinentes.

§ 1º Para esse fim, a Comissão de Ensino Jurídico do Conselho Federal, tão logo receba a transmissão de dados pelo Sistema SAPIENS, fará comunicação, por fax, ao Conselho Seccional competente, que deverá manifestar-se no prazo de 30 (trinta) dias (Regulamento Geral do EAOAB, art. 83, parágrafo único).

§ 2º Ao mesmo tempo, a Comissão de Ensino Jurídico do Conselho Federal recomendará, por fax, à instituição de ensino superior interessada, que apresente, no prazo de 5 (cinco) dias, ao Conselho Seccional competente, cópias do Projeto Pedagógico e do Plano de Desenvolvimento Institucional encaminhados à SESu/MEC, no caso de autorização, ou do formulário referente às Condições de Ensino, preenchido perante o INEP/MEC, no caso de reconhecimento.

§ 3º Proceder-se-á do mesmo modo nos casos previstos no parágrafo único do art. 1º, adotando-se as providências a que se referem os parágrafos anteriores deste artigo a partir da data do protocolo respectivo.

Art. 3º A manifestação do Conselho Seccional terá em vista os pontos que lhe pareçam importantes para o esclarecimento do processo, sendo desejável que considere a viabilidade do Projeto Pedagógico, a adequação do Plano de Desenvolvimento Institucional, a existência do requisito da necessidade social, as condições das instalações físicas e, em se tratando de reconhecimento, o efetivo cumprimento do Projeto e do Plano referidos.

Art. 4º A Comissão de Ensino Jurídico do Conselho Fe-deral não ficará adstrita à conclusão do Conselho Seccional, mas deverá motivar precisamente eventual pronunciamento contrário.

Art. 5º A Comissão de Ensino Jurídico do Conselho Federal não dará ciência prévia da manifestação do Conselho Seccional à instituição de ensino superior interessada, que do seu teor poderá ser informada, apenas, na reunião em que o projeto estiver em pauta.

Art. 6º A instituição de ensino superior interessada será notificada, pelo menos 15 (quinze) dias antes, da data designada para a reunião em que o respectivo processo entrará em pauta.

§ 1º A instituição poderá inscrever-se até 2 dias úteis antes da reunião, para fazer sustentação oral do projeto, perante a Comissão de Ensino Jurídico.

§ 2º A instituição será representada na reunião pelos seus dirigentes e pelo coordenador escolhido para o curso, cabendo a este, preferentemente, prestar esclarecimentos sobre o Projeto Pedagógico.

§ 3º Será de 10 (dez) minutos o prazo para a sustentação, em seguida à qual o relator designado e demais membros da Comissão poderão formular perguntas aos representantes da instituição.

Art. 7º O parecer da Comissão de Ensino Jurídico, uma vez homologado pelo Presidente do Conselho Federal da Ordem dos Advogados do Brasil, será divulgado, no seu inteiro teor, pelo sistema SAPIENS e terá a respectiva súmula publicada no Diário da Justiça.

§ 1º A Comissão de Ensino Jurídico, na mesma oportunidade, remeterá cópia do inteiro teor do parecer ao Conselho Seccional em cuja área de atuação situar-se a instituição interessada.

§ 2º Nos casos a que se refere o parágrafo único do art. 1º, o parecer, uma vez homologado pelo Presidente do Conselho Federal, será encaminhado, no seu inteiro teor, à instituição interessada, publicando-se em seguida, a respectiva súmula no Diário da Justiça e restituindo-se o processo ao Conselho Estadual de Educação.

Art. 8º O acesso de terceiros interessados aos pareceres da Comissão de Ensino Jurídico, para fins de pesquisa ou consulta de outra natureza, dependerá de requerimento motivado, dirigido ao Presidente do Conselho Federal da Ordem dos Advogados do Brasil.

Art. 9º Fica revogada a Instrução Normativa 4, de 13 de abril de 2002.

Art. 10. Esta Instrução Normativa entra em vigor na data de sua publicação.

PAULO ROBERTO DE GOUVÊA MEDINA,
Presidente da Comissão de Ensino Jurídico do
Conselho Federal da Ordem dos Advogados do Brasil
Fonte: Ordem dos Advogados do Brasil.
04/12/03

Questionário

1. O advogado é indispensável à administração da justiça, sendo inviolável por seus atos e manifestações no exercício da profissão, nos limites da lei (art. 133 da CF). A Ordem dos Advogados do Brasil (OAB), considerada como de serviço público, dotada de personalidade jurídica e forma federativa, tendo por fi-

nalidade defender a Constituição e pugnar pela boa aplicação das leis,[1]
a) mantém com órgãos da Administração Pública apenas vínculo funcional;
b) não mantém com órgãos da Administração Pública qualquer vínculo funcional ou hierárquico;
c) mantém com órgãos da Administração Pública apenas vínculo hierárquico;
d) é subordinada apenas ao Poder Judiciário, ao qual deve se reportar.

2. **Assinale a opção FALSA, sobre a competência do Conselho Seccional da OAB:**[2]
a) julgar advogado suspenso mais de três vezes do exercício da advocacia, para averiguar a conveniência da aplicação da pena de exclusão;
b) adotar medidas visando a assegurar o regular funcionamento das Subseções;
c) ajuizar habeas corpus sempre que um de seus membros se encontre preso ou ameaçado de prisão;
d) ajuizar, após deliberação, mandado de segurança coletivo, em defesa de seus inscritos, independentemente da autorização pessoal dos interessados.

3. **Uma sociedade de advogados adquire sua personalidade jurídica:**[3]
a) apenas com o registro de seu Contrato ou Estatuto Social no Registro Civil das Pessoas Jurídicas;
b) apenas com o registro de seu Contrato ou Estatuto Social na OAB;
c) apenas com o registro de seu Contrato ou Estatuto Social na Junta Comercial;
d) com o registro de seu Contrato ou Estatuto Social no Registro Civil das Pessoas Jurídicas, na OAB e no CNPJ (Ministério da Fazenda).

---

1. Extraída do Exame de Ordem nº 113 da OAB/SP.
2. Extraída do Exame de Ordem de julho de 2002 da OAB/CE.
3. Extraída do Exame de Ordem nº 22 da OAB/RJ.

4. **Marque somente a alternativa CORRETA. Conforme o Regulamento Geral da Advocacia e da OAB:**[4]
   a) o advogado, regularmente notificado, que não quitar o seu débito relativo às anuidades, no prazo de 3 (três) meses, está sujeito a suspensão aplicada em processo disciplinar;
   b) o estágio profissional de advocacia em nenhuma hipótese pode ser realizado por graduados em Direito;
   c) na sociedade de advogados, os advogados sócios e os associados respondem subsidiária e limitadamente pelos danos causados diretamente ao cliente nos casos de dolo, culpa, ação ou omissão;
   d) o cargo de Conselheiro Federal pode ser exercido cumulativamente com o de Conselheiro Seccional.

5. **A competência para determinar, com exclusividade, critérios no que se relaciona ao traje dos advogados, no exercício profissional, é atribuída ao:**[5]
   a) Conselho Superior de Magistratura;
   b) Conselho Federal da OAB;
   c) Conselho Seccional da OAB;
   d) Juiz Diretor do Fórum onde o advogado vai atuar.

6. **Os recursos contra decisões do Tribunal de Ética e Disciplina, ao Conselho Seccional, regem-se pelas disposições:**[6]
   a) do Código de Ética e Disciplina da OAB;
   b) do Estatuto, do Regulamento Geral e do Regimento Interno do Conselho Seccional;
   c) da legislação processual penal comum, das regras gerais do procedimento administrativo comum e da legislação processual, nesta ordem;
   d) dos Provimentos 83/96 e 94/2000 do Conselho Federal da OAB.

---

4. Extraída do Exame de Ordem 01/2000 da OAB/BA.
5. Questão extraída do Exame nº 122 da OAB/SP.
6. Questão extraída do Exame nº 122 da OAB/SP.

7. **As questões que envolvam dúvidas e pendências entre advogados serão mediadas e conciliadas:**[7]
   a) pela Comissão de Prerrogativas do exercício profissional;
   b) pelas Comissões de Ética e Disciplina das Subsecções;
   c) pelo Tribunal de Ética e Disciplina;
   d) pelas Câmaras Recursais de Ética e Disciplina do Conselho Seccional.

8. **A Lei 8.906, de 4 de julho de 1994, estabelece no seu art. 44 a finalidade da Ordem dos Advogados do Brasil, inclusive dos seus órgãos, como as Subseções. Fixa, ainda, dentre outras atribuições, a competência dessas Subseções, para dar cumprimento efetivo às finalidades da OAB (art. 61). Na hipótese de as Subseções incorrerem em grave violação à mesma Lei ou ao Regimento Interno do Conselho Seccional, autoriza a intervenção nesses órgãos, desde que:**[8]
   a) seja proposta perante o Poder Jurisdicional a Ação de Intervenção em Entidades Instituídas por Lei;
   b) haja aprovação do Conselho Federal, mediante o voto da maioria simples de seus membros;
   c) haja aprovação do Conselho Seccional, mediante o voto da maioria simples de seus membros;
   d) haja aprovação do Conselho Seccional, mediante o voto de dois terços de seus membros.

9. **A competência para suspender preventivamente o advogado, acusado de infração ético-disciplinar, em caso de repercussão prejudicial à dignidade da advocacia, é do:**[9]
   a) Conselho Federal da OAB;
   b) Conselho Seccional da OAB onde o acusado tem a inscrição principal;
   c) Tribunal de Ética e Disciplina do Conselho onde o acusado tenha inscrição principal;

---

7. Questão extraída do Exame de Ordem nº 122 da OAB/SP.
8. Questão extraída do Exame de Ordem nº 108 da OAB/SP.
9. Questão extraída do exame de Ordem nº 106 da OAB/SP.

d) Juiz de Direito onde tenha sido proposta a ação competente contra o advogado.

10. **A competência para a instauração de procedimento ex officio visando à apuração das infrações ético-disciplinares, conforme regramento estabelecido, é atribuída:**[10]

a) aos instrutores de processos nomeados pelo Presidente do Tribunal de Ética e Disciplina;

b) aos relatores designados pelos Vice-Presidentes de cada Truma Disciplinar;

c) aos Presidentes das Comissões de Ética e Disciplina das Subseções;

d) ao Presidente do Conselho Seccional, da Subseção ou do Tribunal de Ética e Disciplina.

---

10. Questão extraída do Exame de Ordem nº 111 da OAB/SP.

CAPÍTULO 12

DA CAIXA DE ASSISTÊNCIA DOS ADVOGADOS E DAS ELEIÇÕES

12.1 Caixa de Assistência dos Advogados

A Caixa é criada e adquire personalidade jurídica própria com a aprovação e registro de seu Estatuto pelo respectivo Conselho Seccional da OAB, na forma do Regulamento Geral, destinando-se a prestar assistência aos inscritos do Conselho Seccional a que se vincule.

Cabe à Caixa a metade da receita das anuidades recebidas pelo Conselho Seccional, após as deduções regulamentares obrigatórias.

Mediante voto de 2/3 de seus membros, o Conselho Seccional pode intervir na Caixa de Assistência dos Advogados, no caso de descumprimento de suas finalidades, designando diretoria provisória, enquanto durar a intervenção.

A Caixa de Assistência dos Advogado está prevista no Capítulo V do Título II da Lei 8.906/94 (EOAB):

> **TÍTULO II – DA ORDEM DOS ADVOGADOS DO BRASIL**
> **CAPÍTULO V – DA CAIXA DE ASSISTÊNCIA DOS ADVOGADOS**
> **Art. 62.** *A Caixa de Assistência dos Advogados, com personalidade jurídica própria, destina-se a prestar assistência aos inscritos no Conselho Seccional a que se vincule.*
> *§ 1º A Caixa é criada e adquire personalidade jurídica com a aprovação e registro de seu Estatuto pelo respectivo Conselho Seccional da OAB, na forma do Regulamento Geral.*
> *§ 2º A Caixa pode, em benefício dos advogados, promover a seguridade complementar.*
> *§ 3º Compete ao Conselho Seccional fixar contribuição obrigatória devida por seus inscritos, destinada à manutenção do disposto no pará-*

grafo anterior, incidente sobre atos decorrentes do efetivo exercício da advocacia.
§ 4º A diretoria da Caixa é composta de cinco membros, com atribuições definidas no seu Regimento Interno.
§ 5º Cabe à Caixa a metade da receita das anuidades recebidas pelo Conselho Seccional, considerado o valor resultante após as deduções regulamentares obrigatórias.
§ 6º Em caso de extinção ou desativação da Caixa, seu patrimônio se incorpora ao do Conselho Seccional respectivo.
§ 7º O Conselho Seccional, mediante voto de dois terços de seus membros, pode intervir na Caixa de Assistência dos Advogados, no caso de descumprimento de suas finalidades, designando diretoria provisória, enquanto durar a intervenção.

Está regulamentada, também, no Capítulo VI do Título II do Regulamento Geral:

TÍTULO II – DA ORDEM DOS ADVOGADOS DO BRASIL (OAB)
CAPÍTULO VI – DAS CAIXAS DE ASSISTÊNCIA DOS ADVOGADOS
Art. 121. *As Caixas de Assistência dos Advogados são criadas mediante aprovação e registro de seus estatutos pelo Conselho Seccional.*
Art. 122. *O estatuto da Caixa define as atividades da Diretoria e a sua estrutura organizacional.*
§ 1º A Caixa pode contar com departamentos específicos, integrados por profissionais designados por sua Diretoria.
§ 2º O plano de empregos e salários do pessoal da Caixa é aprovado por sua Diretoria e homologado pelo Conselho Seccional.
Art. 123. *A assistência aos inscritos na OAB é definida no estatuto da Caixa e está condicionada à:*
I – regularidade do pagamento, pelo inscrito, da anuidade à OAB;
II – carência de um ano, após o deferimento da inscrição;
III – disponibilidade de recursos da Caixa.
Parágrafo único. O estatuto da Caixa pode prever a dispensa dos requisitos de que cuidam os incisos I e II, em casos especiais.
Art. 124. *A seguridade complementar pode ser implementada pela Caixa, segundo dispuser seu estatuto.*
Art. 125. *As Caixas promovem entre si convênios de colaboração e execução de suas finalidades.*
Art. 126. *A Coordenação Nacional das Caixas, por elas mantida, composta de seus presidentes, é órgão de assessoramento do Conselho Federal da OAB para a política nacional de assistência e seguridade*

dos advogados, tendo seu Coordenador direito a voz nas sessões, em matéria a elas pertinente.
Art. 127. O Conselho Federal pode constituir fundos nacionais de seguridade e assistência dos advogados, coordenados pelas Caixas, ouvidos os Conselhos Seccionais.

12.2 Eleições e Mandatos

A eleição dos membros de todos os órgãos da OAB:
- realizada na 2ª quinzena do mês de novembro, do último ano do mandato;
- cédula única;
- votação direta e de comparecimento obrigatório para todos os advogados inscritos na OAB.

O candidato deve comprovar:
- situação regular junto à OAB;
- não ocupar cargo exonerável ad nutum;
- não ter sido condenado por infração disciplinar, salvo reabilitação;
- exercer efetivamente a profissão há mais de cinco anos.

Consideram-se eleitos os candidatos integrantes da chapa que obtiver a maioria dos votos válidos.

O mandato em qualquer órgão da OAB é de três anos, iniciando-se em 1º de janeiro do ano seguinte ao da eleição, salvo o Conselho Federal.

Os Conselheiros Federais eleitos iniciam seus mandatos em 1º de fevereiro do ano seguinte ao da eleição.

As eleições e os mandatos estão previstos no Capítulo VI, do Título II da Lei 8.906/94 (EOAB):

> **TÍTULO II – DA ORDEM DOS ADVOGADOS DO BRASIL**
> **CAPÍTULO VI – DAS ELEIÇÕES E DOS MANDATOS**
> **Art. 63.** A eleição dos membros de todos os órgãos da OAB será realizada na segunda quinzena do mês de novembro, do último ano do mandato, mediante cédula única e votação direta dos advogados regularmente inscritos.

§ 1º A eleição, na forma e segundo os critérios e procedimentos estabelecidos no Regulamento Geral, é de comparecimento obrigatório para todos os advogados inscritos na OAB.

§ 2º O candidato deve comprovar situação regular junto à OAB, não ocupar cargo exonerável ad nutum, não ter sido condenado por infração diciplinar, salvo reabilitação, e exercer efetivamente a profissão há mais de cinco anos.

Art. 64. Consideram-se eleitos os candidatos integrantes da chapa que obtiver a maioria dos votos válidos.

§ 1º A chapa para o Conselho Seccional deve ser composta dos candidatos ao Conselho e à sua Diretoria e, ainda, à delegação ao Conselho, Federal e à Diretoria da Caixa de Assistência dos Advogados para eleição conjunta.

§ 2º A chapa para a Subseção deve ser composta com os candidatos à diretoria, e de seu Conselho, quando houver.

Art. 65. O mandato em qualquer órgão da OAB é de três anos, iniciando-se em primeiro de janeiro do ano seguinte ao da eleição, salvo o Conselho Federal.

Parágrafo único – Os conselheiros federais eleitos iniciam seus mandatos em primeiro de fevereiro do ano seguinte ao da eleição.

Art. 66. Extingue-se o mandato automaticamente, antes do seu término, quando:

I – ocorrer qualquer hipótese de cancelamento de inscrição ou de licenciamento do profissional;

II – o titular sofrer condenação disciplinar;

III – o titular faltar, sem motivo justificado, a três reuniões ordinárias consecutivas de cada órgão deliberativo do Conselho ou da diretoria da Subseção ou da Caixa de Assistência dos Advogados, não podendo ser reconduzido no mesmo período de mandato.

Parágrafo único – Extinto qualquer mandato, nas hipóteses deste artigo, cabe ao Conselho Seccional escolher o substituto, caso não haja suplente.

Art. 67. A eleição da Diretoria do Conselho Federal, que tomará posse no dia 1º de fevereiro, obedecerá às seguintes regras:

I – será admitido registro, junto ao Conselho Federal, de candidatura à presidência, desde seis meses até um mês antes da eleição;

II – o requerimento de registro deverá vir acompanhado do apoiamento de, no mínimo, seis Conselhos Seccionais;

III – até um mês antes das eleições, deverá ser requerido o registro da chapa completa, sob pena de cancelamento da candidatura respectiva;

IV – no dia 25 de janeiro, proceder-se-á, em todos os Conselhos Seccionais, à eleição da Diretoria do Conselho Federal, devendo o Presidente

do Conselho Seccional comunicar, em três dias, à Diretoria do Conselho Federal, o resultado do pleito;
V – de posse dos resultados das Seccionais, a Diretoria do Conselho Federal procederá à contagem dos votos, correspondendo a cada Conselho Seccional um voto, e proclamará o resultado.
Parágrafo único. Com exceção do candidato a Presidente, os demais integrantes da chapa deverão ser conselheiros federais eleitos.

Questionário

1. **Sobre eleições na OAB, é INCORRETO dizer:**[1]
   a) somente pode integrar a chapa candidato que não ocupe cargos ou funções dos quais possa ser exonerável ad nutum, mesmo que compatíveis com a advocacia;
   b) pode integrar a chapa quem exerce efetivamente a profissão há mais de três anos, excluído o período de estágio;
   c) os membros dos órgãos da OAB, no desempenho de seus mandatos, podem neles permanecer se concorrerem às eleições;
   d) somente pode integrar a chapa quem esteja em dia com as anuidades.

2. **A metade da receita das anuidades recebidas pelo Conselho Seccional, considerado o valor resultante após as deduções regulamentares obrigatórias, deve ser destinada:**[2]
   a) à Caixa de Assistência dos Advogados;
   b) às subseções do Estado que a originou;
   c) ao Conselho Federal da OAB;
   d) à formação de um Fundo de Reservas do Conselho Seccional.

3. **Marque somente a alternativa CORRETA de acordo com o Regulamento Geral da Advocacia e da OAB:**[3]
   a) o voto dos Advogados inscritos nas eleições da OAB é facultativo;

---

1. Extraída do Exame de Ordem de setembro de 2002 da OAB/CE.
2. Extraída do Exame de Ordem nº 118 da OAB/SP.
3. Extraída do Exame de Ordem 01/2000 da OAB/BA.

b) o voto nas eleições da OAB para preenchimento de vagas nos Conselhos Seccionais é indireto e dado individualmente a cada candidato;
c) os recursos interpostos contra decisões dos Conselhos Seccionais têm efeito meramente devolutivo;
d) o prazo para interposição de qualquer recurso é de 15 (quinze) dias, contados do primeiro dia útil seguinte ao da publicação da decisão ou da data do recebimento pessoal da notificação.

4. **Para defender a Constituição, a ordem jurídica do Estado democrático de direito, os direitos humanos, a justiça social e pugnar pela boa aplicação da leis, pela rápida administração da justiça e pelo aperfeiçoamento da cultura e das Instituições Jurídicas e para promover, com exclusividade, a representação, a defesa, a seleção e a disciplina dos advogados em toda a República Federativa do Brasil, são considerados como órgãos da Ordem dos Advogados do Brasil:**[4]
    a) a Conferência Nacional dos Advogados do Brasil, os Conselhos Seccionais e as Comissões de Prerrogativas do Exercício Profissional;
    b) o Conselho Federal, as Caixas de Assistência dos Advogados, as Subseções e o Colégio de Presidentes de Seccionais;
    c) o Conselho Federal, os Conselhos Seccionais, as Subseções, o Colégio de Presidentes de Seccionais e as Instituições Jurídicas de direito público;
    d) o Conselho Federal, os Conselhos Seccionais, as Subsecções e as Caixas de Assistência de Advogados.

5. **Assinale a alternativa falsa:**[5]
    a) O advogado deve notificar o cliente da renúncia do mandato, preferencialmente mediante carta com aviso de recepção, comunicando, após, o Juízo;
    b) O inscrito na OAB, quando ofendido comprovadamente em razão do exercício ou de cargo ou função da OAB, tem direito

---

4. Extraída do Exame de Ordem nº 121 da OAB/SP.
5. Extraída do Exame de Ordem de agosto de 1999 da OAB/CE.

ao desagravo público promovido pelo Conselho Seccional, de ofício ou a pedido de qualquer pessoa;
c) Compete privativamente ao Vice Presidente da OAB representar contra o responsável por abuso de autoridade, quando configurada a hipótese de atentado à garantia legal de exercício profissional;
d) O estagiário inscrito na OAB pode praticar isoladamente, sob a responsabilidade do advogado, o ato de retirar e devolver autos em cartório, assinando a respectiva carga.

6. **Assinale a alternativa incorreta:**[6]
   a) É vedada a divulgação de advocacia em conjunto com outra atividade;
   b) No seu ministério privado, o advogado presta serviço público e exerce função social;
   c) Nenhum advogado pode integrar mais de duas sociedades de advogados, com sede ou filial na mesma área territorial do respectivo Conselho Seccional;
   d) A advocacia é incompatível, mesmo em causa própria, com as atividades de ocupantes de funções de direção e gerência em instituições financeiras, inclusive privadas.

7. **Assinale a alternativa incorreta:**[7]
   a) O advogado que mantém sociedade profissional fora das normas e preceitos estabelecidos no Estatuto da Advocacia está sujeito à pena de censura;
   b) O advogado que abandonar a causa sem justo motivo ou antes de decorridos dez dias da comunicação da renúncia pratica infração disciplinar grave, punível com pena de suspensão;
   c) O advogado que fizer falsa prova de qualquer dos requisitos para inscrição na OAB está sujeito à pena de exclusão;
   d) O advogado que se recusar, injustificadamente, a prestar contas ao cliente de quantias recebidas dele ou de terceiros por conta dele, comete infração disciplinar, punível com pena de suspensão.

8. **Como órgãos da OAB, o Conselho Federal, os Conselhos Seccionais, as Subsecções e as Caixas de Assis-**

---

6. Extraída do Exame de Ordem 03/2002 da OAB/MT.
7. Extraída do Exame de Ordem 03/2002 da OAB/MT.

tência dos Advogados têm seus integrantes eleitos na segunda quinzena do mês de novembro do último ano do mandato, por votação direta dos advogados regularmente inscritos. O prazo do mandato terá vigência a partir de:[8]

a) primeiro de janeiro do ano seguinte para o Conselho Seccional, primeiro de fevereiro para a CAASP, primeiro de março para as Subseções e primeiro de abril para o Conselho Federal;

b) primeiro de janeiro do ano seguinte para o Conselho Federal e primeiro de fevereiro para todos os demais órgãos;

c) primeiro de janeiro do ano seguinte para o Conselho Federal e Conselho Estadual e primeiro de fevereiro para os demais órgãos;

d) primeiro de fevereiro do ano seguinte para o Conselho Federal e primeiro de janeiro para todos os demais órgãos.

9. **Com a aproximação de um novo período eleitoral, muitos profissionais da advocacia, interessados em ocupar cargos eletivos, estão dando início às suas campanhas e delas querem fazer publicidade. Alguns, cônscios do cumprimento de seus deveres éticos, não tendo encontrado matéria específica no Código de Ética e Disciplina, têm procurado orientações junto à Turma de Ética Profissional da OAB/SP. A respeito do assunto, Sodalício tem-se manifestado no sentido de que "Advogado que pretende lançar candidatura pessoal a:[9]**

a) cargo de prefeito, vice-prefeito e/ou vereador precisa comunicar o fato à OAB, não podendo exercer a advocacia durante a campanha";

b) cargo de prefeito ou vice-prefeito não precisa comunicar o fato à OAB, salvo se eleito, podendo exercer a advocacia durante a campanha";

c) qualquer cargo eletivo deve comunicar o fato à OAB e cessar sua atividade profissional da advocacia durante a campanha";

d) qualquer cargo eletivo não precisa prestar qualquer tipo de informação à OAB, mesmo se eleito".

---

8. Extraída do Exame de Ordem nº 111 da OAB/SP.
9. Extraída do Exame de Ordem nº 109 da OAB/SP.

10. **As Caixas de Assistência dos Advogados, dotadas de personalidade jurídica própria, são criadas pelos Conselhos Seccionais, quando estes contarem com:**[10]
a) mais de dez mil inscritos;
b) mais de cinco mil inscritos;
c) mais de mil e quinhentos inscritos;
d) qualquer número de advogados inscritos.

---

10. Extraída do Exame de Ordem nº 119 da OAB/SP.

BIBLIOGRAFIA

BARONI, Robison. *Cartilha de Ética Profissional do Advogado*. 2ª ed., São Paulo: LTr, 1997.

_____ (org). *Julgados Disciplinares: tribunal de ética e disciplina câmaras recursais*. Vol. I, São Paulo: OAB-SP, 2003.

CESA – Centro de Estudos das Sociedades de Advogados. *CESA Diretoria e Conselho 2000-2003 associadas legislação*. São Paulo, nov. de 2000.

JADON, José Carlos. *Luz da Minha Vida*. São Paulo: Catálise, 2002.

KORTE, Gustavo. *Iniciação à Ética*. São Paulo: Juarez de Oliveira, 1999.

LÔBO, Paulo Luiz Netto. *Comentários ao Estatuto da Advocacia e da OAB*. 3ª ed., São Paulo: Saraiva, 2002.

Melhoramentos: Michaelis Soft da Língua Portuguesa, Ed. Melhoramentos, http://www1.uol.com.br/michaelis/

MOREIRA, Joaquim Manhães. *A Ética Empresarial no Brasil*. São Paulo: Pioneira Thomson Learning, 2002.

NEGRÃO, Theotônio e GOUVÊA, José Roberto Ferreira. *Código de Processo Civil e Legislação Processual em Vigor*. 35ª ed., São Paulo: Saraiva, 2003.

RODRIGUES, Carla & SOUZA, Herbert José de. *Ética e Cidadania*. São Paulo: Moderna, 1994.

TREVISAN, Lauro. *O Poder Infinito de Sua Mente*. 189ª ed., Rio Grande do Sul: Da Mente, 1990.

Jurisprudências e Questionários. Disponíveis em:
<http://www.oab.org.br> Acesso: de abril a dezembro de 2003.
<http://www.oabsp.org.br> Acesso: de abril a dezembro de 2003.
<http://www.oabmg.org.br> Acesso: de abril a dezembro de 2003.
<http://www.oabmt.org.br> Acesso: de abril a dezembro de 2003.
<http://www.oabpb.org.br> Acesso: de abril a dezembro de 2003.
<http://www.oabpr.org.br> Acesso: de abril a dezembro de 2003.
<http://www.oabsc.org.br> Acesso: de abril a dezembro de 2003.
<http://www.oab-ba.com.br> Acesso: de abril a dezembro de 2003.
<http://www.oab-ce.org.br> Acesso: de abril a dezembro de 2003.
<http://www.oab-ms.org.br> Acesso: de abril a dezembro de 2003.
<http://www.oab-rn.org> Acesso: de abril a dezembro de 2003.
<http://www.oab-rj.com.br> Acesso: de abril a dezembro de 2003.

Impresso por

EGB
Editora Gráfica Bernardi Ltda
Tel/Fax: (11) 6422-6459 / (11) 6422-7248
E-mail: egb@egb.com.br
www.egb.com.br